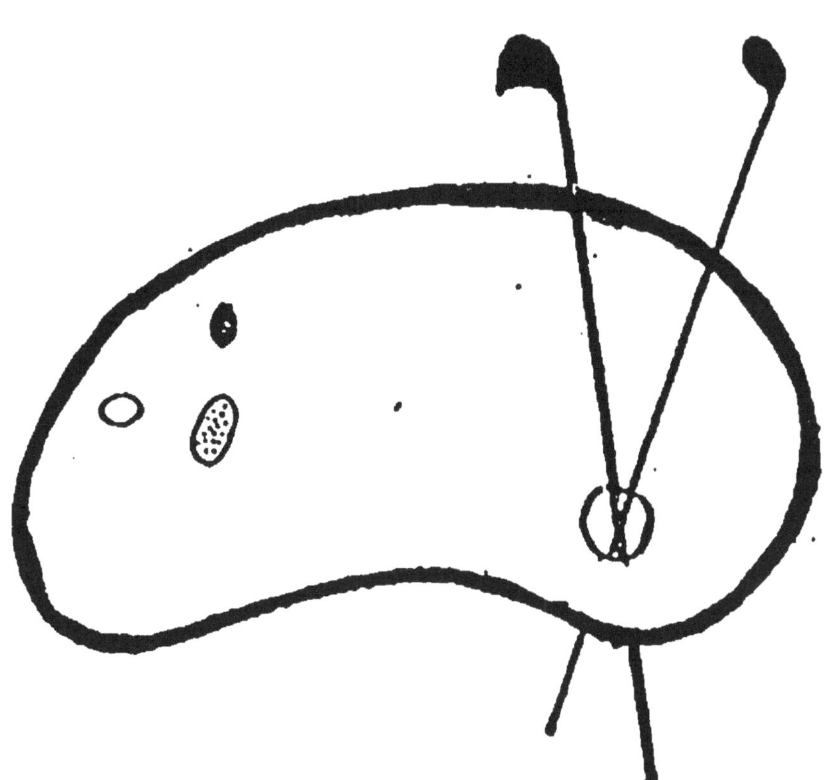

LEÇONS ÉLÉMENTAIRES

DE

PÉDAGOGIE PRATIQUE

PAR

UN ANCIEN INSPECTEUR D'ACADÉMIE EN RETRAITE

PARIS
SOCIÉTÉ ANONYME D'IMPRIMERIE ET LIBRAIRIE ADMINISTRATIVES
ET DES CHEMINS DE FER
Paul DUPONT, DIRECTEUR
41, RUE JEAN-JACQUES-ROUSSEAU (HOTEL DES FERMES)

—

1880

Société anonyme d'imprimerie — PAUL DUPONT, directeur — Clichy. 117 bis. 1.80.

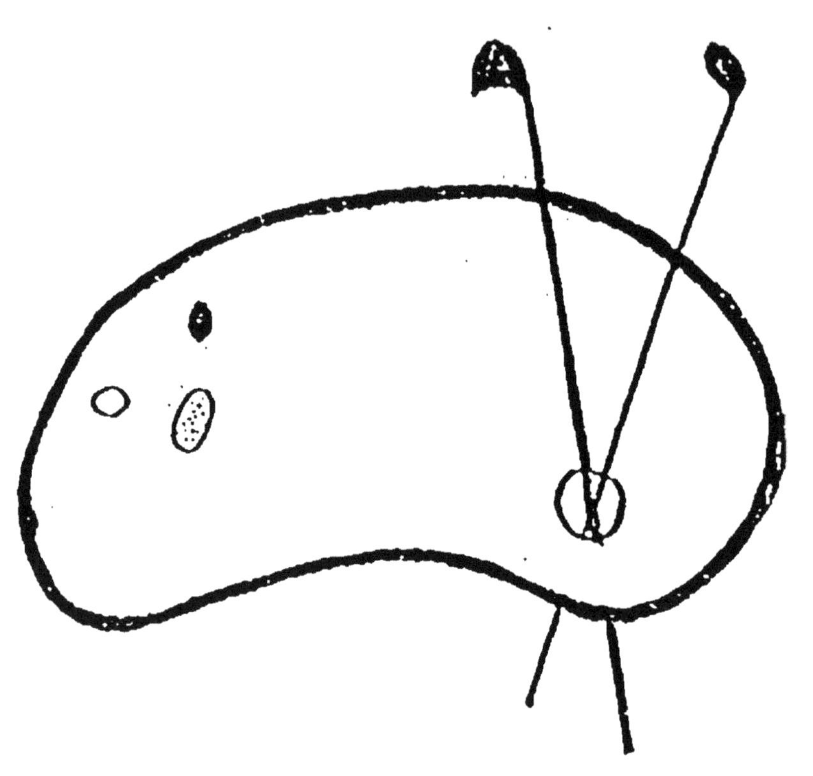

FIN D'UNE SERIE DE DOCUMENTS
EN COULEUR

LEÇONS ÉLÉMENTAIRES

DE

PÉDAGOGIE PRATIQUE

Clichy. — Société anonyme d'Imprimerie et Librairie administratives
Paul Dupont, directeur.

LEÇONS ÉLÉMENTAIRES

DE

PÉDAGOGIE PRATIQUE

PAR

UN ANCIEN INSPECTEUR D'ACADÉMIE EN RETRAITE

PARIS
LIBRAIRIE ADMINISTRATIVE ET CLASSIQUE
Paul DUPONT, DIRECTEUR
41, RUE JEAN-JACQUES-ROUSSEAU, 41

1880

DÉDICAGE

A MM. les Instituteurs et a Mmes les Institutrices.

Mes années les plus belles se sont écoulées sur divers points de notre France, dans vos classes, à vos côtés, près de nos enfants. Là, nous vivions de la même vie. Que de souvenirs riches et émouvants se rattachent aux lieux où je vous ai vus donner à l'enfance votre cœur, votre intelligence et vos forces! Souvent ce spectacle m'a soutenu dans des épreuves qui ne manquent à personne. Vous faisiez le bien, et, en le contemplant, en luttant avec vous, j'entendais une voix qui me disait : Courage! Et, comme vous, je me remettais au travail. Merci de m'avoir soutenu.

Pendant la dernière *Exposition*, j'ai pu serrer la main de plusieurs d'entre vous. De quelques-uns, j'étais séparé depuis des années. Dieu sait quelles joies j'ai goûtées dans cette rencontre. J'étais là, étudiant avec eux les travaux de leurs enfants et applaudissant de tout cœur aux succès obtenus. Que tous trouvent en échange le bonheur!

Je voyais aussi s'élever une génération de jeunes

maîtres, résolue à se donner, comme celle qui l'a précédée, tout entière à ses devoirs professionnels. Je ne puis que l'accompagner de toutes mes sympathies.

A l'une et à l'autre, je dédie ces pages. Je me suis efforcé d'y réunir les préceptes des maîtres les plus autorisés. Puissent-elles porter ici un bon conseil ; — là, — une force pour le progrès moral, intellectuel et religieux des enfants ; — ailleurs, s'il est nécessaire, une consolation, une espérance, et laisser apercevoir partout un ami du jeune âge et des maîtres qui le dirigent !

Livry, 15 octobre 1879.

LEÇONS ÉLÉMENTAIRES

DE

PÉDAGOGIE PRATIQUE

CHAPITRE PREMIER

Le Maitre

Sous ce titre, Thomas Morrison, recteur du collège libre d'éducation, à Glascow, a publié, dans son *Manuel* pour la direction des écoles, quelques pages qui nous paraissent avoir une valeur réelle. Son livre, écrit en anglais, était arrivé, en 1874, à la 5e édition; il est fort estimé au delà de la Manche.

En tête de nos *Leçons élémentaires de Pédagogie*, nous croyons devoir placer le chapitre dans lequel Th. Morrison expose les qualités d'un maitre de l'enfance. C'est la pensée d'un éducateur anglais que nous avons là. Son importance ne peut échapper à personne. Les bons maitres aimeront ces pages, car ils s'y retrouveront. D'autres se sentiront portés par elles à s'élever à la hauteur que Th. Morrison leur montre avec une grande autorité.

II

QUALITÉS ET DEVOIRS DE L'INSTITUTEUR (1)

« Il faut que l'instituteur possède bien les matières de son enseignement. Il n'y a pas d'autres limites à assigner à ses connaissances que celles qui l'ont été par Dieu même. Plus il saura, plus il sera capable d'être éducateur de la jeunesse. Cependant, en acquérant des connaissances, qu'il évite de tomber dans le défaut principal de la plupart des jeunes étudiants, qui prennent la quantité pour la qualité. Ce n'est pas, en effet, la quantité des connaissances qui fait un homme instruit. On peut avoir une teinture de presque tous les sujets et n'être cependant pas aussi érudit que celui qui n'en possède qu'un seul, mais à fond. Aussi, tout en s'efforçant d'acquérir le plus de connaissances possibles, l'instituteur doit-il travailler à le faire d'une manière méthodique et systématique. Que chaque fait nouvellement acquis se rattache à ceux qui le sont déjà, qu'il soit mis à sa place, afin qu'on le retrouve sans peine, lorsque besoin sera ; de cette manière, on aura des connaissances utiles, et l'on aura appris ce que peu comprennent : la grande différence entre savoir et bien savoir.

« Il importe également de ne pas étudier d'une manière volage : ce ne sont pas ceux qui sautillent de place en place, mais ceux qui marchent d'un pas ferme et assuré, qui « laissent des traces sur les sables du temps. »

« D'un autre côté, il est très nécessaire de ne pas cesser d'étudier. Il arrive souvent que le jeune instituteur, enflé

(1) *Extrait et traduit du Manuel pour la direction des Écoles*, par Morrison.

d'avoir obtenu, dans les examens, une des premières places, est nommé dans une commune où rien ne semble le presser de travailler à sa culture intellectuelle, et où, à l'exception du pasteur, il est considéré comme un des hommes les plus instruits de la localité. Il s'imagine alors n'avoir plus rien à apprendre. Erreur déplorable ! Ses études ne font que commencer, et, au moment où il croirait superflu tout travail intellectuel, il serait grand temps qu'il renonçât à enseigner.

« La leçon journalière, quelque simple qu'elle soit, demande une étude minutieuse, et le maître qui oserait se présenter devant la plus jeune classe sans une préparation toute spéciale ne s'est pas encore pénétré de sa responsabilité. Dans le calme et le silence de sa chambre, qu'il se mette par la pensée en contact avec ses élèves, qu'il prenne sa leçon du lendemain, qu'il en combine les parties, qu'il voie où se trouvent les difficultés, qu'il s'efforce de les aplanir pour son jeune auditoire. C'est ainsi qu'il apparaîtra chaque matin avec une pensée nouvelle qui sera comme la nourriture de ceux qu'il est chargé de diriger; c'est ainsi qu'il éveillera leur vie intellectuelle, et qu'il moulera leur esprit si prompt à se laisser façonner.

« De plus, que ses études se rattachent spécialement à sa mission dans l'école; que celle-ci soit le centre autour duquel se tournent tous ses actes; on ne peut s'imaginer combien d'inspirations il recevra des choses qui, sans cela, auraient passé inaperçues. Si, pendant ses vacances, il fait un voyage à travers la campagne, il notera soigneusement les points géographiques les plus remarquables, afin que, dans sa leçon, il produise une description exacte. Dit-il les ballades de son pays, il apprendra par cœur quelques-unes des stances les plus entraînantes, qui peignent des batailles ou des marches. Alors, dans sa leçon d'histoire, il excitera l'enthousiasme de sa classe en récitant ces anciens et magnifiques vers, il jettera un vif intérêt sur ce qui n'est souvent qu'un détail aride de batailles, de règnes et de traités. En un mot,

« Qu'il trouve des langues dans les arbres, des livres dans le « ruisseaux qui courent, des sermons dans les pierres, et le bien « en toutes choses. »

« Non seulement l'instituteur doit avoir des connaissances à transmettre, il faut aussi qu'il sache les communiquer, qu'il soit habile dans le maniement des outils dont il se servira et qu'il connaisse bien le tissu de l'étoffe sur laquelle il travaillera. Tous les instituteurs admettent aujourd'hui cette grande vérité, au moins en théorie. Elle fut ignorée pendant longtemps, et de mauvais effets se multiplièrent.

« A l'art de communiquer ce que l'on a appris, ajoutons une connaissance approfondie des enfants. Dans ce but, étudions-les en classe et pendant leurs récréations; examinons de près leur manière de penser, leurs penchants, leur caractère, leurs habitudes, et que cet examen approfondi nous permette de leur assigner la place qui convient à chacun, de saisir leurs difficultés, de nous réjouir de leurs joies, de sympathiser à leurs peines. Et que personne ne s'imagine que se faire enfant avec les enfants, c'est être puéril. Les grands maîtres se sont tous faits enfants : ainsi Pestalozzi, Arnold, etc.

« L'instituteur arrivé à un certain degré de développement intellectuel, a dû suivre des procédés multiples, souvent longs; il n'y a pas été porté par un seul effort gigantesque. Pour lui, comme pour tous les hommes, il y a eu nécessité de mettre ligne sur ligne, quelquefois même point sur point. Or, afin d'élever les enfants sur la plateforme où il se trouve, il ne suffit pas qu'il leur attache une corde, et qu'il les hisse brusquement. Il ne suffit pas même qu'il se tienne debout sur la hauteur, persuadé de sa supériorité, et qu'il leur dise de monter. Il devra revenir sur ses pas, un à un, jusqu'à ce qu'il se soit abaissé au niveau des enfants qui l'attendent; puis, les prenant affectueusement par la main, il guidera leurs pas chancelants, sur une marche, puis sur une autre, jusqu'à ce qu'ils soient arrivés au sommet. Il les aidera à monter l'échelle, et il ne se contentera pas de leur dire comment il faut s'y prendre. Il y a des hommes qui commencent l'instruction des enfants au point où ils sont arrivés eux-mêmes, au lieu de descendre au niveau de ceux-ci et de prendre là leur point de départ. Nous nous placerons, nous, là où en est l'enfant, et nous le conduirons en avant, à mesure qu'il pourra nous accompagner. Et cela est vrai pour tous ceux qui apprennent, qu'ils soient des enfants de cinq ans, ou que, malgré leurs cinquante ans, ils n'aient que la culture intellectuelle des premiers.

« L'instituteur le meilleur est donc celui qui joindra à ses connaissances le talent de les communiquer ; celui qui pourra retracer ses pas sur le chemin qu'il a déjà si péniblement parcouru, à la recherche de ces mêmes connaissances. Oui, celui-là seul est capable de guider sûrement l'enfant par les mêmes voies.

« L'instituteur devrait être un homme sérieux, un homme mettant toute son âme dans son œuvre et aimant cette œuvre, comme étant le champ spécial du labeur auquel Dieu l'a appelé. Il faudrait le trouver pénétré de la noblesse de sa mission et se rendant bien compte de la glorieuse moisson de bien qui en résultera pour les hommes et de gloire pour Dieu. L'œuvre est grande, et celui qui la veut bien faire ne peut être trop sérieux. Il lui faut exalter ses fonctions, et alors, s'élevant à toute la dignité de sa position, il sentira que ce n'est point une petite chose que d'avoir entre les mains la destinée des générations qui ne sont pas encore nées. « Il est infiniment regrettable, » dit l'éloquent auteur de « la Vie sérieuse, » qu'il y ait si peu d'enthousiastes dans cette honorable et brillante carrière. Un grand nombre de ceux qui y sont engagés la regardent comme une espèce de servitude, et ils ne soupirent qu'après le jour qui les délivrera de son esclavage et de ses bruits étourdissants. Ils n'ont jamais senti la grandeur de leur mission, et jamais ils ne sont entrés dans leur classe avec ce sentiment intime qu'ils y allaient en missionnaires et en pasteurs. Ils estiment trop peu leurs élèves. Au lieu de les considérer comme étant le germe d'une génération tout aussi importante que la nôtre ; au lieu de voir dans leurs penchants actuels le bonheur ou le malheur qui, d'ici quelques années, laissera une trace ineffaçable sur un grand espace ; au lieu de former des âmes immortelles pour une éternité glorieuse et des esprits ardents pour les intérêts présents, beaucoup d'instituteurs n'ont jamais vu dans leurs élèves que des rangées d'êtres indisciplinés ; un tourment nécessaire qu'il leur faut subir ; dans la classe, un espace rempli d'une autre plaie de grenouilles qui déborde et coasse dans notre bruyante humanité (1).

Et il en est aussi qui manquent de confiance en eux-mêmes. Au lieu de se rappeler leur glorieuse vocation et de diriger leurs regards vers cette nuée de témoins qui les entoure ; au lieu d'avoir un zèle ardent pour leur profession, comme étant celle qui doit mouler des esprits malléables d'après les beaux modèles que nous offrent l'histoire et les livres saints, ils considèrent leur mission comme une chose tellement basse qu'ils ne s'estiment pas eux-mêmes comme ils le devraient. Cependant il y a peu de vocations, plus belles que celle d'instituteur de la jeunesse. Si l'instituteur s'y livre entièrement, s'il se rappelle constamment le

1) *N. B.* C'est bien la pensée de l'auteur anglais. Elle frappe toute une classe d'instituteurs sans vocation, qui ne voient dans l'enseignement qu'un métier à gagner de l'argent, qui supporent l'enfance parce qu'il le faut, mais qui ne l'aiment pas et n'ont jamais senti leur cœur battre pour elle. Qui n'a dans une longue carrière, rencontré ces malheureux.

but principal de tout enseignement : celui de former des âmes pour Dieu ; s'il peut s'attacher véritablement à ses élèves et éprouver une sollicitude paternelle pour leurs progrès intellectuels et moraux ; s'il est assez intelligent pour les comprendre, assez bon pour sympathiser avec eux ; s'il aime assez la science pour ne point se dégoûter des leçons, il sera certain de faire naître du zèle pour le travail dans l'âme d'un grand nombre ; il gagnera l'affection de tous, excepté de ce petit nombre dont les cœurs portent une insensibilité native ; et, en peu de temps, les plus beaux traits de son caractère se multiplieront au loin dans la personne de ses élèves reconnaissants. S'il vit assez longtemps, ils loueront aux portes de la ville, ou ils consoleront sa vieillesse dans les demeures qu'ils auront appris de lui à rendre heureuses...

« Il y a des hommes qui ont toujours les regards tournés vers le côté sombre de la vie. Ils ne voient que les nuages épais qui planent sur eux, et ils n'aperçoivent point les rayons du soleil qui les percent. Mais le Créateur, sage et bienfaisant, a voulu laisser ignorer aux enfants les maux qui remplissent la vie de l'homme. Ils voient les rayons du soleil et ils n'aperçoivent pas les nuages. Il est donc d'une grande importance que l'instituteur sache sympathiser avec cette loi de l'enfance. Le Dr Arnold a dit avec raison : « Ce qui doit surtout le caractériser, c'est qu'il sache se réjouir avec ceux qui se réjouissent. » Il se trouve au milieu d'enfants étrangers pour la plupart au chagrin et à la douleur ; il y a là de jeunes cœurs qui n'ont jamais connu une véritable épreuve, pour lesquels le temps présent n'est rempli que de jouissances, l'avenir paraît tout frangé d'or. Tels sont les décrets de Dieu, et nous croyons qu'il est aussi rare de voir un enfant courbé sous le poids de la douleur que de voir un vieillard de 80 ans s'efforcer de prendre part aux jeux bruyants de l'enfance.

« Les enfants sont légers et pleins d'espérances, et le

moindre effort qu'on ferait pour leur imposer une gravité prématurée serait accompagné de suites désastreuses. Il en résulte que l'instituteur qui connaît les exigences de sa profession, aura égard à cette nature de l'enfance. Il ne cherchera pas à arrêter la pleine marée de la vie qui s'avance gaiement, mais il s'efforcera simplement de la régler et de la guider, et afin d'en arriver là, il devra entretenir en lui les sentiments de l'enfance, faire reverdir sa jeunesse, et si quelque chose peut y contribuer ce sont sûrement les joyeux rires de l'enfance tout entière à ses amusements : « spectacle qui fait un jeune homme d'un vieillard. »

« L'instituteur doit être simple dans ses pensées et dans l'expression de ses pensées, parler à ses élèves un langage qu'ils puissent facilement comprendre. Avec eux, point de phrases ampoulées, point de grands mots. De côté toute affectation d'érudition; et même toute affectation, quelle qu'elle soit. Toujours un homme sérieux et simple ; autrement le maître travaillerait souvent en vain. Il a beau verser un torrent de paroles éloquentes et résonnantes, aucun sourire intellectuel n'illuminera le visage de ses élèves, — aucun symptôme d'intelligence ne se révèlera. Tandis que s'il se fait facilement comprendre, s'il abaisse son langage au niveau de la plus faible intelligence, il peut s'attendre à le voir prendre racine et il produira les effets qu'il désire.

« Il faut, dans l'instituteur, de la vivacité et de l'énergie. Nous nous attachons peu à ceux qui paraissent se traîner toujours vers un objet qu'ils ne peuvent saisir, dont le visage n'est jamais éclairé par un sourire, ou dont les pieds sont sans élasticité. La vivacité et son opposé se communiquent; ce qu'est le maître, sous ces rapports, ses élèves le seront. S'il est lourd, chagrin, s'il sait à peine remuer le bras, son œil terne, sa démarche pesante affecteront ses élèves qui prendront ses défauts. Au contraire, la vivacité et l'énergie de l'instituteur leur communiqueront de la vivacité et de l'énergie, et lorsqu'ils verront son œil rayonnant et ses mouvements animés, ils se trouveront inspirés par son ardeur et le travail de la classe se fera fort agréablement. Mais il est nécessaire de savoir distinguer entre la gaîté et la violence. Autant on doit rechercher l'une, autant il faut éviter l'autre. Le bruit, les gestes violents, les cris ne sont nullement nécessaires; il importe extrêmement de s'en garder. Ici, comme en toutes choses, redoutons les extrêmes : *Medio tutissimus ibis.*

« L'instituteur devrait être très patient, assez fort pour dominer ses émotions et ne pas se laisser aller à la colère. Sa patience sera souvent mise à l'épreuve; il aura à lutter contre beaucoup d'ignorance et souvent contre beaucoup d'opiniâtreté. Souvent, après avoir expliqué un sujet avec un grand soin, il sera obligé de recommencer, puis de recommencer encore. Souvent sa bonté sera payée d'ingratitude ; son affection, de mauvais vouloir. Mais, au milieu de toutes ces épreuves, il ne faudra jamais qu'il cesse de se posséder. Au moment même où il le ferait, son autorité lui échapperait. S'il se laisse aller à la colère, il arme contre lui tous les mauvais sentiments des enfants, qui ne manqueront pas de se ranger avec le coupable contre le maître. Les paroles de Salomon sont vraies ici : « Celui qui « est lent à la colère est plus sage que celui qui est puissant, « et celui qui sait dominer son esprit vaut mieux que ce« lui qui prend une ville. »

« Coleridge dit en parlant de l'éducation :

Sur l'enfance perverse veux-tu maintenir une ferme discipline
Et te réjouir au reflet de visages heureux?
L'Affection, l'Espérance et la Patience : voilà tes grâces.
Et qu'elles commencent d'abord par discipliner ton cœur;
Car ainsi que le vieil Atlas, sur ses larges épaules, place
Le globe étoilé du ciel, et l'y soutient, de même,
Pour soutenir le petit bas-monde
De l'éducation, il faut la Patience, l'Affection et l'Espérance.
Il me semble les voir formant un beau groupe,

Leurs bras raides, élevés, leurs mains étendues,
Leurs robes se touchant et cependant ne se confondant pas,
Comme la neige en relief sur la neige.
Oh ! ne les séparez jamais. Si l'Espérance s'affaisse,
L'Affection à son tour s'affaissera et mourra.
Mais l'Affection est ingénieuse, et, se sentant vivre, il lui semble
Que l'Espérance n'est pas encore morte;
Et penchée sur elle, son âme brillant dans ses yeux
Rappelle l'âme qui s'envole.
Ainsi l'Affection rend à l'Espérance ce que l'Espérance
Avait d'abord donné à l'Affection.
Mais il se peut qu'il vienne un jour accablant
Où, surchargées de travail,
L'Affection et l'Espérance faiblissent enfin.
Alors avec le sourire d'une statue et la force d'une statue,
Leur muette sœur, la Patience, soutenant les deux,
Fera sans murmure l'œuvre de l'une et de l'autre.

« Nous avons déjà dit que l'instruction de l'enfant doit se rapporter à la vie future aussi bien qu'à la vie présente ; que sa nature morale et sa nature spirituelle doivent être cultivées. Mais pour bien accomplir cette œuvre et la faire entièrement, il est de toute nécessité que l'instituteur soit lui-même un homme capable d'apprécier, à sa juste valeur, le but principal de l'éducation. La Sainte-Ecriture nous dit : « Conduisez l'enfant dans le chemin qu'il doit suivre. » Mais il n'est pas possible que l'homme qui ne marche pas lui-même dans le bon chemin puisse y faire entrer l'enfant. Celui qui ne s'est pas pénétré du prix de son âme ne pourra jamais pénétrer l'enfant du prix de la sienne. Celui qui ne sent pas en lui l'amour de Dieu, n'allumera jamais cette sainte flamme dans le cœur de ses élèves. L'instruction religieuse dépend de l'esprit dans lequel elle est donnée et de l'effet qu'on la voit produire sur le maître lui-même.

« Le maître qui possède l'esprit chrétien fera du christianisme une puissance vivante qui se répandra sur toute l'école. Il ne se renfermera pas pour l'enseignement religieux dans tels exercices déterminés; il saisira toutes les occasions de diriger en haut le cœur de ses élèves.

« Il cherchera à faire naître en lui-même l'esprit de Jésus-Christ, et, lui-même, homme vivant, il s'efforcera d'amener ses élèves à Celui qui est la vie des hommes. En vérité, l'œuvre de l'instituteur est grande et noble, et c'est une œuvre qui entraîne de terribles responsabilités dans l'accomplissement de ses devoirs. Mais « si quelqu'un manque de sagesse, qu'il la demande à Dieu, qui répand ses dons sur tous, libéralement et sans les reprocher, et la sagesse lui sera accordée (1). »

Voilà de belles pensées. Nous les devons à un protestant; nous ne manquerons pas de nous en inspirer.

CHAPITRE II

L'instruction primaire et les espérances de la patrie

Il me semble voir parfois la partie intelligente et sérieuse de la nation entrer dans nos classes et nous demander comment nous entendons préparer pour la patrie une génération virile, joignant à la culture de l'intelligence la pratique des vertus domestiques, civiles et religieuses.

Elle ne doute pas, en général, de notre dévouement à cette œuvre importante entre toutes, mais elle a le souci du présent et de l'avenir, de la famille, du pays et de la religion, leur force la plus féconde; et plus elle se mêle

(1) Saint Jacques, ch. I, v. 15.

aux populations de nos villes et de nos campagnes, plus elle analyse leurs tendances, les besoins et les destinées de la patrie, plus elle sent monter le courant qui entraîne vers l'enfance les sollicitudes et les espérances d'une résurrection sociale.

Et comment pourrait-il en être autrement? Est-ce que dans dix ans, les divisions les plus avancées de nos classes ne seront pas partout, avec un rôle actif, ouvriers ou administrateurs de leur bien, attachés à des industries ou à la culture du sol, gérant peut-être les intérêts de la commune, et chefs d'une association que l'on ne peut trop fortifier : la famille? Il faut préparer en nos enfants, pour cet avenir prochain, des hommes sérieux, comprenant et aimant le devoir, résolus à mettre au service du bien, sous ses formes les plus diverses, leurs forces physiques, intellectuelles et morales, — non des hommes légers d'esprit et de conscience, qui jettent à tous les vents et à toutes les convoitises leur vie, leur honneur, la prospérité de la famille, la dignité du pays. Quels moyens avons-nous? L'instruction et l'éducation morale que nous ne devons jamais séparer.

A peine est-il nécessaire de rappeler le programme à remplir dans ce but : catéchisme et instruction religieuse, lecture, écriture, calcul, notions de géographie et d'histoire de France, des sciences physiques, naturelles et agricoles, de la musique et du dessin, et, de plus, pour les jeunes filles, travaux manuels. Le champ est vaste; que d'éléments de vie intellectuelle et morale nous pouvons y jeter chaque jour!

Mais il faut y entrer avec des études antérieures, une préparation sérieuse et un travail soutenu, l'intelligence des besoins de l'enfant et des moyens propres à faire de ses facultés des puissances pour le bien. Nous avons, à cet effet, des programmes, et c'est déjà beaucoup. Qu'en faisons-nous et comment devons-nous les comprendre?

CHAPITRE III

Instructions adressées au commencement de l'année à MM. les Inspecteurs primaires. — Quelles doivent être leurs préoccupations et celles des maîtres.

Nos exercices scolaires recommencent. Pendant l'année qui s'ouvre, trois points surtout doivent être l'objet constant de nos préoccupations : 1° intéresser à l'œuvre de l'instruction primaire le pays tout entier ; — 2° aller chercher dans son sein, pour développer le progrès, les hommes qui, par leur position sociale, leur valeur intellectuelle et morale, exercent sur l'opinion publique une influence incontestable ; — 3° élever l'esprit et le cœur des enfants, les attirer et les retenir à l'école le plus longtemps possible.

§ I. — Seuls, malgré le bon vouloir dont nous pouvons faire preuve, nous n'aurons qu'une action restreinte et éphémère. Travaillons à faire de l'école, dans chaque commune, le souci général. Qu'elle n'ait pas seulement pour elle un regard des familles, qui, avec une conviction plus ou moins éclairée, demandent l'instruction pour leurs enfants. Ne nous le dissimulons pas, ces familles, tout en ayant des aspirations généreuses, manquent souvent des ressources propres à améliorer l'état matériel de nos écoles. Des classes aisées et instruites seules peuvent descendre la réalisation de nos espérances, des secours en rapport avec des besoins impérieux.

Allons à elles avec beaucoup de confiance, leur exposant

tout ce qu'il y a d'incomplet, de défectueux dans l'état matériel de nos classes, de besoins pressants chez les enfants dont elles sont comme les mandataires. Elles ont souvent répondu à notre appel et augmenté la dotation tant du matériel que du personnel de nos classes. Il importe que ce progrès s'accentue davantage encore.

§ 2. — Nous n'avons pas de levier plus puissant sur l'opinion publique que la délégation composée des hommes les plus éclairés de chaque localité; elle forme un véritable comité scolaire cantonal, et elle se présente aux populations avec la triple autorité de l'influence morale, de la science et de la fortune. Son désir du bien est à la hauteur de ses moyens d'action, et notre devoir, comme notre intérêt, est de nous assurer son concours. N'est-il pas absolument nécessaire que toutes les forces sociales, cessant d'agir à part les unes des autres, se réunissent pour imprimer une vigoureuse impulsion à l'œuvre de l'éducation populaire?

De la mise en commun de ces forces diverses sortiront une direction plus ferme, plus laborieuse et plus pratique, une entente plus complète et plus cordiale, un élan qui, se communiquant de proche en proche, aura pour résultat nécessaire l'amélioration de nos locaux, de nos mobiliers scolaires, et des conditions générales de notre service. On aura soin, d'ailleurs, de faire comprendre aux municipalités les avantages que leur offre, à ce point de vue, la *Caisse pour la construction des Écoles* créée par la loi du 1er juin 1878.

§ 3. — Mais nous n'avons pas seulement à créer des ressources pour préparer une installation matérielle qui réponde aux exigences de l'enseignement; il faut aussi assurer l'emploi le plus utile des fonds alloués à cet effet par les conseils généraux et par l'administration centrale.

Nous sommes toujours en présence de plusieurs catégories de communes : ici, un budget presque nul, ou une situation financière engagée pour plusieurs années ; là, des votes généreux consentis par des administrations municipales et qu'il faut encourager par des subventions ; ailleurs, une indifférence qui persiste, quelquefois malgré l'opinion publique.

Nous ne négligerons pas le concours de celle-ci, et nous agirons avec elle pour triompher des obstacles au progrès. Des secours seront sollicités pour les localités qui ne reculent pas devant les sacrifices. Quant aux communes pauvres, elles trouveront en nous un chaleureux appui, et une place des premières leur sera toujours réservée dans les demandes que nous soumettons à l'État et à l'administration départementale.

§ 4. —Ainsi le bien matériel s'étendra. Il est pour nous inséparable du progrès intellectuel et moral, que tout doit contribuer à fortifier : le choix des livres, les méthodes et l'esprit qui les inspire.

1° Il y aurait un grand avantage à faire entrer dans nos classes des livres uniformes, autant que possible, toujours bien pensés et bien écrits, où tout fût pour l'esprit et le cœur un enseignement qui présenterait à l'enfant, sous une forme agréable, ses devoirs envers Dieu et envers lui-même, envers la famille et la patrie, etc... Vous savez aussi combien tout ce qui parle aux yeux intéresse le jeune âge et favorise les leçons du maître. Au lieu de murs dénudés, il nous faudrait, pour enrichir et animer nos classes, des tableaux d'histoire sainte, d'histoire de France et du système métrique, des maximes morales, des cartes géographiques, des globes, etc... Si des commandes isolées partent de chaque localité, on court risque de faire des choix plus ou moins heureux. On se prive, d'ailleurs, des remises qui ne manquent jamais quand des commandes considérables sont faites, et qui vertiraient au profit de nos écoles. Voyez donc si vous ne pourriez pas donner dans ce sens des conseils aux instituteurs et aux institutrices placés sous vos ordres.

2° Les livres sont les éléments d'un bon enseignement; il n'y a qu'une forte méthode qui puisse les vivifier. Nous n'avons pas toujours, il faut bien le reconnaître, attaché à la pédagogie l'importance qu'elle commande. Chez nos voisins les plus avancés pour l'instruction primaire, la vie du maître se partage entre l'étude qui étend et trempe fortement son intelligence, la réflexion qui combine les moyens les plus propres à saisir toutes les facultés de l'enfant, les formes diverses que doit prendre la parole afin d'y porter la lumière, — puis entre la classe où se donne un enseignement qui intéresse, commande l'attention et fait monter, sans efforts, les jeunes esprits vers la vérité et le bien.

Entrons-nous toujours dans nos classes avec ces méthodes fécondes? Etudions-nous suffisamment pour les acquérir? N'arrive-t-il pas que nous comprenions peu la nécessité de nous nourrir de l'expérience d'autrui, de puiser dans de saines lectures des inspirations élevées, cette fermeté de direction et cette science professionnelle, sans lesquelles nous ne pourrons jamais répandre la vie au sein de nos classes ?

Aussi que se passe-t-il ? Nous ne voyons dans l'enfant qu'une faculté : la mémoire, et nous la chargeons de mots, de bouts de phrases souvent empruntés à des livres pitoyables, et nous remettons presque à leurs auteurs le soin de penser pour nous. Ce n'est pas là une méthode, mais le moyen de laisser s'étioler, sous un procédé tout mécanique, les forces intellectuelles de nos élèves.

Tous nos soins doivent tendre à provoquer en eux l'éveil de l'attention et de la réflexion, du jugement et du bon sens, à fortifier par des exercices de tous les jours et de tous les instants ces facultés maîtresses, sans lesquelles il n'y a ni saine appréciation des hommes et des choses, ni discipline de la vie, ni amour intelligent du bien et du vrai. Autrement, de l'instruction peut-être, c'est-à-dire l'assemblage de quelques syllabes, des définitions grammaticales et arithmétiques, plus ou moins comprises, des efforts de mémoire pour reproduire une page d'histoire et de géographie; de l'éducation, jamais.

Un haut personnage entrait un jour dans une classe. Il trouva des enfants prompts à se montrer des prodiges de mémoire. Le premier qui se présenta récita d'une manière imperturbable la fable du *Loup et de l'Agneau*. C'était presque merveille de l'ouïr.

Après la leçon récitée : — Que vous semble, mon enfant, demanda le personnage, de cette phrase : « La raison du plus fort est toujours la meilleure? » Êtes-vous de cet avis? —Oui, Monsieur. — Mais voyez donc, mon enfant, est-il bien vrai que le plus fort ait toujours raison? — Je le pense, Monsieur; La Fontaine l'a dit. — Et si j'allais vous maltraiter, moi qui suis quelque peu plus fort que vous, aurai-je raison? — Non, Monsieur. — Pourquoi donc? — Je ne crois pas l'avoir mérité? — C'est juste, mon enfant. Et quel mal l'agneau de La Fontaine avait-il fait au loup? — Je ne le vois pas. — Le loup, cependant lui reproche de troubler son breuvage, d'avoir médit de lui l'an passé; il se plaint d'être poursuivi par ses frères, par ses bergers et ses chiens. — Oui, Monsieur. — Est-ce fondé? — Je ne sais pas, Monsieur. — Et voyez la fin : le loup qui était le plus fort saisit l'agneau, l'emporta au fond des bois et le mangea, sans autre forme de procès; avait-il raison? — La Fontaine semble le dire, et pourtant cet agneau me fait pitié, continua l'enfant tout ému. »

C'est que la réflexion commençait à lui venir; il n'avait vu, ce qui est trop fréquent, que les mots de son livre; l'idée qu'ils cachaient lui échappait; la colère feinte du loup l'avait frappé, l'innocence de l'agneau et les délicatesses de son langage passaient inaperçues. A qui la faute?

Au maître, qui avait accablé la mémoire des enfants sous tout le poids des mots d'une fable, sans faire appel à leur intelligence pour les comprendre, pour suivre le mouvement des idées et tirer de ce chef-d'œuvre le véritable enseignement moral qu'il renferme.

3° C'est que là, comme en beaucoup d'autres classes, le tableau noir ne servait à rien. Lorsqu'on sait le faire parler, il suffit d'une maxime de quelques lignes pour mettre en branle, chez les enfants, toutes les puissances de l'attention. Elle se disperse, souvent sans résultat, sur les pages d'un livre; mais quand elle doit se concentrer sur un petit nombre de mots, peser chacun d'eux, chercher à quel titre il entre dans l'expression de la pensée, alors elle fait effort pour se posséder; peu à peu des jets de lumière lui arrivent, l'esprit et le cœur s'imprègnent et se fortifient des vérités intellectuelles et morales dont ces maximes sont comme le véhicule.

Nous voulons, dans nos examens, constater les résultats de l'enseignement, quel qu'en soit l'objet : grammaire, arithmétique, histoire, géographie, direction morale, etc., vite au tableau noir. Une phrase, un problème, une date, le nom d'un personnage, un point géographique, une maxime à expliquer, etc., nous révèleront le cours ordinaire des leçons, la direction du maître, l'intérêt qu'il sait exciter chez les enfants et les idées morales et religieuses qu'il leur inculque.

4° Nous ne pouvons rester étrangers à aucun de ces côtés de l'instruction primaire; ce serait oublier que nous sommes responsables de l'esprit qui l'anime et de ses résultats. Or, ici les intérêts les plus graves sont en jeu, l'école étant le centre où se forme et grandit l'enfance qui doit être un jour la force virile et la vie même de la France. Notre mission est de préparer les développements de l'une et de l'autre. En présence de ce devoir impérieux, arrière les sophismes qui travaillent à séparer l'instruction de l'éducation, l'enseignement de l'école de celui de l'Église, la morale de la religion; qu'ils nous trouvent résolus à leur fermer l'entrée de nos classes.

Nous avons là des enfants riches de facultés diverses ; vouloir les scinder pour s'occuper de l'une et négliger l'autre, pour sacrifier la formation du caractère et de la volonté au développement de l'intelligence, ce serait un crime. Que celle-ci soit mise par la science en possession de la vérité et des moyens de trouver, dans le travail, le bien-être, même la richesse; qu'elle soit préparée pour les exigences légitimes du commerce et de l'industrie, c'est justice. Mais que la volonté sache aussi se rattacher à Dieu; qu'un enseignement ferme et sûr la trempe pour les luttes de la vie et l'accomplissement du devoir, conformément aux données de notre origine et aux lois de notre fin. Elevant ainsi nos enfants à la hauteur de leur destinée, nous formerons pour la famille et la société des natures viriles, et nous ferons entrer la vie au sein de la France. Jamais ce but ne serait atteint si l'enseignement religieux ne se faisait une place dans les habitudes de l'école pour imprégner de son influence toutes les leçons du maître.

5° Il importe que cette direction prenne l'enfant de bonne heure et le quitte le plus tard possible. Ici, la question de la fréquentation ; quels moyens faut-il employer pour que l'enfant soit attiré tout jeune vers l'école, pour qu'il la suive régulièrement et qu'il ne la quitte pas prématurément ? Je ne connais qu'une puissance, celle de l'instituteur ou de l'institutrice.

Laissons parler un pédagogue allemand :

« Le maître ne peut pas tout pour empêcher la désertion de son école, mais il peut beaucoup. C'est l'expérience même qui nous oblige à nous répéter : *Plus le maître sera ce qu'il doit être, et moins il aura à se plaindre du nombre des absents.* Les parents les plus grossiers sentent et voient fort bien ce que vaut une mauvaise école, et ils ne sont déjà pas tant à blâmer, s'ils estiment que ce n'est pas la peine d'y envoyer leurs enfants. Ils démêlent avec la même sûreté d'appréciation ce que vaut une bonne école : l'esprit qui l'anime va souffler dans les plus humbles chaumières et parle aux parents par la bouche des enfants. Que le maître s'entende à transformer les heures d'école en heures d'agrément et de vie intellectuelle, qu'il gagne le cœur et l'affection de la jeunesse, ce seront les enfants qui supplieront père et mère de ne les point retenir, et ces prières-là vont droit au cœur des mères. Un mot d'entretien avec les parents (1), un avertissement où respire l'amour des enfants, manquent rarement leur but, surtout quand le maître s'est fait, au vrai sens du mot, l'homme du pays qu'il habite et qu'il s'intéresse à tout ce qui le touche.

« Quand un instituteur a exercé dix ans dans un village et que son école est toujours peu fréquentée, *il y a lieu de se défier de sa capacité ou de son énergie* (2). »

A nous de provoquer par tous les moyens possibles une direction ferme, entraînante, de faire pénétrer partout un enseignement, un ensemble d'exercices assez bien conduits pour attirer, intéresser sans fatigue et retenir le jeune âge. Beaucoup de leçons de choses, une direction qui entre par l'oreille et par les yeux, dans l'intelligence des enfants ; ils seront alors les premiers à réclamer le séjour de l'école. Outre le plaisir d'apprendre sans efforts, ils contracteront l'habitude, même dans leurs jeux, du calme et de la discipline. Est-il besoin de dire quel profit ce sera pour la famille ? Ainsi l'enfance nous appartiendra dès ses plus jeunes années.

Sera-t-il difficile de la retenir et de prolonger sa vie scolaire ? Oui, peut-être, et je le comprends, si l'enfant ne rap-

(1) Les *livrets de correspondance* qui tiennent les familles au courant de l'exactitude, de la conduite et des progrès des enfants, assurent aussi les meilleurs résultats. Nous ne pouvons trop les recommander.

(2) *Traduit de l'allemand et emprunté au Manuel général de l'instruction primaire.*

porte de l'école que des habitudes de dissipation et d'indiscipline ; si la famille ne trouve pas, chez l'enfant, une volonté plus souple et plus ferme dans le bien, une intelligence plus capable de se faire dans le monde, par le travail, une position honorable.

Ecartons les résultats malheureux, et préparons les bons. Cherchons un autre moyen d'action dans nos *Certificats* d'études. Ces examens subis signaleront les esprits sérieux, et ceux que l'on aura reconnus tels sur les bancs de la classe verront des sympathies les accueillir, quand ils se présenteront à l'entrée des diverses carrières.

Ainsi nous avons dans nos mains, à des points de vue multiples, l'avenir des enfants. Les instituteurs et les institutrices partagent notre responsabilité. Que tous s'entendent dans l'intérêt du progrès et du bien.

CHAPITRE IV

L'ordre matériel et l'ordre moral dans l'école

Nous voilà dans la classe. Il nous faut là, chez le maître et chez l'élève, l'ordre matériel et l'ordre moral.

Or, l'ordre étant, dit Bossuet, « une espèce de vie de l'univers, » il n'y pas de tâche plus noble, plus importante que celle d'y façonner l'enfance, de le lui faire connaître, observer et aimer.

I

§ 1. — Le premier souci du maître sera donc d'établir dans la classe l'ordre matériel. Là s'écoulent, en grande partie, les premières années de l'enfance. Offrez-lui, si vous le pouvez, un local vaste, élevé, muni d'appareils de ventilation; la santé l'exige. Qui ne sait, en effet, que la respiration et la transpiration de la peau vicient sans cesse l'air ambiant? Nous avons, sous ce rapport, des données certaines, qu'il importe de faire pénétrer partout, surtout dans les classes.

« Sous l'influence de la respiration pulmonaire, l'air atmosphérique subit, dit le docteur Sistach, une altération notable qui consiste en une diminution d'oxygène, de 90 litres par heure; et en une augmentation d'acide carbonique, de 18 à 20 litres par heure.

« Une circonstance qui, dans les écoles, contribue à accroître cette viciation de l'air c'est l'âge des élèves. Et, en effet, en représentant la quantité d'acide carbonique exhalé pendant l'inspiration par le carbone qu'il renferme, et en se rappelant que la combustion d'un gramme de carbone produit 3 grammes 66 d'acide carbonique, MM. Andral et Gavarret ont constaté que la quantité de carbone brûlé augmente chez l'homme depuis 8 ans jusqu'à 30, pour diminuer ensuite graduellement jusqu'à la mort.

« Ainsi elle est de :

5 gr. 0	par heure	à 8 ans	11 gr. 0	par heure	à 32 ans
7 gr. 6	—	à 11 ans	10 gr. 5	—	à 37 ans
8 gr. 2	—	à 14 ans	10 gr. 0	—	à 59 ans
10 gr. 2	—	à 17 ans	9 gr. 6	—	à 68 ans
11 gr. 2	—	à 20 ans	8 gr. 8	—	à 92 ans
12 gr. 4	—	à 28 ans			

« Ainsi l'énergie croissante de la fonction respiratoire à l'âge de 8 à 15 ans augmente la quantité d'acide carbonique exhalé de la poitrine, et vicie d'une quantité égale la pureté de l'air.

« Si telles sont les modifications imprimées à la composition de l'air atmosphérique par la respiration dans les salles d'école, il importe de connaître quel est le volume d'air nécessaire pour subvenir aux besoins de la respiration humaine.

« Or, on admet généralement que chez l'homme en bonne santé, chaque inspiration introduit dans les poumons un tiers de litre d'air; et comme il y a en moyenne 18 inspirations par minute, il s'ensuit qu'il faut 6 litres d'air par minute, 360 litres par heure, 8640 litres par jour. L'homme inspire donc dans les 24 heures, 8 mètres cubes d'air contenant, en moyenne 4 pour cent d'acide carbonique en plus... Mais, dans les milieux clos, dans les collèges, dans les salles d'école, etc., l'air subit une viciation d'autant plus profonde que son volume est moins considérable par rapport au nombre d'individus qu'il doit alimenter, et que son renouvellement est plus difficile (1). »

Conclusion : il y aurait un danger grave à laisser les enfants plongés dans une atmosphère chargée d'acide carbonique. Voilà pourquoi l'on demande avec instance une ventilation qui verse, par heure et par personne, six mètres cubes d'air dans le milieu où ils vivent.

§ 2. — L'espace existe-t-il ? apprenons aux enfants comment on rend saine une habitation. Dans ce but, que les salles de classe soient régulièrement balayées ; point de poussières malfaisantes le long des murs, sur les tables et les bancs.

Il y a là d'abord une question de bonne éducation. Comment enfermer, chaque jour, des enfants dans des salles où la boue, des papiers déchirés, des restes d'aliments, des livres jetés pêle-mêle s'accumulent, et leur parler propreté ?

Voici les cahiers et les livres ; sont-ils froissés, sales, couverts de caricatures ou conservés avec soin ? Cette dernière condition est indispensable. Il la faut pour éviter aux parents des dépenses quelquefois onéreuses et inspirer des goûts d'économie.

§ 3. — L'hygiène vient aussi avec ses prescriptions.

« Le nettoyage de l'école et de son mobilier, dit encore le docteur Sistach, doit être pratiqué au moins une fois par jour. Il faut laver une ou deux fois par semaine et de préférence le dimanche

(1) Dr Sistach, *Lauréat de l'Institut de France.*

et le jeudi les pièces carrelées, pavées ou dallées, et les essuyer aussitôt après pour en enlever l'humidité. N'oublions pas surtout (et on ne l'ignore que trop souvent) que le lavage, qui entraîne à sa suite un état permanent d'humidité, est plus nuisible qu'avantageux; car, l'air humide et tiède favorise éminemment la production et la propagation des miasmes organiques provenant de la décomposition des matières fournies par la respiration, la transpiration, et l'expectoration des enfants.

« Lorsque la malpropreté est de date ancienne ou résiste à l'action de l'eau ordinaire, il faut pratiquer le lavage des salles, des escaliers et des corridors avec de l'eau renfermant 1 0/0 d'eau de javelle ou de chlorure de soude. Il importe souvent de ne pas se servir du chlorure de chaux qui, à la longue, donnerait lieu à un chlorure de calcium éminemment défavorable à la santé, à cause de l'humidité permanente qu'il entretient.

« Il ne faut pas hésiter à gratter les dépôts de terre ou d'immondices qui résistent à l'action du balai.

« Les murs, les plafonds doivent être également l'objet de soins particuliers de propreté, de même que les couloirs, les passages, les cabinets étroits et obscurs. Car, n'oublions pas surtout que les produits divers de la décomposition des matières organiques fournies par la respiration pulmonaire, l'expectoration et la transpiration cutanée se déposent partout, aussi bien sur les planchers que sur les plafonds, et principalement dans les diverses parties des salles et de l'habitation qui sont à l'abri du renouvellement facile de l'air atmosphérique. »

§ 4. — Et l'enfant! Voyons si les vêtements sont en ordre ou déchirés, les mains et la figure lavées, la tête propre, sans une chevelure trop longue. Rien ne peut être négligé impunément. « La propreté, dit un hygiéniste, est la colonne fondamentale de la santé (1). » Henri IV a dit avec raison : « Je ne sais comment on peut se dispenser d'honnêteté et de propreté, quand il ne faut qu'un coup de chapeau pour être honnête et un verre d'eau pour être pro-

(1) Hufland.

pro. » Oui, ayons soin d'engager les enfants à faire passer chaque jour, et même plusieurs fois par jour, ce *verre d'eau* sur leurs mains, sur leur visage et sur les autres parties du corps. Qu'ils apprennent de nous à se gargariser la bouche, après chaque repas, avec de l'eau, pour enlever les débris des aliments. Qu'ils comprennent même l'utilité des bains si négligés dans les campagnes, et cependant si propres, dans l'intérêt de la santé, pour assurer le nettoiement du corps, détendre les tissus et reposer des grandes fatigues.

Quant à l'instituteur qui oublierait de se respecter à tous ces points de vue, dans sa tenue, n'abdiquerait-il pas, avec sa dignité, l'autorité que l'enfant s'attend à trouver en lui, quand il pénètre pour la première fois dans une classe?

II

Mais que serait l'ordre matériel sans l'ordre moral? A celui-ci de s'emparer de l'enfance pour la tourner au bien, de son caractère pour l'assouplir, de son esprit pour l'imprégner de l'idée et du sentiment religieux, de son être tout entier pour le rompre, dès le début de la vie, à la pratique habituelle et persévérante du travail et du devoir, « même rebutants, en dépit des sollicitations du plaisir. »

§ 1. — Cette partie si grave de l'éducation exige un régime disciplinaire. Rollin nous a dit quel il doit être. « L'éducation est une maîtresse douce et insinuante, ennemie de la violence et de la contrainte, qui aime à n'agir que par voie de persuasion, qui s'applique à faire goûter ses instructions en parlant toujours raison et vérité (1). » Ainsi de la bonté et de la fermeté, du cœur et du caractère, une affection qui se possède et sache commander : voilà le nerf

(1) Rollin, *Traité des Études*, t. 1, p. 15-20. V. les Etudes sur les *Maîtres de l'enfance*, vi. Rollin.

de la discipline et la condition de l'ordre moral dans la classe.

§ 2. — Mais arrière la discipline qui semble n'avoir qu'un but : réduire, contraindre l'enfant au silence, à l'immobilité. Cette discipline n'est pas un moyen d'éducation, c'est une machine à mâter les caractères, à rompre, à briser tous les ressorts qui font de l'enfant une nature active, remuante, et qui, par là même, sont une condition de vie et de progrès (1).

Tout plier, tout contraindre, traiter toutes les natures, toutes les âmes, tous les esprits, tous les caractères, tous les cœurs de la même manière, ce n'est pas de l'autorité, mais de la violence; c'est la discipline matérielle.

Aussi n'obtient-elle le plus souvent aucun résultat. Presque toujours elle contribue à cacher le mal dans le fond des âmes, et à faire mépriser secrètement l'autorité. Cette répression entraîne presque toujours aussi le dégoût du travail et la corruption des mœurs. Voilà les tristes conséquences de la discipline qui brise et contraint tout, qui enlève à l'enfant tout ce qui fait l'homme honnête et vertueux. C'est l'anéantissement de l'éducation.

L'instituteur a charge d'âmes; son œuvre est une œuvre intérieure, spirituelle : voilà pourquoi il faut la discipline morale, c'est-à-dire la fermeté accompagnée de la bonté, l'autorité du *maître* reposant sur l'affection des *enfants* et inspirant à tous une *respectueuse docilité*.

§ 3. — Il faudrait même donner à la discipline une autre mission : celle de faire aimer le séjour de l'école. Tout en maintenant l'ordre dans la classe, elle peut y répandre des charmes qui attirent les enfants et qui leur préparent un milieu physique, intellectuel et moral dans lequel ils sentent la vie monter vers toutes les parties de leur être.

Si bien qu'ils s'y trouvent, il pourra cependant être quel-

(1) V. le *Journal des Instituteurs*, années 1877-1878.

quefois nécessaire de corriger, de punir, car tout n'est pas vertu dans la nature des enfants, et il y aura toujours des défauts à déraciner. Mais que la punition tourne au développement intellectuel et moral de l'enfant. Qu'elle puise une grande partie de son efficacité dans le *calme* du maître, et qu'elle arrive à son heure, c'est-à-dire quand le coupable, cessant d'être égaré par la colère, peut comprendre sa faute; ce sera le moyen d'éviter des altercations souvent fâcheuses.

§ 4. — Oui, le *calme* toujours. Il prévient même les punitions. Je me rappelle avoir lu à ce sujet une page des plus instructives. Il s'agit d'une entrée en classe. La scène se passe dans une des écoles américaines. Maître et élèves y jouent chacun un rôle. Il y a là toute une leçon de pédagogie.

Nous avons d'abord comme une sorte de mise en scène : un temps sombre, une atmosphère lourde et chargée d'humidité; du côté des enfants, une sorte d'apathie générale, du rhume, peu de dispositions pour le chant et pour le travail.

La maîtresse commença l'exercice religieux en chantant un hymne, et les enfants l'accompagnèrent. Elle lut ensuite, suivant les habitudes protestantes, un passage de la Bible; la toux des enfants couvrait presque sa voix. A un signal donné, les têtes s'inclinèrent, et les élèves récitèrent *l'oraison dominicale*. Ainsi se termina la prière.

La maîtresse n'avait pas cessé un instant de montrer beaucoup de calme et de gravité; pendant la prière, ses manières prirent une aimable solennité. Elle ne put, vu les circonstances, obtenir des enfants leur attention ordinaire; cependant pas un signe d'irritation ne lui échappa. Mais aussi les élèves ne furent pas excités, comme ils auraient pu l'être, si elle avait témoigné son déplaisir pour un incident qu'ils ne pouvaient empêcher.

Ceux même qui toussaient le plus paraissaient faire effort pour se contenir, et leur toux ne produisait sur les autres aucun mauvais effet. Tous cherchaient à se conformer par sympathie aux sentiments de calme et de respect de leur maîtresse, et, sans se rendre compte de l'influence qu'ils subissaient, ils se mirent au travail avec promptitude et tranquillité (1).

Ce récit est extrait d'un rapport fait par les élèves de l'Ecole normale d'Indianapolis (Indiana), après leur visite dans les classes de l'Ecole primaire annexe. Ne renferme-t-il pas une leçon frappante de pédagogie? Qui n'a besoin, dans les classes, quand l'enfance s'agite, du calme, de la possession de soi-même, et pendant, la prière, d'une aimable sérénité, si propre à apaiser les âmes? Faisons donc naître autour de nous la sympathie des bons sentiments; nous trouverons en elle une puissance pour le bien et pour le maintien de l'ordre moral.

§ 5. — C'est que le plus efficace, le plus sûr auxiliaire de l'instituteur sera toujours et par dessus tout le bon exemple qu'il saura donner. La parole n'est pour rien dans cet enseignement ; c'est la vie du maître qui le porte et le fait aimer partout où il paraît, dans sa propre famille, dans ses rapports avec le monde, et dans la classe. Oui, partout! dans la classe surtout, car partout il est un spectacle, et pas un côté de son existence qui passe inaperçu. Qu'il soit donc le modèle de l'enfant, modèle du devoir accompli, modèle de politesse, de tenue, modèle de respect envers les autorités locales, modèle de vertu, modèle surtout de religion. Que les maîtres soient des hommes vertueux; qu'ils paraissent aux yeux de leurs élèves d'abord, et des parents aussi, avec l'auréole de toutes les vertus chrétiennes, de l'ordre, de la modestie, de la douceur et du détachement, du dévouement et de la science, de la fidélité au devoir et à Dieu, l'ordre matériel et l'ordre moral régneront alors autour d'eux ; les

(1) Buisson, *Devoirs d'Ecoliers américains*, p. 489, 490.

enfants s'y attacheront pour longtemps, peut-être pour toujours, et l'on pourra appliquer à leur classe ce vers de Racine :

« Tout respire ici Dieu, la paix, la vérité. »

CHAPITRE V

Conseils avant l'ouverture des vacances

Un de nos amis me remet pour vous une note pleine d'actualité et que je dois vous transmettre. Qu'elle lui soit inspirée par les vacances qui vont commencer et par l'intérêt qu'il vous porte ainsi qu'à nos enfants, vous le comprendrez sans peine. Ecoutez plutôt :

Notre ami conçoit, on ne peut mieux, votre empressement à quitter les classes pour respirer le grand air. Il est même le premier, après une année laborieuse, à ouvrir ses poumons à tous les vents du ciel, à ceux surtout qui peuvent leur apporter un peu de fraîcheur. Et pourquoi ne vous le dirai-je pas ? Je le vois d'ici sur la grève, retremper, entre deux lectures, ses membres dans les flots.

Mais, en le faisant, il lui vient la pensée qu'il serait bon de ne pas fermer les verrous de nos classes sans mettre tout en ordre à nos côtés. Il nous recommanderait même volontiers un petit examen, celui des résultats que nous avons obtenus pendant l'année.

Et pourquoi pas, après tout, cette double revue? Sa première idée me rappelle qu'il y a deux ans, vers la mi-août, quinze jours après l'ouverture des vacances, j'ai trouvé, dans une classe, des cahiers, des livres et des encriers pêle-mêle, des papiers déchirés, et, à l'un des angles, un monceau de balayures, partout un parfait désordre. Mais ce ne doit être que l'exception, et notre ami, pas plus que moi, n'en veut garder le souvenir.

Son autre idée, celle de l'examen, est fort acceptable, ne contribuât-elle qu'à nous envoyer avec la satisfaction du devoir accompli.

Il a le désir de voir cette joie de la conscience se renouveler l'année prochaine. Aussi nous conseille-t-il, non pas de nous engourdir dans un repos complet, presque toujours énervant, mais de demander de nouvelles forces à quelques travaux utiles : un peu de jardinage, des promenades insectologiques, des études de pédagogie, etc.

Il serait même tenté de nous mettre un pinceau à la main, car le voilà qui me montre ce tableau noir, ces montures de croisées qui réclament une nouvelle couche de peinture. Et avec 1 fr. 50 ou 2 francs, quand on veut travailler soi-même, il y a moyen, me dit-il, de jeter sur tout cela de la fraîcheur. Sans compter que l'on se pose dans la commune en homme intelligent, que l'on embellit son intérieur, et qu'avec ces soins d'entretien peu coûteux, on achète de nombreuses sympathies. Que vous en semble ?

Et voici ce qu'ajoute notre ami : « Les vacances devant avoir un terme, il faut le prévoir et reprendre le *chez-soi* au moins trois jours à l'avance. » Sa pensée, c'est que tout doit être en ordre pour la rentrée même : la cour, la classe, les registres. Les maîtres qui, prétextant un petit nombre d'élèves, ne font pas en temps voulu ces préparatifs, ne semblent nullement de son goût. A son estime, la première heure, comme toutes les autres, appartient aux enfants, et l faut la leur donner. Qui ne penserait ainsi ?

Pour moi, tout en vous livrant ces remarques fort judicieuses, vous me permettrez de vous accompagner de mes vœux les meilleurs.

CHAPITRE VI

Conseils pour la rentrée des classes

Les vacances touchent à leur terme ; dans quelques jours, la reprise de nos travaux. Qui sait, comme vous tous, s'y donner de gaieté de cœur, y trouve un entier délassement. Loin de moi la pensée de vous développer sur ce point des théories ; essayez de la pratique.

Pour vous y préparer, dans de bonnes conditions, vous n'avez pas oublié les conseils de notre excellent ami (1). Vous serez donc au poste trois jours avant l'ouverture des classes. Et je sais parfaitement les pensées qui vous préoccuperont ; dites si je me trompe : la classe n'aura-t-elle pas votre première visite? Vos enfants ne seront pas là ; mais votre imagination ne fera-t-elle pas paraître sur leurs bancs ces petits êtres qui auront, pendant des mois entiers, vos journées, vos affections, toute la sollicitude de votre cœur ? Bon ! les voilà, ces têtes si diverses de couleur, d'aptitude et de développement intellectuel : ici, les débutants; là, les recrues des années précédentes, qui vont entrer dans les cours moyens; puis les aînés de la famille scolaire. Déjà, du haut de votre estrade, vous assignez à chaque catégorie la place qui la met le plus en contact avec

(1) *V. ci-dessus*, p. 29, 30.

les objets propres de son enseignement : tableaux de lecture, d'histoire sainte ou d'histoire de France, cartes géographiques, etc. ; vos regards parcourent les rangs ; vous faites manœuvrer vos élèves et vous calculez l'espace nécessaire pour leurs mouvements ; c'est l'organisation matérielle.

Mais assez pour le premier jour, presque le dernier des vacances : à demain la suite de notre examen.

Vos enfants sont donc là ; il faut leur parler, et sous chaque parole cacher, pour leur esprit et leur cœur, un enseignement utile, un bon sentiment. Qui n'a pas cherché ces trésors les verra rarement s'offrir à lui et tomber sur ses lèvres comme l'eau sur les toits, quand le temps est à l'orage. Aussi, je comprends ces questions que je trouve dans les notes fort riches d'un de nos amis.

Ai-je acquis, pendant les vacances, quelques connaissances nouvelles par la lecture d'un ou de deux bons ouvrages ? Le *Bulletin* aurait pu me donner des conseils utiles ; l'ai-je interrogé ? Est-il même là, tout entier, sous ma main ?... Non ; voici une année incomplète ; pourquoi n'avoir pas réclamé les numéros qui manquent ? Quels ouvrages pédagogiques le remplaceront ?... Mais je vois ma bibliothèque aussi vide, ou peut s'en faut, qu'avant les vacances... Nécessité, par conséquent, de puiser au plus tôt dans la *Bibliothèque pédagogique* fondée au chef-lieu du département.

Tout cela, je vous le répète, c'est notre ami qui me le suggère. Vous jugerez, peut-être, qu'il connaît parfaitement nos besoins et les conditions du progrès dans nos classes ; c'est aussi mon avis ; mais écoutons encore, puisqu'il est en veine de nous guider dans notre examen.

Un de ces jours, il se promenait, paraît-il, sur les quais du port de C. Parmi les nombreux navires qui stationnaient là, il remarqua surtout un bateau belge. Ce qui le frappait, c'était une exquise propreté. Pas une tache, dit-il, sur le pont ; les cuivres et les fers brillaient comme l'or et l'argent; l'ordre le plus parfait régnait dans les cordages et les agrès; pas un qui ne fût à sa place. Et dans tous ces soins, ajoute notre ami, dans toutes ces précautions, on n'avait d'autre but que d'assurer une bonne hygiène pour un équipage composé d'une vingtaine de marins.

Aussitôt sa pensée se porta vers nos classes. Quelle différence trop souvent! On les fait bien balayer tous les jours, mais on se contente de les épousseter le samedi, et l'on regarde comme un luxe de nettoyer les carreaux au commencement du mois. Quant aux clanches des portes et à la collection des mesures du système métrique, ne pourrait-on pas avouer, en rougissant, que l'on n'a jamais songé à les frotter pour les rendre brillantes ?

Et cependant, continue notre ami, ce ne sont pas vingt marins qui habiteront ces locaux, mais quarante et cinquante enfants dont il faut faire l'éducation.

La conséquence à tirer de ces remarques n'est-elle pas de se mettre immédiatement à l'œuvre et de transformer la classe en un modèle d'ordre et de propreté ?

Et, après avoir si bien commencé, on ne manquera pas de faire l'inspection du mobilier classique. Ici, des cartes et un tableau du système métrique ornent les murs; fort bien! mais là, des vides; pourquoi ne pas y fixer la carte de la commune et celle du canton qui ont été faites, l'année dernière, pour l'*Exposition scolaire?* Qui empêche d'inscrire tout près, en gros caractères, le nom des hommes célèbres du pays, quelque date mémorable de l'histoire? Ce tableau d'honneur est bien jauni, renouvelons-le, et donnons-lui pour pendant un autre tableau sur lequel paraîtront les noms des élèves qui ont obtenu le certificat d'études. Ce sont les lauréats de l'année, et les plus méritants; entourons leur nom d'une sorte d'auréole. Est-ce que partout où il y a effort, travail, nous ne devons pas mettre une récompense qui excite l'émulation dans les jeunes têtes?

Nos classes étant ainsi disposées, savez-vous ce qui arivera?

Les anciens de la commune, les vieux, comme nous, les visiteront, et prenant, à votre endroit, le ton de l'éloge, ils diront : « Que nous sommes loin, fort heureusement, du temps où rien n'était préparé à l'avance pour la rentrée des écoles ! une classe restée telle qu'on l'avait laissée le jour de la sortie ; pas d'encre dans les encriers ; des modèles d'écriture non renouvelés ; les livres et les cahiers épars par ci par là ; sur le tableau noir, encore le problème de la dernière leçon, et souvent quels chiffres ! Comment s'étonner que, dans une école semblable, les élèves attendissent le deuxième et le troisième mois pour se présenter en classe ? Aujourd'hui, tout est changé, c'est le progrès qui marche ; recevez nos compliments, MM. les Instituteurs et mesdames les Institutrices. »

Oui, voilà ce que vous entendrez dire, avec une bonne émotion dans le cœur. Et soyez persuadés que, si quelques améliorations scolaires vous sont nécessaires, il y aura des bourses ouvertes pour aider à les réaliser. Car, voyez-vous, rien ne rend généreux comme le spectacle d'un intelligent emploi des fonds accordés ; c'est quelque chose de séduisant.

Les familles, même récalcitrantes à l'endroit de l'instruction, se laisseront aussi prendre aux attraits de l'ordre et de la propreté. La curiosité les conduira à l'école, et, quand elles verront là des enfants adoucis, souvent transformés par votre parole, par votre action et par tout ce qui les entoure, la pensée leur viendra de chercher elles-mêmes ces bienfaits pour leurs propres enfants.

Elles céderont certainement à cette bonne tentation, si vous montrez à celles qui sont indigentes une *Caisse de l'école* bien organisée, et, avec elle, pour leurs enfants, des fournitures classiques, des aliments et des vêtements. Ainsi, vous emploierez la force morale pour résoudre un des problèmes qui préoccupent les esprits : l'instruction obligatoire.

Ce seront là de vrais triomphes, n'importe sous quelle forme ils se produiront : fréquentation plus générale des classes, habitudes d'ordre et de propreté, ornementation du local scolaire, etc. Rapportons à notre ami la pensée qui les aura provoqués. Elle pourrait vous être mieux traduite; à vous de faire oublier par vos succès les côtés faibles de l'expression. Une de mes joies sera de signaler vos efforts.

CHAPITRE VII

L'instruction primaire et les programmes

Partout, j'aime à le croire, les programmes sont dans la classe, à une place d'honneur ; les règlements l'exigent ; et qui voudrait ne pas s'inspirer sur ce point, comme sur beaucoup d'autres, de leur esprit ? Qu'ils soient toujours là pour nous protéger contre les difficultés qui peuvent surgir ! Car, si des sympathies s'affirment, sur tous les points, en faveur de l'enseignement primaire; si nous trouvons en elles bienveillance, encouragement et force, ne voit-on pas quelquefois se produire, sur les questions même d'instruction primaire, des idées fort diverses : ici pour restreindre, là pour étendre les matières de l'enseignement ? Laissons l'autorité les discuter, mais, quand elles essaieront de pénétrer dans nos classes, présentons, comme une sauvegarde, avec toute la déférence possible, nos programmes approuvés.

N'oublions pas que ces programmes nous obligent aussi et qu'ils doivent être là comme les régulateurs, toujours écoutés, de chacun de nos exercices. Et reconnaissons-le, nous avons besoin parfois de cette voix qui commande et qui veut être obéie, car, vous le savez, nous avons tous nos goûts, nos tendances, nos prédilections pour certaines matières d'enseignement. Sous cette influence, ne sommes-nous pas exposés à traiter les autres légèrement, ou du moins à ne pas les mettre en évidence, autant qu'il convient? Qu'arrive-t-il? Dans la préparation de la classe, on les féconde peu par l'étude; la parole est froide quand il faut les exposer.

Qui souffre de ces préférences? Les enfants. Tous n'ont pas notre tournure d'esprit, et, s'ils ne trouvent pas les idées qu'ils cherchent, que les programmes promettent à tous, le dégoût naît, l'attention languit, les distractions se succèdent dans ces petites natures inoccupées, et l'intelligence ne s'ouvre pas. Faisons donc notre examen, et voyons, sans faiblesse, si nous demandons, chaque jour, à nos programmes la voie à parcourir. A la fin d'un trimestre, arrêtons-nous en leur présence. Nous trouverons là trois juges : les études que nous avions à faire marcher d'un pas égal, les enfants dont toutes les facultés réclamaient notre sollicitude, la conscience, avec une sentence sans appel, si notre préparation quotidienne n'a pas été sérieuse, nos efforts soutenus, notre esprit préparé à élever les esprits et les cœurs.

Car il ne suffit pas de nous attacher à suivre des programmes qui sont en eux-mêmes des lettres mortes; l'important est d'en tirer la lumière et la force morale. Sans cette préoccupation incessante de notre part, qu'apprendront avec nous les enfants? Dans nos livres de lecture, ils verront des lettres et des mots; dans le calcul, d'abstraites combinaisons de nombres; dans le catéchisme, des formules dont la mémoire se chargera momentanément, et qui n'étant pas comprises disparaîtront bientôt. Écrire, ce sera tracer des caractères avec plus ou moins de goût; en géographie, on récitera le nom de quelques capitales, de quelques chefs-lieux de département ou d'arrondissement; en histoire, on bégaiera des bouts de phrases empruntés à de maigres abrégés. De l'instruction, point; de l'éducation, moins encore; un véritable vol intellectuel et moral pratiqué sur l'enfance à un âge où il faut seconder, activer en elle et diriger ses facultés et ses penchants.

Et le moyen? S'emparer des programmes et les méditer; chercher pour soi-même, dans cette étude, une puissance qui donne à l'enseignement de la sûreté et de la vigueur. C'est avec notre âme que nous devons parler aux enfants. Or, dit un poète :

« L'âme est un feu qu'il faut nourrir,
Et qui s'éteint s'il ne s'augmente (1). »

CHAPITRE VIII

Direction générale à donner à l'enseignement

Une préoccupation générale doit nous dominer dans notre enseignement, celle d'intéresser à l'étude toutes les facultés de l'enfant : l'intelligence, la réflexion, le cœur, comme la mémoire.

Celle-ci a été trop longtemps la seule cultivée. On la chargeait de mots, de bouts de phrase d'une rédaction lourde, sèche, décousue. L'enfant croissait dans le dégoût pour un travail difficile, sans attrait, et le plus souvent sans profit. Cette direction tend enfin à se modifier. On ne néglige

(1) Voltaire.

certes pas la mémoire. On veut, au contraire, qu'elle recueille de tous côtés les éléments qui seront la nourriture de l'âme, la vie de l'intelligence et du cœur. On les lui présente dans des livres, dans des dictées et dans des conditions plus en rapport avec les exigences du premier âge. Ce sont des récits oraux dans lesquels passent, sous une forme moins aride que celle de *l'abrégé*, les faits importants de l'histoire sainte ou profane; — des extraits de nos prosateurs les meilleurs, où les pensées s'enchaînent, et, en se développant, laissent après elles une lumière qui impressionne les jeunes esprits; — des poésies fraîches, harmonieuses qui cachent un bel enseignement sous des expressions riches, élégantes, faciles à saisir; — des chants qui font pénétrer dans les cœurs des sentiments religieux et patriotiques.

Mais si bien choisis qu'ils soient, le livre et les devoirs resteraient encore souvent une lettre morte, si des explications ne jetaient partout la vie. Aussi voit-on la phrase prise dans ses divers éléments; le sens et le rôle de chaque mot sont compris, l'idée se révèle sous l'expression qui la couvre, et il est rare qu'elle ne laisse pas une leçon utile dans l'esprit qui la contemple. Par là, celui-ci s'étend et se fortifie, la réflexion s'éveille, elle saisit l'idée, et, comme elle reste maîtresse du mot qui l'exprime, la mémoire se livre sans dégoût à un travail dont elle n'est plus condamnée à porter seule le poids.

Au lieu de se perdre, comme on l'a pratiqué longtemps, dans des étymologies et des recherches parfois trop savantes, dans des phrases élevées sur un seul mot, dans des conjugaisons écrites, et des analyses sans fin, avec les textes on fait de la grammaire, de l'histoire, de la géographie. Ici, les règles de l'orthographe déduites de la lecture et de la dictée; là, des détails relatifs à un personnage important, à un fait accompli; — une excursion rapide dans une contrée de la France, ou dans une autre partie du monde, et, quelquefois, un fragment de la carte du pays; là, une leçon morale. Ces travaux habituent les enfants à réfléchir et à s'entendre avec leurs pensées. Bientôt ils les enchaînent, ils les font passer dans une phrase, ils les fixent sur le papier. La parole et la plume se mettent au service de l'enfant; il a mieux qu'une dictée, car il se retrouve lui-même dans sa rédaction, souvent incorrecte d'abord, mais qu'il ne tarde pas à apprendre de son maître à rendre plus complète, plus en harmonie avec les règles de la langue.

C'est l'histoire de tous les progrès. Leur origine est généralement imparfaite; mais des efforts soutenus en assurent le développement. Persévérance donc et courage dans cette direction!

CHAPITRE IX

Direction pédagogique que réclame le premier âge

Donner à l'enseignement de l'attrait, le présenter sous une forme sensible, c'est une nécessité qui s'impose, si l'on veut que l'éducation de l'école soit le prolongement de celle de la famille.

Qui ne se rappelle les premières leçons qu'il a reçues de son père ou de sa mère, de sa sœur ou d'un frère plus âgé, de sa mère surtout? Nous étions là, sous leurs regards, entre leurs bras, contre leur cœur. Pas un objet à nos côtés et pas un bruit dans les airs, pas une fleur et pas une gravure qui ne provoquât en nous le désir incessant de connaître; des questions sans fin et une curiosité insatiable. Nous lisions sans peine dans le grand livre de la nature;

nos lettres promptement apprises, c'étaient les formes et les couleurs des objets, leur dureté ou leur mollesse ; on nous les faisait voir ou toucher, entendre, sentir ou goûter. Il y avait une page pleine de charmes pour chacun de nos sens ; ils la dévoraient ; chaque jour le petit cercle de nos idées et de nos sentiments allait s'élargissant, et les mots abondaient pour produire au dehors les pensées qui se pressaient dans notre esprit. C'est la vie de l'intelligence et du cœur qu'il faut partout multiplier pour l'enfant.

Mais trop souvent il n'en est rien, surtout dans les écoles où semble vouloir s'éterniser l'instruction routinière et abstraite. Là, au lieu de tenir éveillée ou de faire naître doucement et peu à peu l'attention des petites recrues de la première heure, au lieu de saisir leurs sens par des spectacles variés et qui les intéressent, que fait-on ? On leur jette un alphabet qui n'a rien d'aimable, on arrête leurs regards sur les caractères noirs et immobiles d'un A B C, qui ne leur dit rien et qui est sans aucun rapport avec les choses vivantes et les idées qui leur ont souri jusqu'alors.

Il faudrait trouver dans son cœur un trésor de condescendance et de bonté naturelle pour s'entretenir avec eux des objets nouveaux qui les entourent, de la salle de classe et du mobilier scolaire ; puis les habituer à parler, à s'entendre avec eux-mêmes, à dire ce qui les a frappés pendant le trajet de la maison paternelle à l'école. Loin de là, on les condamne au silence jusqu'à ce que vienne le moment de paraître devant l'estrade, avec l'alphabet que l'on doit déchiffrer, et qu'il eût au moins fallu leur présenter encadré d'images gracieuses. Puis on chargera bientôt leur mémoire de définitions abstraites ; on y jettera des mots, jamais des idées ; ils apprendront beaucoup de lignes, sans savoir se recueillir et regarder les pensées cachées sous les phrases ; on aura, pour quelques jours, des forts en *mémoire*, des faibles en *jugement* pour toujours. Qui n'a connu ces petits prodiges, devenus bientôt des esprits vides?

C'est contre cette routine délétère, contre ce monde de formules abstraites qu'il faut lutter. C'est la nature vivante en quelque sorte qu'il importe de placer sous les regards des enfants ; c'est avec elle que l'on doit provoquer leurs premiers développements intellectuels. Qu'il me soit permis de rappeler ici le spectacle qui m'a vivement ému un jour, dans une *Exposition scolaire*. Il y avait là des lycéens de 5, 6, 7 ans. Quel plaisir de les voir s'arrêter devant des reliefs, des collections insectologiques et industrielles, poursuivre leurs guides, — souvent leur mère, — de questions, contempler avec intérêt chaque insecte, suivre chaque ligne tracée sur le plâtre où dans ses profondeurs, et toutes les transformations de la matière première qui leur avait donné leur paletot, leurs gants ou leur tablette de chocolat ! Puis ils se retiraient, le regard rayonnant, emportant une idée aimée, conquise sans effort, et qui allait devenir une des premières bases de leurs trésors intellectuels.

Je n'essaierai pas de dire quelles jouissances j'éprouvais en voyant ces enfants, et quelquefois en leur donnant la main ; mais je sais que ma pensée tout émue se portait vers les maîtres qui avaient travaillé, pour leur dire : merci ! J'entendais la *presse* locale faire leur éloge et je sentais, pour ses encouragements une vive reconnaissance, mais, en même temps, je saluais dans ces petits enfants, avec une affection mal contenue, des juges qui disaient : « C'est bien ; voilà l'enseignement qu'il nous faut, que l'on comprend et que l'on aime. »

Il faut le porter dans nos classes, afin de changer en des jours de fête les premiers jours que les pauvres petits enfants passent à l'école. On nous les enverra peut-être pour se débarrasser de leur turbulence dans la famille, et parce que l'on ne saura pas faire entrer dans leur tête un enseignement indigeste.

Nous n'oublierons pas que nous recevons des hôtes que le Sauveur Jésus appelait à lui par les plus douces paroles.

Nous les placerons dans un milieu qui par lui-même, hélas! ne sera peut-être pas brillant. Mais notre industrie l'aura presque richement orné ; notre sollicitude pour l'enfance y réunira, afin de l'égayer et de l'instruire, quelques-uns de ces mille produits qui sont comme le pays lui-même et auxquels sa vie première a été mêlée.

Nous ne sommes pas libres, je le sais, de changer une planche dans notre classe ou d'en blanchir un mur, mais nous y ferons régner la propreté qui porte la joie, l'air pur qui entretient la fraîcheur dans les poumons et l'ordre qui repose l'âme.

Par dessus tout, nous donnerons à notre visage un air avenant et bienveillant, et nos enfants comprendront qu'il y a là, pour les aimer, un cœur toujours jeune. Ce sera une autre face de l'ornementation de notre classe : la première parlant à leurs yeux et à leur intelligence; l'autre enveloppant tout leur être d'une affection qui sera pour eux une véritable source de vie morale.

Et alors les petits exilés de la maison paternelle perdront avec nous la turbulence qu'on leur reprochait. Tandis qu'ils sentiront une chaleur fortifiante circuler dans leurs membres, leur esprit s'ouvrira sans effort à des connaissances variées qui entreront par leurs yeux ; leur cœur s'emplira de bons sentiments. Pour nous, en renversant ainsi l'instruction routinière et abstraite de l'école, qui dessèche l'âme et étouffe la pensée, nous remporterons un de ces triomphes féconds qu'envient les bons instituteurs.

Mais ces enfants grandiront. Un enseignement plus large et plus élevé sera nécessaire. Où le prendre ? Quelles formes et quelles limites lui donner ?

Frœbel, un de nos guides les plus sûrs, dit quelque part : « Les arbres ont été mes premiers maîtres et je n'ai pu oublier les leçons que m'a données la nature. » Comment donc avait-il conduit son intelligence ? il s'en était emparé pour observer et réfléchir.

Mais comme tous les enfants ne sont pas des Frœbel, c'est à nous, dit un pédagogue illustre, à exciter et à développer en eux, avec un soin spécial, ces deux facultés maîtresses : l'observation et la réflexion.

CHAPITRE XI

De la méthode intuitive.

Notre préoccupation la première doit être de développer chez les plus jeunes enfants, et de diriger l'observation et la réflexion. Quels procédés suivre?

I

PLACE FAITE, DANS LE MOUVEMENT PÉDAGOGIQUE, A LA MÉTHODE INTUITIVE

Commençons par constater un courant d'idées qui pénètre et se fortifie chaque jour chez les peuples qui ont un souci particulier de l'instruction primaire, de ses progrès et de son action sur l'enfance.

« Une grande leçon, dit M. Buisson, s'est dégagée avec éclat des expositions scolaires à Vienne (1) ainsi que des votes du jury : c'est

(1) Ajoutons que cette leçon s'est affirmée davantage encore dans les grandes Expositions scolaires de Philadelphie (1876) et de Paris (1878).

que partout aujourd'hui l'esprit pédagogique subit une transformation profonde. Partout il cherche le progrès dans la même voie, il tend à introduire, dans tous les domaines, les idées et les pratiques scolaires que désigne ce mot relativement nouveau de *méthode intuitive*. De tous les pays qui se sont fait représenter à Vienne, aucun n'est aujourd'hui fermé à l'influence de cette méthode : les uns l'ont admise d'emblée, d'autres peu à peu et partiellement : mais tous finissent par l'accueillir (1).

Et ailleurs :

« La tendance commune et de plus en plus marquée, non seulement dans les pays germaniques, mais encore partout, de la Suède à l'Italie, est de faire pénétrer l'esprit d'observation et d'intuition dans toutes les branches et à tous les degrés de l'enseignement populaire. En théorie, sinon en fait, c'est à la *méthode intuitive* que l'on demande partout d'élever l'école populaire à la hauteur de ses destinées nouvelles (2). »

II

L'INTUITION ET L'ATTENTION

Qu'est-ce donc que *l'intuition?* le mot ne se trouve pas dans le dictionnaire de l'Académie; aussi a-t-il été critiqué comme un néologisme. Gardons-le cependant, car il exprime une idée, et il résume parfaitement un système.

Dans le langage pédagogique, *l'intuition* est la vue claire, distincte et immédiate des objets sensibles qui tombent sous les regards. Il faut cependant étendre cette définition, car nous avons aussi la vue claire de nos pensées ou l'évi-

(1) Buisson, *Rapport sur l'Instruction primaire à l'Exposition universelle de Vienne*, p. 109-110.
(2) *Ibid.*, p. 115.

dence, et encore la vue claire de nos sentiments ou la conscience; c'est toujours l'*intuition*.

Pour le moment, prenons ce mot dans son acception pédagogique. On a dit avec raison que l'intuition est le premier procédé de l'esprit humain, la forme primitive du *connaître*. Et l'on peut très bien admettre cette comparaison : « toute connaissance naît de l'intuition, comme le chêne sort du gland (1). »

Mais pour nous conduire à une vue claire et distincte des objets sensibles, l'*intuition* doit être soutenue, fortifiée par l'*attention*, ce regard de l'intelligence qui se *fixe* sur les objets à *connaître*.

III

L'ATTENTION

Elle est le premier des trois états successifs par lesquels passe l'intelligence pour arriver au *connaître* parfait. Les deux autres sont la *réflexion* et la *conviction*. Dans l'*attention*, les maîtres doivent voir, préparer et assurer l'application de l'esprit de l'enfant à un objet extérieur, à un fait intérieur, afin qu'il l'embrasse et le pénètre. Il faut qu'ils soient fortement imbus de ces vérités : « L'attention centuple les forces intellectuelles, augmente notre fond d'idées, leur donne clarté, précision et fixe les objets dans la mémoire. L'inattention, au contraire, disperse les forces de l'esprit sur toutes sortes de sujets, ne donne que des idées confuses et des impressions passagères. L'attention recueille les moindres paillettes; l'inattention laisse tomber à terre, comme choses de rebut, l'or et les pierres précieuses (2). »

(1) L'abbé de Clèves, *De l'Éducation chrétienne des filles*, p. 106.
(2) Balmès, *Art d'arriver au vrai*, c. XI.

3.

Conduite avec intelligence, elle n'est pas chez l'enfant, quelle que soit sa légèreté, une fatigue, un ennui, mais une vue calme, reposée, toujours pleine d'attraits, qui s'arrête, pour en jouir et les mieux comprendre, sur des spectacles qui se succèdent et intéressent toujours.

Mais comment provoquer l'intuition et diriger l'attention?

IV

LA MÈRE ET L'INTUITION

Montaigne nous donne, pour la première éducation de l'enfant, les conseils que voici :

« Qu'on luy mette en fantasie une honneste curiosité de s'enquerir de toutes choses : tout ce qu'il y aura de singulier autour de luy, il le verra, un bastiment, une fontaine, un homme (1). »

Mais ne décrit-il pas ici la voie que suit la mère avec son enfant? Que fait-elle? Voyez. Il est sur ses genoux. Elle remarque en lui des facultés ouvertes sur les objets extérieurs, pleines « d'une honneste curiosité », et qui ne demandent qu'à « s'enquerir de toutes choses ». Regarder, parler, remuer ses petits membres, toutes ses aspirations sont là. Elle lui apprend donc à toucher et à examiner les diverses parties de son corps, les objets qui l'entourent et dont il se sert, les fleurs et les fruits qu'il aime, les animaux avec lesquels il joue. En lui faisant parcourir le monde visible, elle le tient en admiration devant les merveilles qu'il présente, ou bien elle lui raconte de petites histoires pour l'instruire en l'amusant, car elle excelle à varier ses exercices. Et toujours elle passe du connu à

(1) Montaigne, *Essais*, t. I, l. I, c. XXV, p. 302. Édit. Lefèvre.

l'inconnu, du facile au difficile, « mêlant sans cesse l'instruction au jeu », n'oubliant jamais « que la sagesse ne doit se montrer à l'enfant que par intervalle et avec un visage riant (1). » Sous l'influence de ces spectacles habilement dirigés et variés, de ces jeux, de ces questions ingénieuses et de ces histoires qui mettent en mouvement l'esprit et le corps, les petits membres se fortifient, et pour les facultés intellectuelles commence un développement spontané, normal et naturel.

Voilà le modèle à suivre. Que ferons-nous dans nos classes ? Mais nous y introduirons ces *exercices par intuition?*

V

LA MÉTHODE INTUITIVE DANS L'ÉCOLE PRIMAIRE : PROGRAMME

En commençant ces exercices, n'oublions pas le principe qui doit toujours nous guider : aller du connu à l'inconnu. Et quel vaste champ s'ouvre devant nous! Voici d'abord tout un ordre d'objets dont l'enfant ne peut se séparer : l'œil, la main, la langue, le pied, etc.; et dans la classe, la table, le banc, le tableau noir, la craie, etc. Entrons maintenant dans la famille. Voilà le père, la mère, les frères et les sœurs, la maison paternelle et ses parties principales. Quelles leçons intéressantes devront inspirer la famille et son séjour! Voulons-nous étudier au grand air? Nous trouvons le jardin, ses fleurs, ses légumes et ses fruits, l'agneau blanc qui bondit, l'oiseau qui chante, les maisons du village et l'église. Faut-il un spectacle plus étendu? Arrêtons les regards de l'enfant sur les mille aspects que nous offre la nature : le soleil qui l'échauffe et qu'il aime toujours à contempler, les étoiles qui brillent au ciel, la pluie et la

(1) Fénelon, *De l'Éducation des filles*, c. IV.

neige qui sont loin de l'égayer, etc. Si le temps ne permet pas de sortir, on aura pour faire une leçon, le paletot sous lequel l'enfant se trouve si bien et dont on montrera la matière première et les transformations; — le pain qui nourrit; le bois qui brûle dans le foyer; le timbre qui annoncera bientôt la fin de la classe, etc.

L'*intuition !* Mais le champ ouvert devant elle est infini, toujours plein de spectacles nouveaux, attrayants. La nature semble les multiplier à plaisir pour intéresser les enfants. On nous dit d'Overberg qu'une feuille d'arbre, une toute petite fleur des champs l'inspiraient d'une manière saisissante. Par elles, il faisait ressortir la bonté, la sagesse et la puissance de Dieu (1). Il disposait ainsi l'enfance à goûter la délicatesse, la pureté, l'influence moralisatrice de ces muettes et cependant si éloquentes variétés de la création, qui l'avaient, dans sa jeunesse, charmé par leurs attraits.

Il y a là, en effet, une puissance qui se manifeste sous tous les climats, « Vous ne sauriez croire quelle influence ont les fleurs sur l'éducation de mes jeunes élèves, » disait un jour un maître de l'enfance. Et ces élèves dont il parlait étaient les *enfants des rues à New-York* (2), c'est beaucoup dire. Comme ces éducateurs du premier âge, demandons à la nature, à ses fleurs, à ses voix, à ses charmes, leur action moralisatrice (3).

(1) Schubert, *Vie de Bernard Overberg*, p. 69.
(2) *Revue des Deux-Mondes*, 1er janvier 1875, p. 79.
(3) V. *Les Maîtres de l'Enfance.* — 1° Overberg.

VI

LA MÉTHODE INTUITIVE, SA MARCHE DANS LA CLASSE ET SES RÉSULTATS GÉNÉRAUX

Mais pour faire bien comprendre ces spectacles, il faut préparer avec soin chaque leçon et mettre tout à la portée des enfants : les idées développées, la forme qu'on leur donne, et le cœur qui doit parler. Ils pourront arriver ainsi à la vue *claire, distincte* de l'objet à étudier, sentir leur intelligence qui se développe et un courant de bons sentiments qui entre dans leur âme. A cet effet, on place devant eux l'objet sur lequel se fixera leur attention, on le montre sous toutes ses formes, on le fait toucher et examiner, puis on le décrit avec clarté et précision, dans ce qu'il a de plus intéressant, sans que, toutefois, la leçon soit trop longue. La parole est ensuite donnée aux élèves. Chacun d'eux est interrogé séparément, avec bonté et patience, car il faut qu'il produise sa pensée tout entière. On se gardera bien surtout de provoquer, ce qui arrive parfois, sa réponse en fournissant les premiers mots ou même la première syllabe d'un mot. On n'aurait alors qu'un petit perroquet répétant des phrases qu'on lui a sifflées, et non un être intelligent qui s'est essayé à *regarder* et à *penser* et qui s'essaie à *parler*.

Quand tous les élèves auront été interrogés, et qu'ils auront produit leurs idées, les meilleures seront transcrites dans un ordre rationnel, sur le tableau noir, à côté de l'objet dessiné. Un ou plusieurs d'entre eux les résumeront de nouveau afin qu'elles s'impriment plus profondément dans l'esprit de chacun. Il y entrera ainsi plus d'idées que de mots, et pour rendre ces idées, les expressions ne manqueront pas.

Voilà donc une méthode qui exerce les sens, éveille l'attention et la réflexion, cultive le jugement et ouvre le cœur à des sentiments religieux. Elle meuble, en outre, la mémoire d'images et d'idées, et elle habitue l'enfant à parler, en représentant chaque objet par des expressions justes et précises.

C'est ce que demandait Montaigne :

« Que notre disciple soit bien pourveu de choses, les paroles ne suyvront que trop; il les traisnera, si elles ne veulent suyvre. I' en oy qui s'excusent de ne se pouvoir exprimer, et font contenance d'avoir la teste pleine de plusieurs belles choses, mais à faulte d'éloquence, ne les pouvoir mettre en évidence : c'est une baye (1). Sçavez vous, à mon advis, que c'est que cela? ce sont des ombrages qui viennent de quelques conceptions informes, qu'ils ne peuvent demesler et esclarcir au dedans, n'y par conséquent produire au dehors; ils ne s'entendent pas encores eulx mesmes... De ma part, ie tiens, et Socrates l'ordonne, que qui a dans l'esprit une vifve imagination et claire, il la produira, soit en bergamesque (2), soit par mimes, s'il est muet (3). »

Et la conséquence? Mais elle est fort simple : ayons soin « que nostre disciple soit bien pourveu de choses »; demandons à l'intuition, à l'attention et à la réflexion combinées de les faire entrer dans son esprit : « les paroles ne suyvront que trop. » Ne sera-ce pas un grand succès obtenu dès les débuts de la vie scolaire?

(1) *Une baliverne, une moquerie.*
(2) Qui passait, du temps de Montaigne, pour le langage le plus grossier de l'Italie.
(3) *Essais*, l. I, c. XXV, p. 330. Édit. Lefèvre.

VII

QUELQUES APPLICATIONS DE LA MÉTHODE INTUITIVE

Nous avons exposé la marche générale à suivre pour le bon emploi de cette méthode. Voici quelques applications. Rattachons les premières à la culture des sens, car c'est par eux surtout que l'enfant vit d'abord.

§ 1. — Voyez donc ce petit regard si mobile, si vif. Ce qui l'attire au début, ce sont les couleurs. Il faut qu'il les considère, qu'il en saisisse les variétés et les nuances. Rien de plus facile que d'obtenir ce résultat. Voici tout un système, fort simple, de plaquettes. On les a diversement coloriées, de manière à en former une gamme complète des sept couleurs. On montre d'abord séparément les plus tranchées; on rapproche ensuite les nuances; puis on réunit deux, trois, cinq, sept couleurs; on les ordonne, en passant de la plus claire à la plus foncée. Ces expériences se répètent plus ou moins souvent, et l'éducation de la vue, sous le rapport des couleurs, se trouve faite. Rien n'a été appris dans un livre, mais comment oublier jamais ce que, sous forme d'amusement, on a vu deux, trois, dix fois.

Et qui ne peut préparer pour sa classe ce petit appareil? N'eût-on que des débris d'étoffes de laines, ne sera-t-il pas bientôt confectionné?

Vous donnez une leçon d'écriture, avec de bons modèles. Ne pouvez-vous pas en profiter pour faire, dans d'autres conditions, l'éducation de la vue de vos enfants? Qu'ils comprennent et reproduisent l'écartement, la pente et le développement des lettres qui sont là, sous leurs yeux. Vous leur apprendrez à mesurer du regard une petite distance, à saisir la direction des lignes droites et obliques, la succession des pleins aux déliés. Vous obtiendrez une bonne écriture, une main obéissant à des principes compris, et l'éducation de la vue se fera sans efforts.

§ 2. — S'agit-il de l'ouïe? C'est à elle de saisir les sons, et, malgré leur durée si fugitive, de reconnaître les plus graves et les plus aigus. Point de longues dissertations; on laisse tomber successivement, à plusieurs reprises, des morceaux de laiton, de fer et de cuivre, et bientôt les enfants auront des notions assez précises sur le dégré de sonorité des corps.

§ 3. — Et ne pouvez-vous pas recueillir sans peine les éléments de cette gymnastique des sens, vous en servir, même pendant les récréations, pour habituer les enfants à *distinguer* des perceptions différentes, puis à *graduer* des perceptions analogues? Ainsi leurs sens deviendront plus forts et plus souples, plus justes et plus délicats ; ce sera une conquête nouvelle de la *méthode intuitive.* Ne l'oublions pas, tout ce qui nous entoure peut devenir l'objet d'une leçon pleine d'intérêt, qui se fixera pour toujours dans l'esprit parce que l'on aura su captiver des natures distraites et stimuler en elles les deux facultés puissantes dont nous avons parlé : l'observation et la réflexion.

§ 4. — Mais il y a aussi une *gymnastique* intellectuelle et morale. Celle-ci n'atteint plus seulement les sens, mais le fond même de l'âme et ses facultés les plus riches : le jugement, le raisonnement, la volonté, le sens moral.

§ 5. — Ainsi, pour le *jugement*, elle ne lui imposera pas des idées toutes faites; elle lui fera peu apprendre et trouver beaucoup.

Je me rappelle en ce moment comment un de nos philosophes s'est rendu compte du phénomène de la germination. Pourquoi ne pas exposer son expérience?

« J'ai pris, dit Mallebranche, une vingtaine de grosses fèves, j'en ai ouvert une et j'ai remarqué qu'elle est composée de deux parties qui se séparent aisément et qu'on appelle les *lobes*, que le germe est attaché à l'un et à l'autre de ces deux lobes, que, d'un côté, il se termine en pointe vers le dehors, et, de l'autre, il se cache entre les lobes. Voilà ce que j'ai vu d'abord.

« Ensuite, j'ai semé les autres fèves pour voir comment elles croissent. Deux jours après, j'ai commencé à en ouvrir une et j'ai continué ainsi pendant quinze jours, et j'ai reconnu d'abord que le germe contient la racine et la plante, puis que les lobes sont le fond dont cette petite plante se nourrit.

« Prenez une grosse fève, ouvrez-la et considérez-la avec soin, vous y découvrirez même les premières feuilles de la plante (1). »

N'avons-nous pas là, dans un de ses procédés les plus saisissants, la *méthode intuitive?* On regarde et l'on trouve des faits, on juge et l'on apprend. Le livre n'y est pour rien, l'observation révèle tout à qui sait voir. Que l'enfance apprenne donc aussi à saisir la vérité dans ses manifestations, sans pâlir sur des pages mortes où la vie ne circule pas.

§ 6. — *Le sens moral* ne se développe pas autrement. On porte la piété au fond de son âme, une piété vive, profonde, mais on ne sait pas la faire passer dans une autre âme, y susciter cette vie morale, cet amour de la vertu, cet attachement au devoir, qui sont les plus grands trésors que l'enfance puisse recevoir de nous. Pourquoi ? Parce qu'on lui porte mal des idées qui seraient sa force et sa lumière, ou plutôt parce qu'on ne sait pas les faire surgir de son propre fonds.

§ 7. — Voyez Socrate, un des penseurs qui, dans l'ordre moral, a remporté le plus de succès avec la *méthode intuitive.* Il était heureux, dit Xénophon, parce qu'il conduisait à la vertu ceux qui écoutaient ses discours. Et que nous demandent donc les enfants qui se pressent à nos côtés, qui nous apportent chaque jour leur intelligence et leur cœur, sinon d'élever leurs pensées et leurs sentiments

(1) Mallebranche, *Œuvres complètes*, t. II, p. 80. Édit. Genoude.

vers le vrai et le bien, de les y attacher et de leur faire comprendre que pour l'âme toute la vie est là ?

Voyez comment Socrate savait raviver dans un cœur un des sentiments les plus beaux, dont la garde nous est confiée, et que l'on trouve, hélas ! trop souvent tiède, quand il ne s'éteint pas : le sentiment de la piété filiale.

« Un jour, s'étant aperçu que Lamproclès, l'aîné de ses fils, était irrité contre sa mère : « Dis-moi, mon enfant, lui demanda-t-il, sais-tu qu'il y a des hommes qu'on appelle ingrats ? — Je le sais, répondit le jeune homme. — Sais-tu donc aussi ce qu'il faut faire pour recevoir ce nom ? — Oui, on appelle ingrats ceux qui ont reçu des bienfaits et qui, lorsqu'ils le pourraient, n'en témoignent pas de reconnaissance. — Ne sais-tu pas qu'on range les ingrats parmi les hommes injustes ? — Sans doute. — Et un homme est d'autant plus injuste qu'il se montre ingrat après avoir reçu plus de bienfaits ? — J'en conviens encore. — Eh bien ! où trouverons-nous personne qui ait jamais reçu plus de bienfaits que l'enfant n'en reçoit de ses parents ?... » Puis, Socrate trace le tableau de tout ce qu'une mère souffre pour son enfant, de sa sollicitude, de son amour, du don incessant d'elle-même... Lamproclès a compris ; il rougit de son ingratitude ; il revient à des sentiments meilleurs (1). »

Avec la même sûreté, Socrate aborde les vertus individuelles, domestiques et religieuses : érance, la justice, l'amour fraternel, la piété, le culte, etc. Toujours un regard vif et pénétrant qui plonge dans l'âme de ses auditeurs, qui fait qu'elle se révèle à elle-même, avec ses aspirations pour le vrai et pour le bien, qu'elle semble trouver l'un et l'autre et qu'elle se prend à les aimer. N'est-ce pas la voie morale dans laquelle il faut placer et élever nos enfants ?

§ 8. — Et le Sauveur ? Comment procède-t-il ? Il veut pein-

(1) Xénophon, *Entretiens mémorables de Socrate*, l. II, c. I.

dre la miséricorde de Dieu. Voici la parabole si émouvante de l'enfant prodigue. — A-t-il à nous exposer sa sollicitude pour les âmes? Il nous montre le bon pasteur qui court après la brebis égarée, — la femme qui a retrouvé sa drachme perdue et qui ne sait contenir sa joie... L'Évangile est bien le livre le plus simple, le plus populaire et le plus sublime qui se puisse lire. Là, pour qui sait réfléchir, tout est *intuition*. Dès les débuts de sa mission, les enfants n'ont pas encore entendu parler le Sauveur, mais ils le voient; la douceur de ses traits les ravit, et ils se précipitent dans ses bras; les populations, oublieuses de leur nourriture, le suivent dans le désert.

§ 9.— Passons à un autre ordre d'idées. Vous voulez éveiller chez les enfants le sens religieux, leur inspirer l'amour et le respect des cérémonies saintes, faites ce que nous recommande un critique éminent :

« Entrez le dimanche avec vos enfants dans une paroisse de village, soyez là au moment où le prêtre lit à son auditoire l'Évangile, en français ; quelle attention ! quel recueillement ! Hommes et femmes, jeunes et vieux, grands et petits, tous ont le regard tourné vers le prêtre ; le récit des plus grands miracles les ravit sans les étonner ; les œuvres de Dieu les plus merveilleuses semblent n'avoir rien que de familier pour eux. Ils *comprennent avec le cœur* (1). »

Eh bien ! si nous portons là le recueillement que commande le lieu saint, nos enfants éprouveront aussi le besoin de tenir leur âme respectueuse devant Dieu ; la parole du prêtre, la lecture de l'Évangile, l'ensemble des cérémonies religieuses la rempliront d'une douce émotion, et le *cœur comprendra* tout ce qu'il y a de grand, de divin dans le sacrifice qui s'accomplit sous leurs regards. Vous avez à peine parlé ; mais ils vous ont vus recueillis, et ils se sont sentis, comme vous, et comme la foule, pieusement émus.

(1) Sylvestre de Sacy.

Voilà ce que peut l'exemple pour éveiller dans les jeunes cœurs le sentiment religieux ; voilà comment, sans efforts, sous l'influence d'un regard jeté sur ce qui les entoure, leur âme se recueille et s'ouvre à une vie toute grande, toute pure et toute sainte.

N'avons-nous pas, chaque jour, ce spectacle au sein des familles chrétiennes ? Là, des enfants se tiennent devant Dieu comme des anges du ciel. Leurs mains sont jointes dans la prière ; leur front rayonne de la beauté la plus pure ; leur âme monte vers Dieu, avec les paroles qui s'échappent de leurs lèvres, et elle redescend plus douce, plus respectueuse, plus belle encore, avec des bénédictions pour la famille entière. Qui peut sans émotion contempler ce spectacle ? Et qui l'a préparé ? Une pieuse mère par son attitude recueillie. Son enfant l'a comprise et il s'est senti entraîné. Voilà la puissance de la *méthode intuitive*. Qu'en nous voyant, les enfants apprennent donc à devenir meilleurs.

§ 10. — Finissons par une charmante pièce de vers qui fera comprendre aux enfants comment il faut traiter toujours les oiseaux du bon Dieu. Nous avons là une scène d'hiver. Une mère est avec ses enfants dans sa chambre. Un passereau vient frapper à la fenêtre et il semble demander asile.

« Toc, toc ! — Qui frappe au carreau ?
— « C'est un pauvre petit oiseau.
« Il gèle, il neige ; ouvrez vite !
« Je meurs de froid et de faim.
« Mes bonnes gens, de grâce un gîte !
« Et quelques miettes de pain. »
— « Pauvre petite créature,
« Entre, réchauffe-toi, prends cette nourriture. »
Il demeure avec eux, gentiment tout un mois.
Mais lorsqu'après les grands froids,

Le beau temps commence à paraître,
L'oiseau se tient toujours pensif à la fenêtre.
Il veut s'en aller, le petit ami ;
Il faut bien lui ouvrir. Pst ! le voilà parti.
Il faut se réjouir de les voir, les entendre,
Les bons petits oiseaux, il ne faut pas les prendre ! (1)

Que votre âme, comme celle de la mère, passe tout entière dans la lecture de cette pièce de poésie. Qu'il y ait sur vos lèvres, pour bien rendre le mouvement des idées du poète, une suite de modulations tour à tour attendries, enjouées et sérieuses. Les enfants vous écouteront avec ravissement ; leurs pensées, leurs sentiments s'ouvriront à la sollicitude pour le petit être qui souffre, et qui, le beau soleil revenu, aspire après la liberté. Cette vie de l'âme, et une de ses manifestations les plus belles, sera encore provoquée par la *méthode intuitive*. Choisissez donc bien vos lectures, et animez-les par un regard, par une inflexion de voix, par un appel intelligent à la réflexion, elles deviendront des trésors pour vos enfants.

(1) *Le Petit Monde*, par Charles March. Paris, Hetzel. Cfr. M. Buisson, *De l'enseignement intuitif*, dans les *Conférences de la Sorbonne*, p. 323 et suivantes.

CHAPITRE XII

Enseignement de la lecture

I

SES DÉBUTS

§ 1. — Dans une des dernières pages de son *Rapport sur l'Instruction primaire à l'Exposition universelle de Philadelphie*, M. Buisson émet les idées suivantes :

« Supprimer l'épellation, comme exercice préliminaire, et la réserver au moment où elle devient indispensable pour l'étude de l'orthographe.

« Rendre ce premier enseignement, non pas seulement plus attrayant, mais plus profitable, en l'animant par des leçons de choses, en le menant de front avec l'écriture et avec le dessin rudimentaire.

« Donner plus d'attention à la prononciation, au débit, à l'accent, à la lecture expressive (1).

§ 2. — Voilà le but à poursuivre, et il est multiple.

1° Jeter de l'attrait sur les débuts de la lecture. Nous enlevons les enfants à toutes les distractions de leur âge, aux

(1) Buisson, *Rapport sur l'Instruction primaire à l'Exposition universelle de Philadelphie*, p. 614.

émotions si douces, si variées que leur apportent leurs jeux, le spectacle de la nature où tout est mouvement et vie.

Ne condamnons donc qu'avec les réserves les plus délicates, et jamais pour longtemps, leurs petits regards à se concentrer sur les noirs et immobiles caractères d'un alphabet. — C'est laisser de côté, pour les débuts, la méthode par *épellation*, « dont l'abandon n'est guère moins général aujourd'hui en Europe qu'en Amérique (1). »

Que faire? Apprenons d'abord aux enfants moins à *lire* qu'à *voir*, à *écouter*, à *parler* (2). — Mais comment? Ayons des gravures représentant les êtres, les objets au milieu desquels ils vivent; si elles nous font défaut, dessinons sur le tableau noir, en leur présence, ces êtres, ces objets. — Puis commence un dialogue entre le maître et les élèves : Comment appelez-vous cet être? cet objet? — Le nom ne se fait pas attendre. — Et quelle est sa couleur? sa forme? A quoi sert-il, ce cheval? — L'aimez-vous, cet abricot? cette pêche? etc. Des réponses sont sur toutes les lèvres; la vie est dans la classe. Ces questions posées avec art, ces leçons de choses, l'intérêt que l'on sait jeter sur elles, tiennent en éveil ces petites intelligences; pas un moment d'ennui.

Et maintenant que tout est animé, que les enfants ne demandent qu'à suivre leur maître, vite une autre leçon! Au-dessus de l'image, après le mot *parlé*, qui a frappé l'oreille, et que l'on répète plusieurs fois, le mot *écrit*, qui est pour les regards l'inconnu, mais un spectacle avec lequel il faut les familiariser. — Ce mot que vous venez de prononcer, et qui désigne cet *a-bri-cot*, le voilà tel qu'il s'écrit, et tel que vous allez le prononcer encore : *a-bri-cot*.

Remarquez combien de fois vous avez remué les lèvres pour le prononcer. Voyons : *a-bri-cot*. Comptons : *a*, un

(1) P. 229.
(2) P. 237

bri, deux ; *cot*, trois. Prenons un autre mot, le premier que vous ayez balbutié et que vous aimez à redire souvent : *ma-man*. Et pourquoi ne pas ajouter : *pa-pa?* Allons? Encore une fois, et faites toujours attention au mouvement de nos lèvres : *pa-pa, ma-man*. Avons-nous encore pour chaque mot ouvert trois fois la bouche? — Non. — Combien de fois? Deux. — Mais que pourrez-vous dire à *pa-pa* et à *ma-man*? — Nous vous aimons. — Voilà, mes enfants, une bonne réponse. — Voulez-vous recommencer avec moi notre petit exercice? — Oh! oui. — Eh bien! écoutez, mais soyez attentifs à suivre le mouvement de mes lèvres, afin de mériter encore des éloges. Je commence donc : *nous vous aim-ons*. — A votre tour, mes petits amis, de parler. Et les enfants de dire lentement, en s'arrêtant après chaque mot, et en le décomposant quand il y a lieu : *nous vous aim-ons*. — Bravo! Et combien de mouvements des lèvres? — Un pour *nous* ; — un pour *vous*; et pour *aim-ons*? Deux. Voyons encore : *aim-ons*. — Mais c'est très bien. A demain, un autre exercice, car il ne faut pas vous fatiguer.

§ 3.— Et le lendemain : Vous rappelez-vous, mes amis, les mots que nous avons prononcés hier, en comptant les mouvements de nos lèvres ? — Oui, Monsieur. — Et lesquels ? — *A-bri-cot*. — Qu'est-ce ? — Un fruit. — L'aimez-vous ? Beaucoup. — Soyez sages et vous aurez chacun un *a-bri-cot*. — Quels mots avez-vous encore prononcés? — *Pa-pa, ma-man*. — Que leur avez-vous dit ? — *Nous vous aim-ons*. Vous parlez on ne peut mieux, mes enfants.

Et maintenant, ce que vous ne savez pas encore, c'est qu'en remuant les lèvres, vous avez prononcé des lettres. Vous ne les connaissez pas? — Non, Monsieur. — Vous ne sauriez pas les former? — Non, Monsieur. — Voudriez-vous apprendre tout cela? — Bien volontiers. — Prenez donc votre ardoise et votre crayon; puis, examinez et reproduisez ce que je ferai moi-même sur le tableau.

Et le maître, après avoir écrit, en gros caractères, à l'un

des angles du tableau le mot *a-bri-cot*, trace un point (·) vers le milieu. L'élève l'imite. Ce point est prolongé sur le tableau (1), puis par les élèves, sur l'ardoise. — Reprenons maintenant votre mot *a-bri-cot*, et voyons si nous n'y trouverons pas un signe semblable à celui que nous avons tracé. — Oui. — Lequel? — Le dernier de la seconde partie. — Comment la prononcez-vous cette partie? — Bri. — Et quelle est la lettre que vous avez formée? — La dernière. — Comment? — En prolongeant le point. — Cette lettre ainsi prolongée s'appelle un i. — Qui veut faire un i? — Bien. — Mais voyons si nous allons retrouver notre i.

Pe tit Pier re dit mer ci à gen til le mè re qui lui don ne un a bri cot.

Auguste et Marie, prenez votre baguette et venez me montrer les i; où sont-ils? — Ici, ici, là et là. — Puis? — Là, là et encore là. — Enfin? — Là. — Combien en avons-nous? — Comptons tous sur nos doigts. — Un, deux, trois, quatre cinq, six, sept, huit. — Combien d'i? — Huit. — Bien.

Assez pour cette leçon, demain nous reprendrons notre *a bri cot.* Et maintenant chantons.

L'ÉCOLE (1)

Mouvement de ronde. Demi-fort. — Paroles de Linden.

(1) *Chants de l'École*, 1re partie, par Mouzin. — Chez Delagrave. En Amérique, une musique facile accompagne ou suit les leçons de lecture

§. 4. — Et le lendemain : Comment prononcez-vous le mot tracé au tableau ? — *A bri cot.* — Voulez-vous savoir comment se forme et s'appelle la première lettre ? Reprenons notre point (·) prolongeons-le encore. Nous aurons ? — Un i. — Rattachons maintenant par une ligne courbe (c) les deux points extrêmes de votre i et nous aurons la première lettre (*a*) du mot *a bri cot.* — La voilà bien sur votre ardoise. Traçons-la maintenant d'une autre manière avec un des petits bâtons et des brins d'osier qui sont sur votre pupitre. Que le petit bâton forme un i, et le brin d'osier une ligne courbe (c). — N'avons-nous pas encore la première lettre du mot *a bri cot ?* Vous l'appelez ?... N'hésitez pas. Que dites-vous d'abord quand vous prononcez le mot *a bri cot ?* — A. — Mais oui, cette lettre c'est un a. — Qui veut dire a ? — et faire un a ? Qui trouvera des a dans cette phrase ?

Pa pa et ma man em bras sent leur pe ti te Oc ta vie qui est sa ge (1).

Cherchons les *a*. Combien dans — *Pa pa ?* Deux. — Dans *et ?* — Pas. — Dans *ma man ?* — Deux. — Dans *em bras sent ?* Un. — Dans *leur ?* — Pas. — Dans *pe ti te ?* — Pas. — Dans *Oc ta vie ?* — Un. — Dans *qui ?* — Pas. — Dans *est ?* — Pas. — Dans *sa ge ?* — Un. — Et combien en tout ? — Sept. — Combien de i ? — Trois. — Où ? — *ti, qui, vie.* — Soulignez les a et les i. — Bien. Chantons donc encore.

V. Buisson *Ibid*, p. 211.) Adoptons encore ce procédé qui met de la vie dans la classe.

(1) A dessein, nous prenons des phrases complètes, simples, morales, jamais des *mots détachés ;* c'est la méthode américaine (V. Buisson *Ibid*, p. 237.) Adoptons-la. — Nous ne reculons pas, du reste, même en commençant devant des mots de deux, de trois syllabes, parce que, comme on le fait remarquer, les enfants, « dès leur premier babil » savent bien les employer. Buisson, *Ibid*, p. 211.

AIMEZ DIEU

§ 5. — Et vous l'aimez, mes petits amis, votre *ma man?* Oui; de tout notre cœur. — Pourquoi? — Elle est si bonne; elle joue avec nous; elle nous donne des *a bri cots.* — Et votre *pa pa,* l'aimez-vous aussi? — Oh! oui, beaucoup. — Pourquoi? — Il nous prend avec lui, sur la jument, après la classe, et nous courons. — Savez-vous comment ils s'écrivent les mots — *Pa pa?* — *Ma man?* — Non. — Eh bien! que voyez-vous sur le tableau noir? — Il y a des a. — Combien? — *Pa pa?* — Deux. — Et *ma man?* — Deux. — Mais les autres lettres? — Nous ne savons pas. — Voulez-vous les connaître? — Oui, oui. — Dans ce cas, prenez vos bâtons, vos brins d'osier; le bâton d'abord et regardez-moi. — Le maître trace un i. — Quelle lettre? — Un i. Il prolonge cet i au-dessous de la ligne (1); qu'ai-je fait? Nous ne savons pas. — Une ligne que l'on appelle droite. Ressemble-t-elle à la ligne courbe (c) de notre a? — Non. — Si, au lieu de l'ouvrir du coté droit (c), et vous savez où est votre droite? nous l'ouvrions à gauche, qu'aurions-nous? — Ceci (ɔ). — C'est vrai. — Rapprochez ce signe de votre 1 prolongé (1) qu'auriez-vous? — Voyons, faites le rapprochement par le haut en regardant le tableau (p). Avez-vous cette lettre? — Oui. — Où? — Dans le mot *Pa pa*. — Savez-vous comment s'appelle cette lettre? — Non. — Prononcez, mais lentement, le mot : *Pa pa*. Quel son avez-vous entendu d'abord? — Écoutez bien : *p-p-pa*. Mais oui, vous avez un p (e) : — ajoutez-le à a, vous direz p-pa.

Et pour la seconde partie du mot *Pa pa*, même exercice. On montre la lettre sur le tableau noir, on la fait reproduire, on la nomme. L'enfant se familiarise avec une lettre nouvelle.

§ 6. — On passe à une autre : *m*, par exemple, du mot *Ma man*. — Encore une nouvelle acquisition. On choisit ainsi, et l'on fait entrer dans des phrases simples, instructives, morales, toujours complètes, des mots comprenant les diverses lettres de notre alphabet. Après chaque exercice, on note et l'on fait répéter le nom des lettres que l'on a appris à nommer et à former. Et il ne faut pas un grand nombre de mots pour embrasser toutes les lettres de l'alphabet. En Amérique, un pédagogue s'est contenté d'en réunir dix-sept d'une seule syllabe (2). Ils lui servent à former de charmantes petites phrases, placées au-dessous de vignettes très délicates. L'attention de l'enfant est portée sur telle et telle lettre; il la distingue d'une autre; il la nomme et, après ces exercices variés et répétés, il est mis en présence de son alphabet. Toutes les lettres lui sont familières, et il leur sourit, tout heureux de les reconnaître.

(1) Buisson, *Ibid.*, p. 241.
(2) Buisson *Ibid.*, p. 917.

Ce n'est pas le procédé que nous suivons, hélas! quand nous condamnons nos enfants à passer des semaines, des mois, devant un alphabet dans lequel, sans rien dire à son esprit et à son cœur, les lettres se succèdent depuis *a* jusqu'à *z*.

§ 7. — Je sais bien que l'on commence à entrer dans une autre voie. Voyez l'enseignement simultané de la lecture et de l'écriture par Schüler (1). Toutefois, pour arriver à notre alphabet complet, n'accumulons pas les mots détachés. Qu'on les recueille, si l'on veut, mais qu'il fassent partie, comme en Amérique, de phrases *simples*, *instructives*, *morales*, parlant à l'esprit et au cœur de l'enfant. Notre alphabet, avec la succession de ses lettres et leur division en voyelles et en consonnes, sera alors accueilli sans fatigue, la théorie sortant de ce que l'on aura vu. Il n'y aura pas eu effort de mémoire, mais acte d'intelligence, ce qui vaut toujours mieux.

Dans les débuts, il n'y a pas à parler davantage aux enfants des *dentales*, des *gutturales*, des *labiales*, etc. Quel triste luxe de tableaux nous avons sous ce rapport! Quelle science presque linguistique on impose à nos chers petits qui s'ennuient, Dieu sait combien! — Ne pourrait-on pas se borner à dire, sans tomber dans une exagération opposée, qu'ils prononcent bien, et c'est à nous d'y veiller, les mots dans lesquels se rencontrent ces *dentales*, ces *gutturales*, ces *labiales*, la théorie viendra plus tard.

Amenons-les à faire, comme M. Jourdain, de la prose, ou de la bonne prononciation, sans le savoir.

L'important, c'est que le tact, l'expérience des maîtres, une marche sûre fassent franchir aux enfants, sans trop d'ennuis, ces débuts généralement ingrats. Pauvres et chers petits! que de dégoûts nous leur aurons épargnés! quel gré ils nous auront plus tard!

(1) Chez Hachette.

II

PHONOMIMIE

§ 1. — Comme ils ont besoin de mouvement, pendant même que leurs regards sont attentifs pour saisir la forme d'une lettre, pourquoi ne pas soutenir et vivifier leur coup-d'œil par des exercices phonomimiques bien compris, qui n'intéressent pas seulement à l'enseignement l'intelligence et le regard, mais la main, les doigts, la figure, appelés à jouer aussi leur rôle dans la manifestation d'une idée? C'est, dit-on parfois, une complication. Qu'on le pense et qu'on en parle ainsi, quand on est étranger à la vraie phonomimie, soit! Mais que l'on s'initie à ses procédés, on reconnaîtra combien les enfants les aiment et combien ils contribuent à rendre plus prompts et moins fatigants, pour les maîtres, les débuts de l'enseignement de la lecture, ou, si l'on veut, de la connaissance des lettres. L'être tout entier de l'enfant, son intelligence et son corps, est en jeu; pas une partie qui travaille, tandis que l'autre se repose; tout s'agite, et si l'exercice n'est pas trop prolongé, l'ennui ne peut le prendre par aucune partie de son organisation intellectuelle et physique.

§ 2. — Quant aux éléments de cette lecture, ils s'enseignent au moyen de récits ayant pour texte de petites images représentant des gestes pris généralement dans la nature, tels que : le mouvement de l'eau, celui de la roue qui tourne, le cri ou la forme d'un animal, etc. (1). Rien de plus attrayant pour les enfants que ces différents mouve-

(1) V. Bourgoin, *Manuel complet de la Phonomimie*, Paris, chez Picard.

ments ; ils les répètent sans aucun effort de voix, en articulant les sons avec un en train et un ensemble, qui donnent à cet enseignement le plus grand charme.

Il y aurait lieu d'ajouter aux avantages que présente cette lecture, le service qu'elle peut rendre aux enfants privés de l'usage de la parole, en leur permettant de prendre part à l'enseignement commun.

§ 3. — Qu'il nous soit permis de rappeler ici un souvenir. Il s'agit d'une surprise charmante dont nous avons joui à l'occasion d'une distribution de vêtements, dans une salle d'asile. C'était vers la fin de décembre, en 1874. Là se trouvaient des dames patronnesses que leurs bienfaits avaient précédées. 130 ou 150 enfants protégés, contre le froid par des vêtements tout neufs et bien chauds, posaient sur l'estrade, avec des regards vifs, animés, qui disaient toute leur reconnaissance. Le silence se fit. On entendit ensuite des chants à l'enfant Jésus, une leçon sur la naissance du Sauveur, un concert de petits oiseaux venant l'adorer, puis le cantique populaire :

« Oh ! c'est Noël, c'est Noël, la nuit sainte,
Nuit qui du ciel doit fléchir le courroux,
Nuit où Jésus fait cesser toute plainte,
Car il naît pauvre et souffrant comme nous. »

Puis les chants cessèrent, des tableaux de lecture parurent ; une surprise nous était réservée ! Sur un signal de la directrice, une religieuse fort intelligente, les enfants donnèrent une représentation du procédé phonomimique de M. Grosselin. Ce fut vraiment plaisir de les entendre lire et de les voir gesticuler des syllabes, puis des mots, même quelques phrases. Des enfants de cinq et quatre ans, la baguette à la main, faisaient lire à d'autres enfants de leur âge et traduire, avec assurance, par des gestes expressifs, les mots qui leur étaient indiqués. Avec quelle attention on suivait leur mouvements et on recueillait leurs paroles! Qui a jamais pénétré dans une salle de sourds-muets, croyait avoir sous les yeux ces petits deshérités de la parole et de l'ouïe.

Heureusement, les asiliens en scène jouissaient de ces deux facultés; et l'on ne pouvait trop féliciter leurs directrices de leur avoir communiqué une langue nouvelle.

Quelques mois d'études avaient suffi à ces religieuses pour faire comprendre aux enfants la valeur *phonomimique* des sons et des articulations, les gestes qui les représentent et les lettres de l'alphabet usuel, d'après la nouvelle épellation.

Avant l'introduction de ce procédé, l'enseignement de la lecture ne laissait pas que d'offrir aux maîtresses des difficultés et des fatigues. En présence du tableau noir, l'enfant était souvent distrait; avec ce nouveau procédé, la participation de ses principaux sens à l'exercice de la lecture, les mouvements de son corps tiennent son attention constamment éveillée, et, du même coup, il apprend deux langues sans fatigue et sans que l'ennui paraisse. Aussi serait-il désirable de voir toutes les écoles faire marcher de pair ces deux procédés; les debuts de l'étude, variés et animés par le mouvement, présenteraient aux enfants plus d'attraits, et les sourds-muets seraient bientôt moins isolés au sein des campagnes.

III

PRONONCIATION

§ 1. — Supposons vaincues les premières difficultés que rencontre l'enfance. Elle connaît les lettres; elle sait sembler des syllabes, lire de petites phrases faciles et qui parlent toujours à son cœur; habituons-la à bien comprendre, à prononcer nettement et à accentuer, comme il convient, chacun des mots qui les composent. C'est le moment de commencer à montrer et à diriger le jeu des organes vocaux dans la production de tel ou tel son, de telle ou telle articulation : les lettres *dures*, par exemple, les *gutturales*, etc. Il y a là une gymnastique vocale, importante au point de vue de la lecture et de l'orthographe. Il nous arrive trop souvent de la négliger. En Amérique, on s'en préoccupe d'une manière toute spéciale. « Afin d'assurer la souplesse et la culture de la voix, lisons-nous dans des instructions dressées pour les écoles de Philadelphie, on portera son attention dans les divisions inférieures, sur ce qui est appelé scientifiquement émission des sons élémentaires. Cet exercice, si l'on prend soin de ne pas forcer la voix, n'aura pas exclusivement de bons résultats au seul point de vue de la lecture ; il fortifiera les *poumons* et reposera l'esprit des élèves de manière à les rendre plus aptes à porter de nouveau leur attention sur les études subséquentes (1). » On demande que, pendant ces exercices, les élèves restent debout, que l'air de la salle soit alors renouvelé, et que, dans les divisions supérieures, une attention spéciale soit donnée au timbre, à la plénitude et à l'élévation de la voix (2). Pourquoi ne pas faire entrer et suivre dans nos classes des instructions semblables ?

§ 2. — Et ce n'est pas tout. Pour obtenir une prononciation correcte, le maître, en Amérique, comme on le pratique, d'ailleurs, dans nos bonnes classes, lit, à haute et intelligible voix, un passage en rapport avec le *degré d'instruction de ses élèves*. Ceux-ci s'essayent une fois, plusieurs fois, à le redire sur le même ton, avec les mêmes inflexions

(1) V. Buisson, *Rapport sur l'Instruction primaire à l'Exposition universelle de Philadelphie*, en 1876, p. 90.
(2) *Ibid.*, p. 90.

de voix. L'exercice se reproduit jusqu'à ce que les fautes les plus légères, les accents les moins heureux aient disparu.

Encore un procédé à imiter partout, mais avec fermeté et persévérance. On le fait peut-être en certaines classes. Cet exercice, toutefois, n'est ni assez général, ni toujours couronné par le succès. De là, les accents divers, persistants et mauvais que l'on rencontre souvent dans un même département. En est-il de même en Amérique? Non. « Là, dit M. Buisson, on arrive à une prononciation identique sur les divers points d'un immense territoire qui s'étend d'un Océan à l'autre, et, ajoute-t-il, c'est là, sans doute, une des raisons pour lesquelles il n'y a pas de pays où on lise mieux et davantage (1). » Oui, *davantage*, parce que la méthode employée étant presque partout rationnelle, outre « que l'on fait lire vite, on sait faire aimer la lecture (2). »

Poursuivons donc, et par des moyens semblables, les mêmes résultats.

CHAPITRE XII (SUITE)

CHOIX DES LIVRES DE LECTURE

Il faut, nous dit-on, arriver à faire lire vite et à *faire aimer* la lecture (3). Quels procédés employer?

§ 1. — Il y a d'abord, du côté du maître, une condition in-

(1) Buisson, *Rapport sur l'Instruction primaire à l'Exposition universelle de Philadelphie*, en 1876, p. 90.
(2) *Ibid.*, p. 93.
(3) *Ibid.*, p. 236.

dispensable à remplir : le don de soi-même. L'Amériqu le demande pour toutes ses écoles. « Les maîtres sont priés d'enseigner tout avec cœur au jeune enfant. Cela peut ne pas être agréable, mais, c'est le plus grand service qu'on peut rendre (1). » En France, nos maîtres sauront faire aussi passer le cœur dans leur enseignement ; ce sera un premier élément de succès.

§ 2. — Il y a un autre but qu'il ne faut jamais perdre de vue : « Enseigner à lire à un enfant ou à un adulte, nous dit encore l'Amérique, c'est lui apprendre à connaître Dieu et ses œuvres Devant un tel résultat, la plus haute pyramide d'Egypte ou le temple le plus superbe n'est rien (2) » Dieu et ses œuvres ! N'est-ce pas l'idée religieuse avec toutes ses grandeurs ? Qu'elle soit constamment l'inspiratrice, l'âme de l'enseignement, et qu'elle porte la vie morale chez l'enfant et chez l'adulte.

§ 3. — On la cherche dans les livres écrits pour le premier âge. L'Amérique possède une littérature enfantine que nous devons envier sous plus d'un rapport. D'abord, dans presque tous ses livres, de charmantes vignettes, en rapport avec le texte. Elles sourient à l'enfant, elles commandent son attention ; elles les mettent en présence, d'êtres, d'objets qu'il connaît (3). Comment ne serait-il pas porté à chercher le rôle qu'ils jouent dans le texte qui est là, sous ses yeux ? Sans doute, des efforts seront nécessaires pour qu'il se familiarise avec les caractères inconnus qui le frappent. Mais sa curiosité est excitée ; la fatigue et l'ennui ne se feront pas sentir pendant le travail qui va commencer, sans que, du reste, chaque leçon dure trop longtemps.

§ 4. — A l'exposition de Vienne, en 1873, on voyait aussi, pour les débuts de l'enseignement de la lecture, des livres

(1) Buisson, *Rapport sur l'Instruction primaire à l'Exposition universelle de Philadelphie*, en 1876, p. 241. — (2). *Ibid.*, p. 241.

(3) Buisson, *Rapport sur l'Instruction primaire à l'Exposition universelle de Vienne*, en 1873, p. 162.

illustrés avec beaucoup de soin et de finesse. Ici, comme première leçon d'écriture et de lecture, une vignette représentant un poisson, et en regard de l'image le mot *Fisch*, en caractères d'écriture et d'imprimerie (1); — là, les sept premières pages de la *Fibel* allemande, remplies de figures représentant également des objets bien connus des enfants, meubles, outils, animaux, maisons (2). En Russie, même système : des images; au-dessous, des caractères écrits. L'enfant ne tarde pas à les distinguer quant à la forme et quant au son, et à découvrir par lui-même, l'analogie aidant, le nom de chaque lettre.

§ 5. — Avons-nous en France, dans nos premiers livres de lecture, ce genre d'illustration qui attire et qui charme, qui parle aux yeux et qui sollicite une intelligence naissante à chercher des idées sous des caractères inconnus? Oui, dans un certain nombre. Il y a quelques années, Larousse nous avait donné pour les commençants, une *Méthode lexicologique de lecture*, avec vignettes. Elles n'avaient pas, si l'on veut, le fini que nous présentent les gravures des livres venus de l'étranger; mais enfin l'idée était là. Schüler, dans son *Enseignement simultané de la lecture et de l'écriture* (3), ouvre son cours « par trois sortes d'exercices qui ont pour but d'habituer les élèves à concentrer leur attention sur un objet déterminé afin d'en reconnaître et d'en décrire la nature, les qualités, l'utilité (4). » Une petite vignette, puis, au-dessous, le nom de l'être ou de l'objet qu'elle représente; enfin, des exercices de langage par l'analyse des syllabes et des sons. L'idée a du bon. Elle demanderait à être plus développée, et les vignettes pourraient être parfois plus nettes. La méthode Néel (5) suggère les mêmes remarques. On se demande pourquoi Dupont,

(1) *Ibid.*, p. 161. — (2) *Ibid.*, p. 169.
(3) Chez Hachette. — (4) *Enseignement simultané de la lecture et de l'écriture*, p. 3. — (5) Chez Colin.

Régimbeau, Béhagnon n'ont pas donné à leurs publications un attrait de même nature. On le trouve sous une forme frappante dans l'*Imagerie des connaissances utiles* par Linden (1) et dans ses *Causeries enfantines* (2). *L'Exposition universelle* de 1878 nous avait, du reste, donné des publications laissant fort peu à désirer sous ce rapport.

Quand on les a vues, on se demande comment on peut encore tolérer, dans les classes, un syllabaire qui s'ouvre par ces trois lignes :

a é i o e u.
p r l m t v d.
b s j n c g z f.

Est-ce là le premier spectacle à placer sous les yeux des petits enfants? Est-ce sur ces noirs caractères jetés pêle-mêle et formant par leur réunion quelque chose d'*innommable*, qu'il faut les condamner à arrêter leurs regards, après qu'ils ont vu, dans la nature, tant de mouvement et tant de vie?

Ce n'est pas tout: les maîtres en pédagogie nous recommandent de chercher pour les enfants, dans les débuts de la lecture surtout, des phrases simples, instructives, morales(3), de proscrire toujours «les mots détachés.» Or, dans le *syllabaire* dont je parle, et qui est très répandu, se trouvent à la page 10 les bouts de mots que voici :

par soc mul dur cul
ril vec gar fer dic
ser sel sac mec noc.

Et ce *syllabaire* fait partie d'un *cours complet de lecture*

(1) Chez Delagrave, — (2) *Ibid.*
(3) Buisson, *Rapports sur les Expositions de Vienne et de Philadelphie* art. *Lecture.*

qui n'a guère plus de valeur, et que ses auteurs ont su introduire dans un très grand nombre d'écoles.

§ 6. — Que les *éditeurs* qui disposent de ressources considérables nous donnent donc — et ils le peuvent — des *Lectures*, des *Historiettes* et *Poésies* dans le genre de celles que publient l'Allemagne, l'Amérique et l'Angleterre (1). Du reste, hâtons-nous de le reconnaître, nos grandes maisons de librairie, Bélin, Colin, Delagrave, Delalain, Dupont, Hachette, etc. nous livrent, depuis quelques années, des ouvrages aussi bien exécutés que conçus. Voilà pourquoi l'on regrette vivement de trouver encore des livres semblables à ceux que nous avons signalés.

§ 7. — Ce qui doit dominer dans nos livres de lecture, le voici, ce semble. Il faudrait toujours offrir aux enfants des idées fraîches, comme on l'est à leur âge : — dans les lignes sur lesquelles ils arrêtent leurs regards, ils devraient voir circuler la vie qui coule dans leurs veines, si abondante et si riche. Mais quelquefois ce sont des pensées graves, des abstractions, presque des théories philosophiques qu'on les condamne à lire ; — la vie ne palpite pas sous l'expression qui est sèche et froide. — Il serait bon de se servir de la lecture pour leur montrer comment on peut enchaîner et conduire plusieurs idées, passer sans effort de l'une à l'autre et en former un tout semblable à ces petits drames qui intéressent avec leur commencement, leur milieu, leur fin. Au lieu de cela, des phrases sans lien, des bouts de pensée qui se heurtent et sont fort étonnés de se rencontrer. Aussi, quand il s'agit de faire une composition française, si simple qu'elle soit, les élèves se trouvent incapables de lier deux idées et ils reproduisent le *tohu-bohu* de leurs livres. — Je voudrais aussi un livre spécial pour chaque division et toujours des *lectures* propres à élever l'esprit et le cœur : nos devoirs envers Dieu, envers la

(1) Buisson, *Rapports sur les Expositions de Vienne et de Philadelphie*, art. *Lecture*.

famille et la société leur seraient présentés sous une forme attrayante; la vertu viendrait à eux oublieuse d'elle-même, comme elle l'est toujours, mais se trahissant par je ne sais quel reflet divin de bonté, de douceur, de délicatesse qui la fait aimer. On arrêterait les enfants en présence de l'épreuve supportée avec courage, du travail et de l'économie couronnés par le succès, du patriotisme qui inspire et soutient les grands dévouements. Il y aurait là une haute leçon de moralité, et c'est ainsi qu'il faut préparer l'âme des enfants à entrer dans la vie, si l'on veut qu'elle soit toujours honnête et droite, religieuse et animée d'un pur et véritable patriotisme.

II

DIRECTION DE LA LECTURE

§ 1.—Il ne suffit pas qu'un livre soit bien choisi, il faut que le maître le tienne avec son cœur et qu'il y porte la vie. En Amérique, on lui recommande « d'étudier d'abord le morceau qui doit être lu, d'en dire assez aux élèves pour les y intéresser, avant même qu'ils ouvrent leurs livres (1). » Excellent conseil à donner et à suivre partout.

Il en est d'autres qui n'ont pas moins d'importance. Ils se rattachent spécialement à la prononciation. Nous les empruntons à des instructions rédigées pour les Directeurs des écoles publiques de Philadelphie. Il est bon, ce nous semble, que l'on sache comment, de l'autre côté de l'Atlan-

(1) Buisson, *Rapport sur l'Instruction primaire à l'Exposition universelle de Philadelphie*, p. 240.

tique, les pédagogues les plus autorisés entendent la conduite d'une leçon de lecture.

§ 2. — *Comment on comprend en Amérique la direction de la lecture.*

« Pour lire avec sentiment, intelligence et grâce, le lecteur doit comprendre ce que l'auteur a voulu exprimer, entrer dans l'esprit du texte et savoir maîtriser sa voix.

« Il n'est pas au pouvoir de tous d'arriver à être bon lecteur, mais, comme la lecture est une des branches les plus importantes des matières du programme, il convient d'y donner toute l'attention capable de conduire l'élève au plus haut degré d'habileté qu'il peut atteindre.

« On accordera, dans les divisions supérieures, une attention particulière au timbre, à la plénitude, à l'élévation de la voix.

« La répétition d'une phrase mal lue produit de bons résultats, à la condition qu'à côté de l'indication des fautes, la prononciation correcte soit donnée par le maître ou par un élève que la difficulté n'arrête pas. Des lectures d'ensemble peuvent présenter quelques avantages, pourvu qu'on les arrête instantanément si elles deviennent monotones et chantantes, ou si elles aboutissent à provoquer une façon de lire désagréable et peu naturelle. De courtes phrases valent mieux dans ce cas que de longues périodes.

« Il faut que l'esprit de l'élève soit en correspondance avec le ton qu'exige la lecture. Un enfant triste, nonchalant, étourdi ne saurait lire convenablement. L'instituteur doit éveiller la pensée, stimuler l'esprit. La leçon que l'élève peut comprendre est celle qu'il convient de choisir.

« Le sujet des lectures sera l'objet de conversations; les idées des élèves se produiront, et on les corrigera si elles sont fausses. On pourra s'assurer qu'ils auront gardé quelque souvenir du texte en posant des questions, et en demandant de substituer un ou plusieurs mots qui changeront la forme d'une phrase ou d'un passage sans en altérer le sens, ou bien en adressant quelques questions exigeant, comme réponse, l'emploi d'une partie de cette phrase (1).

(1) Notre Montaigne va plus loin. Il veut que le maître « ne luy demande (à son élève) pas seulement compte des mots de sa leçon, mais du sens et

« Parmi les fautes les plus communes, il convient de citer les arrêts inutiles, les hésitations et les répétitions. Pour les guérir, l'instituteur ne reculera pas devant les efforts les plus ardents et les plus *déterminés*. Elles peuvent provenir du manque de soin, de l'emploi des livres d'un degré trop élevé, ou de l'inaptitude de l'élève à saisir l'idée à temps, de manière à l'exprimer clairement; elles résultent encore de l'indulgence du maître dans les exercices de récitation. « Un mauvais lecteur ne peut ni bien étudier ni bien réciter. »

« Pendant l'exercice, l'attention tout entière du maître et des disciples se portera sur le texte de la lecture. On provoquera les élèves à se critiquer les uns les autres, avec convenance et à propos toutefois. Durant le cours de la leçon, nulle interruption ne sera tolérée; mais lorsqu'elle sera terminée, ceux qui ont noté une erreur la signaleront *ad libitum*, et indiqueront la vraie prononciation. Chacun expliquera et justifiera ses critiques particulières.

« Il est inutile d'insister sur la déclamation, tant que les élèves n'ont pas une pratique suffisante de la lecture. »

Résumons les idées développées dans ces instructions. L'important est d'arriver « à une pratique suffisante de la lecture. » Il serait même bon d'atteindre « à un haut degré d'habileté. » On ne le peut sans un maître assez fort pour maintenir un calme parfait pendant la lecture; — assez intelligent pour la préparer, choisir les textes qu'exige la tournure d'esprit de ses élèves, les leur faire comprendre et aimer, leur imposer le ton qu'elle exige. Il aura lui-même une prononciation correcte, l'autorité et le zèle nécessaires afin de corriger les répétitions, les hésitations et

de la substance... que ce qu'il viendra d'apprendre, il le luy face mettre en cent visages, et accommoder à autant de divers subjects, pour veoir s'il l'a encores bien prins et bien faict sien.. » *Essais*, t. I, l. I, c. XXV, p. 291. Edit. Lefèvre. Il y a longtemps, comme on le voit, que notre pédagogie française nous a donné, sous une forme souvent originale, les principes qui ont cours aujourd'hui. Notre tort est de ne pas la connaître. Étudions donc les maîtres! Étudions. Et que cette étude commence dans les *Écoles Normales*.

les accents répréhensibles. Voilà ce que l'on demande aux maîtres qui doivent habituer leurs élèves à lire « avec sentiment, intelligence et grâce. » Avons-nous toujours en France cette idée élevée des obligations imposées à celui qui dirige la lecture? Si non, ne serait-ce pas que l'on oublie parfois de regarder la lecture « comme une des branches les plus importantes des matières du programme? »

Il est un autre point que nous devons toucher ici : l'étude qu'il faut faire du texte de la lecture au point de vue grammatical et des idées qu'il renferme.

III

AVANTAGES QUE L'ON PEUT TIRER D'UNE LECTURE BIEN DIRIGÉE

Dans la lecture bien conduite, vous trouverez un puissant instrument pour l'étude de la langue maternelle, la formation du cœur et le développement intellectuel de vos élèves.

§ 1. *Un mauvais procédé.* — Mais si l'on veut atteindre ce but, il ne faut pas appartenir à la catégorie des maîtres dont voici le procédé. Pour eux, lire c'est courir à travers un livre. Qu'il soit ou non à la portée des enfants, on ne s'en préoccupe guère. Son titre plaît-il? est-il en vogue dans certaines écoles? c'est l'essentiel. Le voilà aussitôt mis entre les mains d'une division de quinze ou vingt élèves. — Vous demandez qu'on les fasse lire. On s'y prête de la meilleure grâce, tout fier d'avoir à montrer des enfants qui savent reconnaître et assembler les lettres de l'alphabet, laisser tomber de leurs lèvres des sons supposés en rapport avec les mots qui couvrent une page.

On prend même quelquefois le premier chapitre venu, car

le maître, pas plus que l'élève, n'a rien préparé. On donne le signal et le mouvement des lèvres commence. Cet exercice absorbe bien trois quarts d'heure; encore n'a-t-il duré pour chaque élève que quelques minutes. Quand le dernier, au milieu des distractions de ses camarades censés attentifs, a eu sa petite part de ce temps, on ferme le livre pour passer à un autre exercice, car la lecture est faite. D'explications, il n'est nullement question. Demain, on procédera de la même manière, et peut-être constamment. Un jour, j'ai vu une division dans laquelle pas un élève n'a pu me dire quelles idées il attachait à cette phrase qui venait d'être lue : « *au sortir des mains de Dieu, l'homme était juste, innocent.* » Pauvres enfants ! jamais une explication qui leur fasse comprendre le sens des mots et la pensée qu'ils cachent; rien, pendant la lecture, qui éveille la réflexion dans leur intelligence et un bon sentiment dans leur cœur ; souvent même pas assez de discernement pour distinguer une voyelle d'une consonne dans le mot qu'ils prononcent ou qu'ils estropient. C'est, dit-on, un exercice réservé pour le jour où l'on étudiera la première page d'une grammaire.

Heureusement, ce procédé n'est pas général ; il serait trop pénible de le penser. En le signalant, je voudrais contribuer à le bannir de toutes les classes; ce serait un triomphe et un bienfait pour l'enfance. Nos bons maîtres, et ils sont nombreux, comprennent autrement l'importance de la lecture. Ils ne seront pas étonnés d'entendre un de nos ministres de l'instruction publique exiger. « l'explication de la signification des mots, du sens des phrases et d'un passage tout entier. » Voilà ce qui rend la lecture vraiment féconde.

§ 2. *Le bon procédé* : 1° *Préparation de la lecture.* — Si l'on veut arriver sûrement à ce résultat, il faut une préparation sérieuse. Mais prenons garde à l'illusion ; il est si facile de se croire maître d'un texte ! Et cependant que de délicatesse ! que de difficultés même dans la langue française ! Tous les mots qui vont passer sous les regards de l'enfance n'ont pas la transparence de l'onde pure. Quelques-uns arrêteront ces petites intelligences qui voudraient voir ce qu'ils cachent. Il faut un jet de lumière, et le faire jaillir est quelquefois chose ardue. Et puis l'idée qui est là, doit sortir du texte claire, saisissante, avec des nuances souvent aussi nombreuses qu'il y a d'enfants dans une division, car tous ne se laissent pas pénétrer par le même rayon de lumière. Vivez donc avec votre texte, avant de le porter à vos enfants. Dès la veille, lisez-le dans la classe, donnez la bonne accentuation, insistez sur les liaisons, expliquez les termes qui sortent du cercle ordinaire, et encore bien restreint, de la vie intellectuelle de vos enfants. Ils s'en iront avec ces impressions, ils y songeront peu d'abord, un peu plus ensuite, et plus tard, ils vous reviendront avec votre pensée. Vous pourrez vous-même, dans l'intervalle, avoir à mûrir et à développer plus d'une idée.

Le lendemain, la leçon sera ce qu'elle doit être toujours : forte, variée, claire, intéressante ; les enfants y apporteront du recueillement et une intelligence toute préparée à vous suivre dans les voies où vous voudrez l'introduire.

§ 3. *Etude de la langue maternelle.* —Vous trouvez, dans la lecture, tout ce qu'il faut pour les initier à cette étude, avec fruit et sans fatigue. Les procédés conseillés, les voici : D'abord, la signification nette et claire de chaque mot quelque peu obscur et compliqué ; —sa nature : substantif, adjectif, verbe, adverbe, etc.; et pourquoi? — sa fonction dans la phrase : sujet, verbe, attribut, etc.; — la raison de son orthographe : accord de l'adjectif avec le substantif, du verbe avec le sujet, etc. Vous entrerez ainsi dans la grammaire, bien que vos enfants ne s'en aperçoivent pas, et vous les dirigerez comme vous le voudrez, les définitions et les règles entrant par leurs oreilles et se fixant peu à peu dans leur esprit, sans que leurs regards aient à s'arrêter sur des formules sèches, arides, qui les fatiguent et les endorment.

Ils passeront du sens d'un mot à celui d'une phrase.

Ils vous écouteront encore et toujours avec intérêt, car vous savez combien le regard de l'enfant aime voir s'étendre son horizon. Ce sera pour vous l'heure de la joie véritable, parce que vous aurez le spectacle d'une petite intelligence qui se fixe et réfléchit sous votre parole, qui se développe sous l'action de la lumière que vous lui envoyez.

§4. *Culture intellectuelle.* — Vous donnerez à votre enfant la force nécessaire pour embrasser, selon les recommandations d'un ministre de l'instruction publique, un passage tout entier. Vous aviez peut-être délié déjà les jambes de cet enfant, en lui tendant la main ; vous obtiendrez sur lui le plus riche des triomphes, car vous formerez son esprit à voir plus haut et plus loin, et peu à peu vous mettrez à ses ordres des expressions pour rendre ses idées. L'enfant entrera ainsi par vos soins dans la vie intellectuelle.

§5. *Culture morale.* — Sera-t-il loin de la vie morale ? Non vraiment. Avec un bon maître, l'une ne marche pas sans l'autre. Un texte bien choisi fournit toujours l'occasion de faire vibrer un sentiment généreux. Il y a là un de ces conseils qui rattachent le cœur à la famille, à la société, à Dieu ; — un de ces personnages qui, par la grandeur de leur âme, font couler des larmes d'admiration ; — un de ces faits que l'on voudrait avoir accomplis soi-même ; — une de ces épreuves noblement supportées pour laquelle on voudrait avoir une couronne à déposer sur le front du héros. Vous animez tout ; l'enfant entre dans un courant où la vie élève son intelligence et son cœur, comme le mouvement des bras de sa mère, son petit corps.

Vous n'avez pas seulement, dans des exercices ainsi conduits, trouvé les premiers *principes de la grammaire et les principales règles de la syntaxe*. Vous avez jeté la lumière dans une intelligence, et dans un cœur la force d'expansion qui peut le porter vers tout ce qui est grand, pur et généreux.

§ 6. — Au delà de l'Océan, en Amérique, on ne suit pas une autre marche. Ecoutons M. J. M. Watson :

« Au moment de terminer la leçon de lecture, assurez-vous qu'elle a été comprise, faites des questions très simples et très claires, laissez les enfants répondre à leur manière et et dans leur langage propre ; demandez-leur : 1° le titre du morceau ; 2° les choses dont il a été fait mention dans le morceau ; 3° le récit des faits qu'ils ont retenus ; 4° les figures ou illustrations qu'ils ont remarquées ; 5° la *morale* ou ce qu'enseigne la leçon (1). »

Nous aimons ces rapprochements. En les faisant, on est heureux de pouvoir s'appuyer de l'autorité des maîtres qui impriment à l'instruction primaire la direction la plus ferme et la plus heureuse.

IV

LA LECTURE ACCENTUÉE

§ 1. — Les textes ayant été expliqués comme nous l'avons dit, les enfants pourront les lire. Mais on doit le comprendre, il ne s'agit plus seulement ici d'une lecture facile, correcte, dégagée des mauvais accents. Il ne faut pas non plus un ton déclamatoire. On voudrait voir les élèves faire passer peu à peu, dans cet exercice, les qualités d'une bonne conversation, ses variétés d'intonation, ses nuances, sa traduction fidèle de la pensée par des inflexions de voix qui viennent d'elles-mêmes, parce que l'organe vocal obéit au mouvement lent ou précipité, plein de larmes ou de joie, timide ou hardi, gracieux ou menaçant, de l'idée et du sentiment.

(1) Buisson, *Rapport sur l'Instruction primaire à l'Exposition de Philadelphie*, p. 252.

Vous avez étudié ces manifestations de l'âme sous les mots qui les expriment; vous savez que la phrase a pris, pour les produire au dehors, une allure calme ou rapide, brusque ou se déployant majestueusement dans une belle période. Il y a, dans votre morceau de musique, une note qui domine; dans votre tableau, un personnage, une draperie, un coin de paysage, un jet de lumière qui tranchent sur tout le reste. Là se trouve la pensée-mère, le sentiment qui doit jeter une émotion dans mon cœur. Ils se révèlent, l'un et l'autre, dans ce mot; ils ont commandé cette inversion; ils se posent dans cette phrase interrogative ou se concentrent dans cette exclamation. D'autres mots ont une importance secondaire et toujours différente; ce sont des soldats de taille diverse qui se groupent autour de l'état-major, comme celui-ci autour du général en chef; ce sont des notes qui marchent sous le commandement de la dominante pour donner au motif son expression; des couleurs que l'artiste a combinées et placées en des points divers afin de faire mieux courir dans son tableau la lumière et la vie. Etudiez donc chaque mot dans ses rapports avec la pensée et avec ses détails, vous la parlerez naturellement, sans efforts, et vos enfants vous imiteront. Il ne faut pas s'exagérer les difficultés.

§ 2. — Voyez ce qui se passe chaque jour entre les petites filles et leurs poupées. Il n'y a pas seulement de la part des premières une grande volubilité de paroles. Comme l'attitude du corps, le jeu de la physionomie, le timbre de la voix, s'harmonisent avec la pensée produite au dehors! L'art n'est pour rien dans ce résultat; l'enfant parle sous l'inspiration de la nature et de l'instinct. Il veut vous demander une faveur, vous exprimer son affection, ses pensées ou ses joies, ne trouvez-vous pas dans sa parole toutes les nuances du sentiment qui le domine? Le voilà devant vous pour réciter une fable de la Fontaine ou quelqu'une de ces poésies fraîches et riches d'expression qui ont été composées pour son âge, ne dirait-on pas qu'il sent et pense comme le poète, tant on surprend sur ses lèvres et dans son débit, de grâce, de variété, de souplesse et d'émotion? Vos conseils ont, sans doute, préparé ce succès; mais l'instinct a été le maître de l'enfant. Développez donc cette force naturelle; qu'elle acquière peu à peu, sous votre direction, la puissance de l'art, et vos élèves arriveront à une lecture intelligente et accentuée.

§ 3.— Un jour, on demanda à M. Legouvé qui nous a donné un bon *Traité sur l'art de la lecture*, de résumer, en quelques lignes pratiques, les règles à suivre pour bien lire; on voulait, comme on le lui disait, un *guide-âne*. Il répondit par les instructions suivantes que nous recommandons d'une manière particulière.

« Il y a un point dans l'étude de l'art de la lecture qui résume en partie tous les autres ; c'est la ponctuation.

« Le lecteur qui ponctue bien, respire bien, prononce bien et articule plus facilement. Bien ponctuer, c'est mesurer, modérer son débit, c'est distinguer les diverses parties d'une phrase, c'est éviter la confusion qui naît de l'enchevêtrement des mots, c'est interrompre à tout moment la psalmodie et, par conséquent, avoir la chance d'y couper court, enfin, c'est comprendre et faire comprendre.

« Eh bien, voilà la règle que vous demandez. Elle saute aux yeux. Vous n'avez besoin du secours de personne pour l'appliquer. Il vous suffit de lire ce qui est écrit. Voulez-vous un exemple concluant? Prenez cette phrase de Victor Hugo :

« L'histoire s'extasie volontiers devant Michel Ney, qui, né « tonnelier, devint maréchal de France; et devant Murat, qui, né « garçon d'écurie, devint roi. »

« Pour bien lire ces trois lignes, on n'a qu'à suivre la ponctuation : mettez, en lisant, une virgule après *Michel Ney*, une virgule après *qui*, un point et virgule après *maréchal de France*, une virgule après *Murat*, une virgule après *qui*, une virgule après *garçon d'écurie*, un point après *roi*, et vous aurez, du même coup, donné à cette phrase tout son relief, à chacune des incidences toute sa force et je vous défie même de ne pas placer l'accent sur les deux mots de *valeur* : maréchal de France et roi.

« Or, ce qui est vrai pour ce passage est vrai pour toute lecture. Appliquez toujours et scrupuleusement cette règle si facile, cette règle toute visible, et vous aurez fait un progrès considérable. Ce n'est pas certes toute la science, mais c'en est le commencement : *Initium sapientiæ*. La Fontaine a dit :

« Il avait du bon sens, le reste vint ensuite. »

« La ponctuation est le bon sens de la lecture.

« Voilà mon premier *guide-âne*.

« Voici mon second : je choisis pour exemple une pièce de vers de Sully-Prud'homme, qui est très populaire :

LE VASE BRISÉ

Le vase où meurt cette verveine,
D'un coup d'éventail fut fêlé,
Le coup dut l'effleurer à peine,
Aucun bruit ne l'a révélé.

Mais la légère meurtrissure
Mordant le cristal chaque jour,
D'une marche invisible et sûre
En a fait lentement le tour.

Son eau pure a fui goutte à goutte,
Le suc des fleurs s'est épuisé;
Personne encor ne s'en doute,
N'y touchez pas, il est brisé!

Ainsi parfois la main qu'on aime,
Effleurant le cœur, le meurtrit!
Puis le cœur se fend de lui-même,
La fleur de notre amour périt!

Encore intact aux yeux du monde,
Il sent croître et pleurer tout bas
Sa blessure fine et profonde..,
Il est brisé... n'y touchez pas!...

« Ce charmant morceau se récite partout, je l'ai entendu dire en public par des lecteurs habiles ; eh bien ! faut-il l'avouer, aucun d'eux ne m'a satisfait complètement. Il m'a semblé qu'ils tombaient tous dans la même erreur. Entraînés par le charme poétique répandu sur toute la pièce, ils enveloppent ces cinq strophes dans la même harmonie mélancolique; or, c'est enlever à ce morceau son principal caractère, le contraste. Rien de plus différent que la première partie et la seconde, que les trois premières strophes et les deux dernières, et l'effet est précisément dans l'imprévu de la comparaison. De quoi s'agit-il, en effet, dans les premières strophes? D'un vase fêlé. Il n'y a pas là de quoi s'attendrir. Ce qui convient dans les quatre premiers vers, c'est donc le ton simple du récit.

« La seconde strophe est une description pleine de pittoresque et de relief. Peignez avec la voix; ne craignez pas dans ces deux vers :

> Mais la légère meurtrissure,
> Mordant le cristal chaque jour,

« Ne craignez pas, dis-je, de faire sentir discrètement l'harmonie quelque peu stridente de cette accumulation d'r, *meurtrissure, mordant, cristal*. Il y a là-dessous je ne sais quel petit grincement de scie qu'il faut laisser deviner. Au contraire, dans les deux suivants :

> D'une marche invisible et sûre,
> En a fait lentement le tour.

« Ayez bien soin d'exprimer par la souplesse de la voix, par le déroulement sinueux et continu de la phrase, la marche de la fêlure; ne vous arrêtez pas après sûre, ne faites qu'un vers de ces deux vers : c'est un enlacement.

« Quant à la troisième strophe, nous rentrons dans le ton du récit, relevé par une petite pointe de poésie, et terminé familièrement par la crainte de briser un joli petit meuble.

« Arrive la quatrième strophe. Changement complet! Vous voilà lancé dans le domaine du sentiment et de l'émotion; la voix, l'accent, tout se transforme. Plus de ces notes brillantes et claires, propres au pittoresque. C'est au médium qu'il faut avoir recours :

c'est le médium avec ses timbres profonds et un peu voilés qui seul peut exprimer ces vers si émus :

> Ainsi parfois la main qu'on aime
> Effleurant le cœur, le meurtrit!
> Puis le cœur se fend de lui-même,
> La fleur de notre amour périt!

« Chacun de ces mots doit être senti, touchant : chacune de ces syllabes doit pleurer.

« Mais ce sont les trois derniers vers qui demandent toute votre intensité d'expression :

> Il sent croître et pleurer tout bas
> Sa blessure fine et profonde...
> Il est brisé... n'y touchez pas!

« Remarquez-vous cette interversion dans le dernier hémistiche! Elle vous dicte votre intonation. Le poète finit cette strophe par *n'y touchez pas!* et non, comme dans la première, par *il est brisé!* c'est une leçon de lecture, que ce changement ! Liez donc ensemble par le débit, la fin de l'avant-dernier vers et le commencement du dernier : Dites : il est brisé! avec un véritable accent de douleur; puis, vous arrêtant tout à coup, changez de ton et prenez la voix de la prière pour : n'y touchez pas.

« Voilà mon second *guide-âne*. Que sont en effet toutes ces nuances de diction? La traduction exacte de la pensée du poète. Quelle règle en ressort-il? Qu'avant de lire un morceau, il faut s'étudier à en bien pénétrer le sens. Or, ce travail, vous n'avez besoin de personne pour le faire, c'est encore un moyen qui saute aux yeux, et nous en arrivons à la maxime profonde de M. Samson : L'art du comédien, disait-il, est là... il montrait son front, et là... il montrait son cœur. »

§ 4. — Les conséquences à tirer de ces pages charmantes sont très simples. Si vous voulez bien lire; 1° tenez compte de la ponctuation, elle vous permettra « de modérer et de mesurer votre débit; » vous comprendrez et vous ferez comprendre; 2° avant de lire un morceau, « étudiez-vous à en bien pénétrer le sens. » Vous pourrez lire alors avec « votre front et avec votre cœur. »

§ 5. — Nul n'ignore quelle importance l'autorité supérieure attache à la lecture à haute voix. « Il faut, a dit un de nos derniers ministres de l'instruction publique, qu'en France on apprenne à lire; car apprendre à lire, c'est la meilleure manière d'apprendre à parler (1). » Il demande que cet art soit enseigné avec plus de méthode dans les lycées et les collèges, dans les écoles normales primaires et dans les écoles primaires. Pour les établissements du premier ordre, un prix de lecture et de récitation est introduit dans les classes de rhétorique. Le cours de lecture à haute voix est « rendu obligatoire dans les écoles normales primaires, et chaque instituteur futur sera examiné sur ce point, à la sortie de l'école. » Par là, il faut l'espérer, l'art de la lecture pénétrera peu à peu dans les classes primaires. Le ministre a recommandé dans ce but un manuel court, substantiel, composé par M Legouvé (2).

(1) Bardoux, *Circulaire sur la lecture à haute voix*, septembre 1878.
(2) Cfr. Théry, *Principes de la lecture à haute voix*; — Menneband, *Petit traité de la lecture à haute voix*, chez Delagrave.

CHAPITRE XIII

Enseignement de l'écriture

I

PRINCIPES GÉNÉRAUX

Vous devez donner une plume à vos élèves et leur apprendre à écrire; ne craignez pas de le faire de bonne heure. Ils vous échapperont bientôt, à 12 ou 13 ans, plus tôt peut-être, et l'écriture est un art qui exige des habitudes soutenues. Cet enseignement jettera aussi de la variété dans vos leçons et fera passer vos enfants d'un exercice à un autre, sans que l'ennui ait le temps de les saisir. Pour cet âge, nous n'avons pas, vous le savez, de plus grand ennemi que la monotomie. Il y a presque de la cruauté à tenir, pendant des classes entières, des enfants cloués sur le même banc, le même livre à la main et les regards attachés aux mêmes lettres; c'est vouloir leur imposer l'immobilité de la pensée, comme celle du corps.

Ils s'en vengent, les chers petits êtres! sur les feuillets qu'ils froissent ou qu'ils déchirent, et en prenant de l'étude un dégoût dont le seul coupable est le maître (1).

On devrait chercher alors, dans l'écriture, un passe-temps agréable, une distraction et un auxiliaire de la lecture. Ha

(1) V. *Conseils aux institutrices*, p. 2 et suivantes.

bituez donc ces doigts si flexibles à former la lettre que les regards distinguent des autres et que les lèvres prononcent. Vous aurez par là deux sens comme instruments de la lecture : la vue et le toucher. Et puis, n'avez-vous jamais remarqué le bonheur de l'enfant admis à faire des bâtons d'abord, puis des courbes, à grouper des lettres, etc.? offrez-lui cette jouissance. S'il peut s'imaginer que tout sera charme dans ses études, pourquoi ne pas lui laisser cette illusion? Elle disparaîtra assez tôt.

§ 2.—Mais il faut lui apprendre dès lors à porter sa plume. C'est l'affaire du corps tout entier : tête, bras, jambes. Une mauvaise position, *fréquemment* répétée, peut compromettre la santé des enfants, ou du moins amener des accidents graves: la déviation de la taille, des fatigues de la poitrine. Voici des conseils fort sages :

« 1° Ne baissez la tête, en écrivant, qu'autant que la vue l'exige, et évitez avec soin d'appuyer fortement la poitrine contre la table.

« 2° Ne portez pas entièrement l'avant-bras droit sur la table, mais seulement la moitié environ, et tenez-le à une certaine distance du corps.

« 3° Placez l'avant-bras gauche tout entier sur la table, de manière que le coude touche au bord, et que la main gauche se trouve vis-à-vis de la main droite.

« 4° Appuyez un peu sur le bras gauche, afin de laisser au bras droit toute sa liberté de mouvement.

« 5° Tenez la jambe droite perpendiculairement à la table, mais avancez un peu la jambe gauche, afin de faire retomber le poids du corps sur le côté gauche.

« 6° Ne laissez tomber la main ni en dedans ni en dehors; dans l'un et l'autre cas, ni la pente, ni l'exécution ne vous seraient faciles.

« 7° Ne tenez les doigts ni trop allongés ni trop courbés, mais bien légèrement ployés, sans raideur aucune.

« 8° Ayez soin de laisser entre les doigts qui tiennent la plume, et les deux derniers doigts qui supportent le poignet, une distance d'environ deux centimètres.

« 9° Inclinez le cahier légèrement de gauche à droite, afin qu'il se trouve plus facilement dans la direction oblique et naturelle du bras droit.

« 10° Tenez la plume sur les deux parties du bec, ne la serrez pas fort entre les doigts, et n'appuyez presque pas dessus.

« 11° Placez la main gauche sur le papier et tout près de la main droite, c'est elle qui doit maintenir le cahier, l'avancer ou le reculer, à mesure que vous écrivez.

« 12° Tenez la plume de manière que le bec dépasse le doigt majeur d'environ un centimètre et demi, et que le corps de la plume passe vis-à-vis de la première articulation de l'index (1). »

§ 3. — Protégez donc la vue de vos enfants contre une application trop forte ou une direction mauvaise : il y a dans ce sens une délicatesse qu'un rien froisse, émousse ou dévie. Une contemplation prolongée de caractères fins et vus de trop près dispose à la myopie, ou du moins entraîne une grande fatigue de l'organe. Vous trouverez une malheureuse tendance à se coller contre les tables ; gardez-vous qu'elles *entrent* dans la poitrine. On ne sait pas toujours répartir convenablement le travail entre les diverses parties du corps; veillez à ce que chacune remplisse son rôle et supporte sa part de la fatigue, tout en évitant une position pénible. Il doit y avoir de l'aisance même dans le travail.

§ 4. — Pour assurer ces résultats, il est évident que vos regards doivent suivre et diriger tous les mouvements des enfants. Nécessité par conséquent de donner en même temps la leçon d'écriture, à toutes les divisions, de se multiplier, d'être à côté de chaque enfant pour l'habituer à une bonne position du corps. Qu'elle soit la même pour tous, et que l'un ne soit pas couché sur la table, tandis que l'autre sera presque droit. Il ne s'agit pas, toutefois, de faire avec eux des théories sur ce point ; l'habitude doit se contracter sous

(1) Taiclet, *Conférences sur l'enseignement de l'écriture*, p. 108-109. — 2e édition.

le regard du maître et sous sa direction. Je n'ai pas besoin de dire combien, dans les écoles mixtes dirigées par les instituteurs, cette partie de l'enseignement exige de tact et de réserve.

Dans beaucoup de classes, ces instructions n'entraîneront aucun changement ; rien ne peut être ajouté à la sollicitude des maîtres pour la santé et le développement des forces physiques de leurs élèves. Il y a du cœur de la mère dans leurs soins et leurs procédés ingénieux pour rendre l'étude utile et attrayante. Je ne dis pas qu'il soit absent des autres classes; mais il y règne une mauvaise distribution du travail scolaire. Une division lit et calcule, tandis qu'une autre écrit. Ce dernier exercice en souffre, car l'attention du maître est nécessairement partagée. Elle ne peut être aux divers mouvements des enfants pour les diriger; c'est alors que les mauvaises poses du corps prennent naissance et qu'il se contracte des déviations de la taille et autres accidents. Il y a quelques jours, j'entrais dans une classe, pendant une leçon d'écriture. Les enfants avaient leur cahier sous les yeux, la plume à la main, la tête penchée sur la table, et le maître était dans son estrade, avec un atlas où il préparait une leçon de géographie. Rien de mieux et de plus louable que cette préparation, mais ce n'était pas le moment. Le regard du maître ne se trouvait pas là où il devait se porter. Aussi quels cahiers! et quelle position du corps des enfants! C'est là un fait isolé, j'aime à le croire; sans vouloir blesser personne, même le coupable, je le signale pour qu'il ne se renouvelle pas. Tout a son importance dans l'éducation des enfants et tout exige une sollicitude de chaque instant. Aussi partout où je trouve un dévouement intelligent, j'éprouve plus que de la reconnaissance, du respect, car je me sens en présence d'un mérite que Dieu seul sait apprécier.

II

MATÉRIEL DE L'ÉCRITURE

Il y a le matériel de l'écriture : des tables, des ardoises, du papier, des plumes et des modèles.

§ 1. — Dans beaucoup de classes, les tables forment encore des espèces de surfaces planes, supportées par des pieds quelquefois peu solides. Cette installation se prête mal aux exigences de l'écriture, au jeu de la lumière, à la pose du papier et des modèles. Il faut la remplacer au plus tôt et se procurer des tables formant des plans inclinés d'environ 0m 08 par mètre, et larges de 0m 40 au moins. A la partie la plus élevée, elles présenteront une surface plane de 0m06 de large, avec des ouvertures circulaires, pour les encriers, et une rainure destinée à recevoir les plumes et les crayons.

Autre inconvénient plus fréquent : la plupart des tables ont une hauteur égale, trop élevée pour les jeunes enfants, pas assez pour les plus grands. Ces derniers sont condamnés à se courber constamment pendant les exercices, et l'on comprend quelles peuvent en être les conséquences. Pour les premiers, il faut improviser des sièges, à l'aide de livres entassés sur les bancs.

Ayons des hauteurs en rapport avec les tailles.

Voici des conseils qui, ce nous semble, pourront n'être pas sans utilité !

§ 2. — Dans les enfants de 6 à 13 ans, nous avons plusieurs catégories de tailles, et il faut en tenir compte.

1° : 1m à 1m10; — 2° : 1m10 à 1m 20; — 3° : 1m20 à 1m35 ; — 4° : 1m35 à 1m50 : — 5° : 1m50 à 1m60 et plus.

Pour ces diverses tailles, les hauteurs correspondantes

de l'arrête postérieure des tables au-dessus du plancher, seront les suivantes : 1° : 0m44 ; — 2° : 0m49 ; — 3° : 0m55 ; 4° : 0m62 ; — 5° : 0m70.

Les sièges auront en hauteur, au-dessus du plancher :

1° : 0m27 ;—2° : 0m30 ;—3° : 0m34 ;—4° : 0m35 ;—5° : 0m45.

La différence entre ces derniers nombres et les précédents indique la hauteur de l'arrête postérieure de la table au-dessus du siège.

Ces sièges doivent être surmontés d'un dossier formé d'une barre de bois large de 0m10, et fixée sur des montants inclinés en arrière, de façon que la partie antérieure de la barre soit sur la verticale de l'arrête postérieure du siège.

L'arrête postérieure du dossier au-dessus du siège aura en hauteur : 1° : 0m19 ; — 2° : 0m21 ; — 3° : 0m24 ; — 4° : 0m26 ; 5° : 0m 28.

Pour déterminer la largeur du siège, on prend les 3/5 du femur et l'on a : 1° : 0m21 ; — 2° : 0m23 ; — 3° : 0m25 ; — 4° : 0m27 ; — 5° : 0m30.

On calcule pour les dimensions du pupitre d'arrière en avant : 0m 35 ; — 0m37 ; — 0m39 ; — 0m 42 ; — 0m45. L'inclinaison est de 18 degrés.

Ajoutons la largeur de la place de l'enfant sur la table : 0m50 ; — 0m50 ; — 0m55 ; — 0m55 ; — 0m55. On laisse pour le jeu des bras 0m20.

Construits dans ces conditions, les bancs et les tables répondent à toutes les exigences hygiéniques (1).

Inutile d'ajouter que le nombre des tables doit être assez grand pour contenir tous les élèves. Il ne faut pas, comme nous l'avons dit, laisser les jeunes enfants sur un banc, ayant dans leurs mains, pendant des heures entières, le même livre, qui finit par devenir un fardeau et un ennemi. Variez, multipliez, pour cet âge, les exercices intellectuels

(1) Bagnaux, *Conférence sur le mobilier de classe, le matériel d'enseignement et les musées scolaires*, p. 38 et 39.

autant que ceux du corps; passez de la lecture au tableau, puis à des exercices d'écriture.

§ 3. — Dans ce but, les ardoises sont fort utiles. On devrait en incruster dans toutes les tables, devant chaque élève. Les plus avancés en tireraient parti pour suivre les opérations qui se font au tableau noir; et que de feuilles de papier épargnées par ce moyen ! Cette économie est surtout nécessaire avec les jeunes enfants, auxquels il faut si peu de temps pour couvrir une page de courbes et de bâtons informes.

Je sais les préventions que l'on a contre les ardoises, et la critique, parfois motivée, que l'on en fait. Elles rendent, dit-on, la main pesante. C'est, en effet, ce qui arrive, si l'on commence par écrire en *gros*, car alors il faut appuyer fortement sur le crayons pour obtenir les pleins. Mais que l'on substitue le *moyen* au *gros*, que l'on se contente de demander un *dessin*, une simple *esquisse* des lettres, la main ne deviendra pas lourde comme on le prétend; on arrivera même à une exécution facile et hardie sur le papier.

§ 4. — L'important est de surveiller les enfants, dans les débuts surtout, de guider, pour ainsi dire, leur main, d'en exercer, d'une manière méthodique, le mécanisme et d'en régler les mouvements, afin de l'habituer à la formation des divers caractères. Il faut aussi qu'ils voient exécuter pour apprendre où commence et finit une lettre; ce sera le moyen de développer chez eux l'esprit *d'observation* et d'*imitation*. Que l'on ne se contente donc pas, comme il arrive souvent, de tracer, même avec le plus grand soin, quelques mots sur le tableau noir, une phrase en tête de la page d'écriture, ou de placer sous les regards des élèves des modèles lithographiés. Car le *copiez* qui vient ensuite, sans aucun commentaire, ne porte pas la lumière dans leur esprit, et ils restent souvent aussi embarrassés, quand il faut passer à l'exécution, qu'ils l'étaient avec leur livre de lecture dont ils ne connaissaient pas les lettres.

§ 5. — Au début de la leçon d'écriture, expliquez toujours les principes au tableau noir; ayez, si vous le pouvez, les tableaux démonstratifs des *majuscules* et des *minuscules* par Taiclet. Vos élèves apprendront de vous à les comprendre, et, en même temps que la leçon, la forme des caractères entrera dans leur esprit, leur main deviendra plus apte et plus prompte à les reproduire avec la pente, la hauteur, l'égalité et la distance voulues.

§ 6. — Cette surveillance, du reste, doit s'étendre à toutes les divisions. Aussi, nous le répétons, est-il nécessaire que la leçon d'écriture ait lieu, dans la classe, à la même heure. A cette condition seule, le maître peut circuler entre les rangs, assurer l'exécution des instructions données : tenue du corps et du papier, des doigts et de la plume; corriger une lettre mal faite, trop droite ou trop penchée, un plein, un délié, une liaison, qui ne sont pas conduits conformément aux règles. Et cette correction devra se rencontrer sur chaque page d'écriture, qu'elle ait eu lieu pendant ou après la leçon ; sans elle, pas de progrès. Les élèves tomberont toujours dans les mêmes défauts, le maître négligeant de les leur signaler et de leur montrer les moyens de les éviter.

§ 7. — Il n'oubliera pas que chaque genre d'écriture exige des plumes spéciales. Qu'elles soient naturelles ou métalliques, peu importe; elles ont toujours la valeur de la main qui les tient. Les dernières, toutefois, ont maintenant la préférence. On demande que, pour les commerçants, elles soient « *fortes; — que la largeur du bec égale à peu près l'épaisseur des jambages et du plein des premiers exercices, qu'il soit peu fendu, coupé carrément et de même forme des deux cotés* (1). » Quand le bec de la plume est ainsi en rapport avec le plein des lettres, grosses ou fines, que l'on veut tracer, il suffit de la laisser marcher pour obtenir ce plein, et l'attention peut se porter tout entière sur la forme.

(1) Taiclet, *Conférences sur l'enseignement de l'écriture*, p. 13.

III

BUT A POURSUIVRE DANS L'ENSEIGNEMENT DE L'ÉCRITURE

§ 1. — En Amérique, où l'on attache une grande importance à l'enseignement de l'écriture, on donne les instructions suivantes :

« *Un seul système d'écriture* (1) devrait être suivi dans les écoles primaires, dans les écoles secondaires et les collèges du district. Ainsi l'élève, passant d'une classe dans un autre, se perfectionnera promptement sur les principes reçus, et qui concernent les mouvements de la main et du bras, les règles relatives à la formation des lettres, la tenue du corps et de la plume, la pente et l'ombre des caractères tracés, l'uniformité des distances, la propreté, l'élégance, la facilité et la rapidité de l'écriture.

« L'usage constant du tableau noir, et permettant de comparer les formes correctes des lettres avec les formes défectueuses tracées par l'élève, est indispensable.

« Quant au modèle écrit sur le tableau par le maître, il sera toujours conforme à la méthode enseignée. Le but principal doit être de propager une écriture lisible et propre, dépourvue de traits de plume et d'embellissements. On ne laissera jamais les élèves écrire rapidement avant d'avoir acquis une main sûre. Et il est désirable que le même professeur donne la leçon d'écriture dans toutes les divisions d'une même école.

« Si l'on ne juge pas à propos de remettre une plume entre les mains de l'enfant, qu'il reçoive un crayon et une ardoise, sur la

(1) Que l'on comprenne bien cette direction et l'on ne recommandera pas aux enfants d'une même division, comme il arrive quelquefois, les quatre premiers cahiers d'une méthode, puis les cinquième, sixième et septième cahiers d'une seconde méthode, puis encore ceux d'une troisième. Toujours la même méthode, c'est le vrai.

marge de laquelle seront tracées quelques formes élémentaires. En les reproduisant, il pourra s'amuser et s'instruire.

« Point de longues leçons d'écriture ; répétées deux ou trois fois par jour, et c'est peut-être trop, elles suffisent grandement pour former, dès le commencement, de bonnes habitudes (1). »

En reproduisant ces préceptes, notre but est de montrer : 1° l'importance que l'on attache, par delà l'Atlantique, à une bonne écriture ; 2° les principes qui doivent diriger dans cette partie de l'enseignement.

§ 2. — Ils ont été corroborés par le jury chargé de juger les ouvrages envoyés à l'Exposition de Vienne.

« Dans l'innombrable quantité de spécimens d'écriture, ceux qui ont été récompensés, ce sont les modèles les plus simples, les cahiers les moins prétentieux, les méthodes, non les plus élégantes, mais les plus pratiques. Le Jury semble s'être appliqué à réagir contre les abus les plus fréquents de la calligraphie scolaire, surtout contre la recherche des élégances superflues qui entraîne tant de conséquences fâcheuses : d'abord pour les débuts, un mode d'enseignement tout à fait machinal et passif, de fastidieux procédés de calque et d'interminables exercices automatiques, qui ôtent toute spontanéité à l'œil et à la main de l'enfant ; ensuite, pendant toute la durée des études, une perte de temps sans excuse, quelquefois certaines heures dérobées à l'éducation et absorbées dans la confection de puérils chefs-d'œuvre calligraphiques ; enfin, comme seul fruit de tout travail, le mauvais goût, l'habitude d'attacher une importance ridicule à ce genre d'habileté, et de confondre la belle simplicité des formes correctes avec la profusion capricieuse des traits de plume inutiles (2). »

§ 3. — Ce que l'on demande, c'est que l'élève réserve *tout* son temps pour la *posée* et *l'expédiée* (3) ; — c'est que « les

(1) *Fifty-Fourth annual Report of the Board of public education of the first school District of Pensylvania*, p. 104-105.

(2) Buisson, *Rapport sur l'instruction primaire à l'Exposition universelle de Vienne*, p. 165-166.

(3) *La direction pédagogique des écoles primaires*, 20 août 1875.

phrases servant de modèles d'écriture, présentent toujours un sens complet, et qu'elles aient pour objet soit un précepte de conduite, soit une notion *utile* (1). »

Un *précepte* de conduite! une notion *utile!* N'est-ce pas la proscription de ces longs mots que l'on voit encore trop souvent s'étaler sur un tableau noir ou sur des cahiers dits *modèles : courageusement, imperceptiblement?* — Et ce n'est pas tout : « Les exercices d'écriture, dans les classes élémentaires, doivent être, dès le début, intimement liés avec les exercices de langue et d'orthographe, ainsi qu'avec les leçons de choses (2). »

— Enfin « former l'œil et, par lui, la main, voilà toute la méthode. C'est l'image d'une lettre acquise par la vue que la main s'exerce à reproduire. Aussi bien la première condition nécessaire pour bien écrire, c'est une intuition forte, exacte et complète des formes à tracer; la seconde condition, c'est un exercice suffisant de la main, toujours accompagné d'efforts, pour rendre, d'une manière de plus en plus parfaite, les formes observées (3). »

Et voilà donc, dans l'enseignement de l'écriture, un triple but à poursuivre : 1° faire l'éducation de l'œil et de la main ; — 2° rattacher les leçons aux exercices de langue et d'orthographe ; — 3° chercher des modèles qui soient une lumière pour l'esprit, un conseil et une force pour le cœur.

(1) *Instruction sur l'organisation de l'enseignement dans les écoles primaires,* 18 novembre 1871.
(2) *Instruction du ministre d'Autriche,* 20 août 1870.
(3) Van Hasselt, *Rapport sur l'Exposition de Vienne.*

CHAPITRE XIV

Enseignement de la langue maternelle.

La langue *maternelle*, c'est la langue dont nous avons appris à prononcer les premiers mots sur les genoux et entre les bras de nos mères; — la langue que nos ancêtres ont parlée, la langue dans laquelle ont été écrits tant de chefs-d'œuvre qui font l'admiration du monde entier et qui s'appelle la langue française. L'épithète *maternelle* est spécialement employée pour montrer « le point de départ et la méthode de cet enseignement (1). » Quels doivent-ils être?

I

LA LECTURE ET L'ENSEIGNEMENT DE LA LANGUE MATERNELLE

§ 1. — Vous trouverez, avons-nous dit, dans la lecture bien conduite, un puissant instrument pour l'enseignement de la langue maternelle (2). Et nous pouvons nous appuyer ici sur les autorités les plus hautes. Les juges de *l'Exposition universelle* de Vienne disent :

« Les méthodes d'écriture et de lecture bien comprises contri-

(1) Berger, *Conférence pédagogique sur l'enseignement de la langue maternelle*, p. 1.
(2) V. *ci-dessus*, c. XII. p. 77.

bueront à transformer complètement l'étude de la langue maternelle.

« Quand la lecture et l'écriture absorbaient à elles seules le meilleur du temps et des forces intellectuelles des commençants, on devait réserver pour plus tard un autre objet d'étude, nouveau tourment pour le maître et pour l'élève : la grammaire. Après de longues heures entièrement consumées par l'épellation et par les pages d'écriture, venaient, non moins longues et ennuyeuses, celles de l'orthographe ; règles à apprendre par cœur, dictées d'application, analyses grammaticales (*écrites*) et mise au net de tous ces devoirs. Nous ne nous représentons pas l'idée que tous ces mots emportent dans l'esprit de l'enfant, l'effet que doit produire sur une intelligence naissante et jusque là peu cultivée, cette brusque entrée dans le monde de l'abstraction, ce régime d'études complètement factice, d'une sécheresse et d'une monotonie rebutantes. On peut bien demander que l'enfant s'y plie, mais non qu'il s'y intéresse. Pour la langue, comme pour les autres branches, ce mode d'enseignement, nécessairement fondé sur la mémoire d'une part, sur l'obéissance de l'autre, est un tour de force qui dure quelques années. Ainsi donné, l'enseignement n'est plus, comme il serait dans la nature des choses, un stimulant et un plaisir pour l'intelligence, c'est une discipline subie par contrainte, qui n'augmente la somme des connaissances qu'en diminuant l'initiative, le libre élan des facultés mentales. Aussi la science acquise de cette façon-là n'est-elle pas assimilée par l'esprit, qui la rejette dès qu'il sort de cette atmosphère artificielle de l'école pour rentrer dans la vie de tous les jours et reprendre ses allures naturelles.

« Il y a longtemps que les bons maîtres ont vu le danger et se sont préoccupés d'y porter remède, les méthodes nouvelles leur en donnent le moyen. Enseignées comme elles doivent l'être aujourd'hui, la lecture et l'écriture donnent la première impulsion à l'étude de la langue ; et cette étude s'y rattache si intimement qu'on ne saurait dire précisément à quel instant elle commmence. L'élève des classes élémentaires ignore ce que c'est que la *grammaire* et il en fait tous les jours. Quand il arrivera au cours moyen, il saura les règles les plus générales de la langue et de l'orthographe, il distinguera les genres, les nombres, les formes principales des verbes, les principales fonctions des mots ; mais toutes ces connaissances, il les possédera sous forme concrète, il les aura acquises

6.

non à force d'apprendre des règles par cœur (il n'a même pas de grammaire entre les mains), mais par de nombreux exercices de langage et de pensée tout ensemble (1) »

II

LES DÉBUTS DANS L'ÉTUDE DE LA LANGUE MATERNELLE

§ 1. — Gardez-vous donc bien, dans les débuts de l'enseignement de la langue maternelle, de commencer par charger la mémoire des enfants *d'abstractions*, de *définitions*. Ne les forcez pas à apprendre d'abord des définitions comme celle-ci : la *grammaire* est *l'art* d'écrire *correctement*. Savent-ils ce que c'est qu'un *art?* comprennent-ils quel sens il faut attacher au mot *correctement?* Dans les débuts, ces mots ne sont-ils pas inintelligibles pour eux? Ne leur énumérez pas davantage les diverses parties du *discours;* ce serait les jeter dans une autre série d'abstractions qu'ils seraient aussi incapables de comprendre.

Que faire donc? Non pas proscrire de l'enseignement l'abstraction qui devra venir à son jour, mais placer d'abord les enfants en présence de la réalité concrète et la leur faire saisir dans le vif. On ne peut trop méditer et étendre la direction suivante que nous trouvons dans le *Dictionnaire de Pédagogie.*

§ 2. — « Au premier âge scolaire, à l'âge de la salle d'asile ou de la toute petite classe, l'intuition, et surtout l'intuition sensible, est presque le seul instrument de la connaissance. Montrez à l'enfant des objets, faites-lui sentir, toucher, manier, regarder, entendre :

(1) Buisson, *Rapport sur l'Instruction primaire à l'Exposition universelle de Vienne* p. 107.

c'est le point de départ de l'éducation, c'est l'objet de la leçon de choses, et c'est de là que l'abstraction doit sortir. (1). »

En même temps que l'enfant touchera ces objets, c'est-à-dire son chapeau, son pantalon, sa blouse, son pain : c'est-à-dire encore cette table, cet encrier, cette plume, etc., vous lui ferez comprendre qu'il y a pour désigner ces objets *distincts*, des mots *distincts* aussi ; vous saurez les lui faire trouver; grâce à vos questions, il les tirera en quelque sorte de son propre fonds, il les prononcera et il les appliquera à chaque objet.

§ 3. — Et ce procédé pénètre, domine partout où, sous l'influence des bonnes méthodes, s'élève l'instruction. Voyez comment on l'entend en Amérique :

« Un maître présente un morceau de pain. Qu'est-ce que cela ? demande-t-il ? — *Du pain.* — Et qu'en fait-on ? — Les enfants en riant : On le *mange.* — De quoi vous servez-vous à l'école ? — D'une *ardoise.* — De quoi encore ? D'un *livre.* Qui se sert d'autre chose ? — Je me sers d'une *éponge.* — Et pourquoi ? — Pour essuyer le *tableau.* — Moi, pour nettoyer mes *mains.* — Quel animal avez-vous vu ? — Un *chien.* — Qu'avait-il ? — La *patte* cassée. — Lesquels parmi les mots suivants, désignent plus d'un objet : maison, homme, œufs, école, yeux, etc. (2). »

Et en même temps que l'on prononce ces mots, on les fait *épeler* et écrire sur le tableau noir, sur l'ardoise. — Mais, à force de répéter qu'ils désignent des personnes ou des choses, les enfants n'arrivent-ils pas à donner eux-mêmes, sans s'en apercevoir, la *définition* du nom ? — C'est le passage de l'idée concrète à l'idée abstraite. Il s'est fait sans efforts ; il se reproduit toujours. La formule entre dans leur esprit et dans leur mémoire. Ils prouveront qu'ils la

(1) *Dictionnaire de Pédagogie et d'instruction primaire*, art. *abstraction* 1re *livraison*, p. 10.
(2) Buisson, *Devoirs d'Écoliers américains*, p. 1, 3, 4.

comprennent en trouvant avec facilité le mot, *substantif*, *nom*, qui désigne tel ou tel objet.

§ 4. — S'agit-il de déterminer des *adjectifs qualificatifs?* Les procédés sont les mêmes. — Prenons d'abord des exemples dans le monde physique.

« On fait remarquer par l'enfant lui-même que tel objet est *blanc*, et puis qu'il est *dur*, puis *rond*, *brillant*, *solide*, *lourd*, etc. Bien entendu, on ne lui apprend le nom qu'en lui faisant expérimenter la chose : il n'emploiera le mot *lourd*, qu'après avoir soulevé l'objet, le mot *dur*, qu'après avoir essayé de le briser, *brillant*, qu'après l'avoir vu briller, etc. »

C'est comme le premier dégré de l'abstraction. L'enfant la tire naturellement du fait concret qui est là, sous ses yeux, qu'il touche, qu'il pèse, qui résiste à ses efforts pour le briser. Il voit que *l'adjectif qualificatif* désigne une manière d'être de tel objet, *dure*, *ronde*, *brillante*, etc.

Il y a dans l'abstraction plusieurs autres dégrés qu'il faut exposer, afin de faire bien comprendre comment se développent les idées.

« Deuxième dégré : *les noms abstraits*. C'est quand l'enfant a vu un grand nombre d'objets blancs qu'il est apte à prononcer le mot *blancheur* ; c'est quand il a manié beaucoup de corps durs et solides qu'il peut comprendre *solidité*, *dureté*, etc.

« Troisième dégré : *les termes généraux*. Pour y arriver, il faut d'abord présenter aux enfants des objets qui les frappent par des qualités opposées : *noir et blanc*, *léger et lourd*, *mou et dur*, *carré et long*. Voilà les deux termes extrêmes posés dans l'esprit. Puis, entre ces deux pôles contraires, viendront se placer et se graduer par comparaison, tous les termes intermédiaires : le plus blanc, le moins blanc, le clair, le pâle, le foncé, le sombre, etc. (1). »

« C'est à ce moment que l'enfant ayant vu des objets ronds, car-

(1) *Dict. de Pédagogie*, art. *abstraction*, Nous recommandons pour ces exercices la boîte de *Leçons de choses*, chez Delagrave.

rés, peut apprendre utilement le mot *forme* ; c'est quand il a soulevé des morceaux de liège, de bois, de fer, que le mot *poids* aura un sens pour lui ; c'est quand il connait bien le blanc, le noir, le bleu, le rouge qu'on peut lui parler des couleurs, etc. Maintenant, en effet, le mot abstrait et générique n'est pas pour lui un mot vide : il désigne en abrégé toute une série de faits bien connus. C'est une abstraction qui a en elle toute la substance des éléments concrets dont elle est formée.

§ 5. — « *Autre exemple. — Qualités spirituelles* . Ici encore, la chose avant le mot, le fait avant l'idée, l'individu avant l'espèce et l'espèce avant le genre.

« 1° Voulez-vous arriver, par exemple, à l'idée de vertu ? Commencez par raconter des faits qui fournissent aux enfants les matériaux concrets de cette abstraction. Montrez-leur en action, ou au moins sous forme de récit, la qualité dont vous voulez leur apprendre le nom. Par exemple : Etienne a vu un pauvre qui n'avait rien à manger ; il lui a donné la moitié de son pain ; une autre fois, il a renoncé à s'acheter des joujoux pour secourir de petits orphelins, etc. Etienne est *charitable*. Louise prie Dieu, elle va à l'Eglise, elle lit l'Evangile, elle pense à faire ce que la religion commande ; Louise est *pieuse*, elle a de la *piété* ; et ainsi du reste. Voilà le fondement sur lequel il faut insister aussi longtemps que le réclame l'intelligence des enfants, car c'est de la solidité de ces premières assises que dépend la valeur de tout l'édifice. »

« 2° Quand ils auront dans l'esprit un fond d'exemples assez riche pour se représenter pratiquement et sans hésitation ce que c'est qu'être pieux, charitable, obéissant, sincère, poli, courageux, etc., les noms abstraits correspondant à chacune de ces qualités naîtront d'eux-mêmes sur leurs lèvres : le mot charité leur représentera non pas une vague signification, mais toute une petite scène réelle qu'ils ont vue ou qu'on leur a dépeinte et qui se reproduit en quelque sorte en raccourci devant leur imagination : le pauvre qui souffre, pleure, mendie ; l'enfant qui le voit, qui en a pitié, qui lui donne. Le sens de ces mots abstraits se fixera et se précisera mieux encore par le contraste : l'amour du travail et la paresse, l'obéissance et la désobéissance, la bonté et la dureté du cœur, la véracité et le mensonge, etc., en s'opposant l'un à l'autre, s'éclairent mutuellement. »

« 3° Le troisième exercice consistera à rapprocher tous ces mots en un seul mot, celui de *vertu* pour la réunion de toutes les bonnes qualités; celui de *vice*, pour les mauvaises. C'est le mot abstrait par excellence, le terme général qui désigne non seulement une qualité, mais une qualité en composant plusieurs autres, une abstraction embrassant d'autres abstractions (1) »

§ 6. — Voilà comment on fait entrer dans l'intelligence des enfants des mots qu'ils comprennent; dans leur cœur, des sentiments qui leur inspirent l'amour de la vertu et du bien; leur vocabulaire se forme, et, en même temps, leur sens moral se développe. — Ils n'ont rien des enfants qui, dans leur mémoire, portent des mots, comme l'animal un fardeau, sans savoir ce qu'il renferme. Ils n'ont rien non plus de ces enfants, plus à plaindre encore, qui passent, sans émotion, en présence du *bien* et du *mal*. L'enseignement qui a placé et qui tient sur leurs lèvres des mots qu'ils comprennent leur inspire pour l'un ou l'autre un *amour* ou une *haine* qu'ils s'expliquent. — Et voilà comment l'enseignement de la langue maternelle, dès ses débuts, contribue quand il est bien conduit, à former des êtres intelligents et moraux.

III

UNE RÉFORME

§ 1. — Délivrons donc nos enfants du triple supplice auquel les a trop longtemps condamnés et les condamne encore, dans les écoles mal dirigées, l'enseignement inintelligent et stérile de la lecture, de l'écriture et de la langue mater-

(1) *Dictionnaire de Pédagogie*, art. *abstraction*.

nelle. Qu'à de longues heures consacrées à l'épellation et au tracé journalier de caractères informes, ne succèdent pas d'autres heures pendant lesquelles ils auraient à apprendre des règles qu'ils ne comprennent pas, à subir des dictées composées de phrases banales et sans suite, à conjuguer des verbes ou à écrire, demain plus mal qu'aujourd'hui, des analyses grammaticales dans lesquelles nous trouverons, sans aucun signe d'abréviation et de ponctuation, pour analyser cette phrase : *La terre est ronde*, les formules suivantes : la, *ar fe s in que terre est déter.* Et cela pour dire : *la*, article féminin singulier, indiquant que le mot terre est pris dans un sens déterminé. — Assez ! assez !.. Mais n'est-ce pas ce que nous présentent trop souvent les cahiers des enfants, et quelquefois sans porter aucune trace de correction ?

Les pauvres petits martyrs ! Ils ont à faire un devoir auquel ils ne s'intéressent nullement, parce qu'il revient tous les jours et qu'il touche peu leur esprit et leur cœur. Ils s'y plient, en vertu de l'obéissance; mais, s'il y a un cadran dans la classe, ils ont grand soin de suivre, par des regards dérobés, l'aiguille qui leur annonce la fin prochaine de l'épreuve. Et avec quelle joie ils comptent chacun de ses mouvements ! Ils seront aussi, s'il le faut, assez soumis pour charger leur mémoire des formules entassées dans des *livres* qui n'auraient jamais dû être composés, et surtout envahir les classes. Et le résultat ? Après plusieurs mois, ils ne seront guère plus avancés que les premiers jours ! Les pages d'écriture ne seront pas régulières ; les dictées ne témoigneront pas d'un grand progrès orthographique ; sur le tout s'étendra la manifestation d'un ennui constant !

Et pourquoi ? Au lieu de saisir l'enfant par les parties si vives, si impressionnables de son être, l'intelligence et le cœur, on l'a chargé de mots qu'il ne comprend pas, et qui sont, pour sa mémoire, un fardeau qui l'accable.

N'est-il pas temps que ces procédés disparaissent de nos

écoles? Pourquoi ne pas en demander de meilleurs à une science pédagogique mieux comprise et ne pas substituer, à mesure que nous avançons, l'étude vivante et concrète de la langue au formalisme grammatical, comme nous l'avons fait pour la division la plus élémentaire ?

IV

UN PROCÉDÉ A SUIVRE. — LE TABLEAU NOIR.

Ici le *tableau noir*, et tous les moyens d'enseignement qu'il fournit. Avec la parole du maître, il supplée presque à tous les livres qui, souvent mal composés, n'en sont pas moins une lourde dépense pour les familles.

§ 1. — Avons-nous à nous occuper, non plus du nom, de l'adjectif, etc., mais des règles et du génie de la langue française? Si nous voulons les faire comprendre à nos enfants, condamnerons-nous ces petits patients à apprendre mot à mot, page par page, le texte d'une grammaire ? Qui ne sait ce qui arriverait ? Le premier trimestre toucherait à son terme, et, à peine terminerait-on l'étude des verbes et de leurs conjugaisons. Cependant, que de dictées déjà données, fort bien choisies, je le veux, et dans lesquelles on aura dû se conformer à des règles orthographiques exposées vers la fin d'une grammaire ? Le bon maître a prévu et rendu facile ce travail. Comment ? Avec le *tableau noir*. Dans le livre de lecture, il avait remarqué des phrases se rattachant à l'ordre d'idées grammaticales sur lequel devait, un des prochains jours, porter son enseignement. Il les a transcrites sur ce tableau et parfaitement expliquées ; il a dit le sens et la fonction de chaque mot, le pourquoi de telle et telle désinence. Les règles orthographiques ont paru comme dépouillées des formules abstraites et incarnées dans des exemples qui les ont fait entrer dans l'intelligence. Plus tard, demain peut-être, dans quelques jours certainement ou dans quelques semaines, la grammaire les rappellera ; alors on les saluera comme des connaissances presque vieilles. Le fait est que l'enfant ne sera pas condamné à copier une ou plusieurs fois l'ennuyeux mot à mot d'une règle qu'il connaît et qu'il applique depuis longtemps. Ce sera le bannissement du *pensum*? Et le mal? je vous prie.

§ 2. — Entrons donc franchement, pour l'étude de la langue maternelle, dans les procédés les seuls intelligents : au début de l'enseignement, point de ces abstractions et de ces formules grammaticales qui ne disent rien à l'intelligence des enfants. Que notre livre de lecture nous serve à faire remarquer la pensée vivante dans ses diverses formes d'expression. Choisissons-y les propositions les plus simples; transcrivons-les successivement sur le tableau noir; détachons-en les éléments, et expliquons-les. Que l'on voie clairement le nom, l'adjectif, le verbe, leur définition et le pourquoi de leur orthographe. Qu'un développement graduel et une progression rigoureuse conduisent les élèves à des propositions composées de plusieurs membres et aux périodes les plus compliquées. A ces exercices bien conduits, nous saurons rattacher l'étude des diverses parties du discours, le vocabulaire des mots, la conjugaison et l'analyse écrites, mais plus souvent orales, la rédaction et la composition. Nous passerons ainsi de la pratique à la théorie ; les principes découleront des exemples ; le concret nous conduira à l'abstrait. Nous aurons un enseignement instructif, vivant, animé, contribuant au développement de la réflexion, des facultés intellectuelles et morales. Nous ne séparerons pas la grammaire de la pensée vivante qui constitue le fond du langage, et les enfants la comprendront mieux (1). Nous

(1) V. H. L'Éducation, *Emploi du tableau noir*, nº 42, p. 681 (6e année).

prendrons ses formules; nous les ferons entrer dans les jeunes esprits, qui s'ouvriront sans peine pour les recevoir parce qu'ils en auront l'intelligence. De ces formules, avec les plus avancés, nous descendrons aux applications, comme, avec les plus jeunes, nous faisions sortir la règle du texte (1).

CHAPITRE XIV (SUITE)

Comment on comprend, en Europe et en Amérique, l'enseignement de la langue maternelle

En conseillant la direction qui précède, nous avons encore pour nous les autorités les plus graves.

§ 1. — Il *faut apprendre la grammaire par la langue et non la langue par la grammaire*, a dit Herder. Cette idée est en voie de se propager. Aussi, quand eut lieu, en 1873, la grande *Exposition* de Vienne, les publications de la librairie scolaire permettaient-elles de constater « pour la plupart des langues de l'Europe, une tendance à remplacer l'enseignement didactique de la grammaire par des exemples, des exercices, des lectures, des études et des remarques faites sur le vif de la langue usuelle (2). »

§ 2. — Les exemples! « Il faut, dit M. Gréard, ménager

(1) Nous nous sommes efforcé d'appliquer le procédé ci-dessus dans le *Questionnaire*, qui suit chacun de nos chapitres des *Ennemis et Protecteurs du blé*, chez Belin.

(2) Buisson, *Rapport sur l'Instruction primaire à l'Exposition universelle de Vienne*, en 1873, p. 168.

les préceptes et multiplier les exercices, ne pas oublier que le meilleur livre pour l'enfant, c'est la parole du maître... en grammaire, partir de l'exemple pour arriver à la règle dépouillée des subtilités grammaticales. »

« Ce n'est pas, ajoute-t-il ailleurs, que nous pensions exclure de l'école les explications dogmatiques. Il faut de la théorie en toute chose, c'est-à-dire des règles qui permettent à l'esprit de retrouver son chemin dans les applications. Avec les enfants les plus jeunes, c'est des applications qu'on doit faire sortir la règle; avec les plus avancés, on pourra descendre de la règle aux applications : les deux procédés sont nécessaires à la gymnastique de l'esprit. Mais, à tous les degrés, que la règle précède ou qu'elle suive, elle doit toujours se traduire en applications. C'est sur les applications que l'élève de l'école primaire peut être le plus efficacement exercé à raisonner (1). »

§ 3. — Fénelon nous avait déjà dit que « le grand point est de mettre une personne le plus tôt qu'on peut dans *l'application* sensible des règles par un fréquent usage, » et de lui ménager le plaisir de « remarquer le détail des règles qu'elle a suivies d'abord sans y prendre garde. » Il demandait que l'on ne donnât « d'abord que les plus générales, » et il paraissait témoigner peu de sympathies pour les grammaires « trop curieuses et trop remplies de préceptes (2). »

A cette théorie, il entendait rester fidèle dans la pratique, car, dans un plan d'études écrit en 1696, pour le duc de Bourgogne, il déclare qu'il ne *donnera aucun temps à la grammaire ou qu'il ne lui en donnera que fort peu. — Aucun temps!* c'est trop. Le fait est qu'avec les enfants qui commencent, « nous avons, comme il le dit fort bien, un

(1) Gréard, *Organisation pédagogique des écoles publiques du département de la Seine*, p. 35.

(2) Fénelon, *Lettre sur les occupations de l'Académie française*, 11; Projet de grammaire.

extrême besoin d'être *sobres*, et en garde sur tout ce qui s'appelle *curiosité*. »

§ 4. — Le père Girard ne pensait pas autrement, ou plutôt il donnait à sa pensée une autre forme. Il voulait donc qu'à la grammaire de mots on subtituât la grammaire *d'idées*, celle qui oblige l'élève à trouver lui-même les règles de la syntaxe et de l'orthographe, à raisonner sur les mots qu'il emploie, sur les formes qu'il applique.

« Loin de faire, dit-il, des recueils sur le nom, l'adjectif, le verbe, etc., et de réunir sur ces parties ce qui les concerne, il faut s'attacher au fond du langage, aller pas à pas du simple au composé, et apprendre aux enfants à penser, pour leur apprendre à comprendre et à parler la langue de l'homme. Les menus détails ne peuvent paraître que plus tard et par occasion. De là résulte nécessairement un déplacement des matières grammaticales que l'on s'est occupé à réunir et à rapprocher. De là encore une grande parcimonie dans les définitions et les divisions abstraites qui rebutent l'enfance parce qu'elle ne peut pas encore s'élever aussi haut. Il y en a, d'ailleurs, qui ne présentent aucune utilité (1). »

Est-ce clair? Une grande parcimonie ou, comme dirait Fénelon, une extrême *sobriété* en ce qui concerne les définitions et les divisions abstraites qui *rebutent l'enfance*. — Au lieu d'accabler, comme on le fait encore trop souvent, la mémoire des enfants les plus jeunes sous le poids de recueils sur le nom, l'adjectif, le verbe, etc., — recueils où les mots sont ordinairement entassés au hasard, sans former une phrase qui parle à l'esprit et au cœur, — pourquoi ne pas commencer à leur « apprendre à penser, pour leur apprendre à comprendre et à parler la langue de l'homme? » Nous n'aurons plus alors, disait le P. Girard, « des machines à paroles, des machines à écriture et des machines à réciter, que l'instituteur monte comme Vaucanson faisait ses auto-

(1) Le père Girard, *Cours éducatif de langue maternelle*, 1re partie, p. 14.

mates, » mais des intelligences s'ouvrant pour accueillir, comprendre et traduire au dehors la pensée qui vient à elles.

Et le moyen? Le P. Girard nous le révèle encore : « C'est d'associer constamment les élèves à la création du langage; par là on développe leurs facultés en les mettant sans cesse à l'œuvre, on donne aux jeunes penseurs l'encourageant plaisir d'avoir aussi trouvé quelque chose (1). »

On voit donc quel doit être à son début, d'après le P. Girard, l'enseignement de la *langue maternelle* : point de recueils, sans lien, sur le nom, l'adjectif, le verbe, etc., mais des leçons orales qui provoquent l'éveil de la pensée, des exercices qui habituent l'enfant à faire sortir des textes qu'il explique et qu'il lit, les règles qu'il appliquera dans ses dictées, demain, dans quelques jours; une direction qui accompagne et précède chacun de ses pas, afin de rendre ses progrès sûrs, rapides et compris constamment.

§ 5. — En Angleterre, mêmes idées et même direction conseillée. La grammaire, dit un de ses pédagogues les plus distingués, Thomas Morrison, « est, dans notre système d'éducation, une des parties les plus importantes. Des maîtres sont payés fort cher pour l'enseigner. Les enfants, cependant, retirent de leurs leçons une instruction si pauvre que l'on se demande si elle sert au développement et à l'éducation de l'esprit. Elle est même pour beaucoup un supplice, et le plus grand que puissent infliger les diverses parties des programmes (2). » Pourquoi?

Ici commence une critique sérieuse. Chacune des paroles de M. Morrison frappe des procédés qui ont cours aussi parmi nous, dans un grand nombre de classes.

« Trop souvent, dit-il, on enseigne la grammaire comme si elle n'était qu'une suite de règles jetées pêle-mêle pour accabler la

(1) *Ibid.*, 1er, 1re partie, p. 13, chez Delagrave.
(2) Thomas *Morrison*, *Manual of school management*, p. 203, 5e édition.

mémoire, sans éclairer l'intelligence. On donne aux enfants un manuel chargé de définitions abstraites. Ils doivent les apprendre par cœur. Qui peut les réciter sans hésiter passe pour un grammairien accompli. Est-il étonnant que des termes qu'ils ne comprennent pas, — et les premiers qu'ils rencontrent au début de cette étude, inspirent à la plupart un profond dégoût pour son objet (1)? »

Quelle marche suivre? Laissons parler M. Morrison.

« Tout d'abord, pendant une période assez longue, qu'il n'y ait pour les enfants que des leçons orales de grammaire, et même, disons-le, d'une manière incidente.... Pour apprendre à parler, ils ne reçoivent pas de leurs parents ou de leur nourrice des leçons suivies, mais ils imitent en grande partie les sons et ils répètent les mots qu'ils entendent. Ainsi devrait-il en être pour la grammaire. On présente aux enfants un traité scientifique, contenant un développement logique des principes, commençant avec les premières lettres de l'alphabet pour se terminer par les sentences. Ce n'est pas la marche rationnelle. Que le maître, dans de courtes leçons orales, les familiarise avec les premières règles, et qu'il les introduise peu à peu dans l'étude systématique de la grammaire. Qui adopte le premier procédé n'a pas de base sur laquelle il puisse s'appuyer; sa tâche serait aussi difficile que le serait celle d'apprendre à lire à des enfants qui ne sauraient pas parler. Mais commencent-ils à reconnaître la *chose*, *l'objet*, puis le terme *scientifique*, la grammaire devient un instrument de premier ordre pour développer et fortifier les facultés intellectuelles. — Conséquences : ne donnez pas d'abord aux enfants des définitions abstraites, résultat d'une vaste généralisation ; — ne leur demandez pas de trouver des mots rentrant dans les termes de la définition ; présentez-leur plutôt des faits individuels, et habituez-les à généraliser eux-mêmes. On écartera soigneusement les termes techniques, jusqu'à ce que les enfants connaissent la nature et l'usage des objets qu'ils désignent, et qu'ils puissent les employer comme représentant des idées qui ont dans leur esprit une existence déter-

(1) *Ibid.*, p. 201.

minée, non comme des sons mystérieux couvrant les secrets d'une science dans laquelle ils ne peuvent pénétrer. »

« ...Le naturaliste n'établit pas d'abord ses classifications, et, après les avoir élaborées dans son cerveau, il ne se met pas à étudier la nature, à rechercher si les faits qu'elle lui présente s'harmonisent avec son système. Mais il prend la nature telle qu'elle est, et, d'après les caractères essentiels qu'il constate dans les êtres, il les ordonne, il les classe.... Ainsi ont procédé les grammairiens. A la suite de l'analyse sérieuse d'une langue, ils en ont déterminé les lois. Dans l'enseignement de la grammaire, il faut suivre la même méthode. L'enfant sera placé en présence d'une langue; il l'examinera; il se rendra compte des modifications des différents mots; il notera leurs terminaisons et leurs inflexions; il pourra entrer ensuite dans l'étude scientifique de cette langue. Il ne sera pas difficile de faire comprendre aux enfants que tels mots sont employés dans un but, tels autres dans un but différent; — que ceux-ci désignent des objets, ceux-là des qualités. Nous ne leur dirons pas que cette différence existe, ils la constateront eux-mêmes et ils trouveront un mot pour la rendre.... Leur curiosité a été excitée; leur intelligence travaille; la grammaire devient pour eux un exercice aussi agréable que profitable (1). »

§ 6. — Notre revue ne serait pas complète, si nous n'y faisions une place pour l'Amérique. Il y a là, comme partout, des enfants qui ne sont pas en adoration devant la grammaire. « Je l'exècre, écrivait un jour un enfant du comté d'Ogle (Illinois), et je ne l'étudierais pas si je n'y étais forcé (2). » Le fait est que les écoliers américains ont parfois à subir, comme les nôtres, des procédés vicieux : exercices sans fin de *spelling*, quelque chose d'informe comme les *Pautex* qui ont longtemps abreuvé de dégoût nos enfants, locutions *vicieuses* et phrases mal *orthographiées* à corriger (3), autant de variantes de nos *cacologies* et *cacographies* d'autrefois. Que les écoliers américains se vengent de ces exercice en « exécrant » la grammaire, on le con-

(1) *Ibid.*, p. 201-203.
(2) Buisson, *Devoirs d'écoliers américains*, p. 131.
(3) *Ibid.*, p. 19.

çoit. Mais nous n'avons là qu'un des côtés, et le mauvais, de la direction qu'ils reçoivent. Il en est un autre qu'il faut imiter.

« L'idée dominante dans la plupart des méthodes américaines, dit M. Buisson, est de compter sur la pratique, sur l'habitude, sur le pli que fait prendre naturellement à l'esprit la répétition fréquente d'un même acte.

« La médaille de mérite décernée à la maison Harper de New-York appelle particulièrement notre attention sur une série de *leçons pour l'enseignement de la langue*, où nous remarquons les publications très originales du professeur Swinton. Ses deux premiers livres de grammaire pour les écoles primaires sont l'essai le plus hardi et le plus méthodique que nous connaissions pour substituer l'étude vivante et concrète de la langue au formalisme grammatical. Dans ces exercices, on ne part pas du mot pris isolément, mais toujours de la pensée exprimée par la phrase. Pas une définition n'est imposée *a priori;* c'est l'élève qui la trouve en examinant l'exemple qu'on lui donne. S'agit-il de lui donner une première idée de ce que c'est qu'une préposition, le maître prend un livre et le place tour à tour *sur*, *sous*, *dans*, *près de*, *hors de* la table : il demande à chaque fois où est le livre, quel rapport il y a entre le livre et la table; et il n'a pas de peine à faire comprendre ensuite que la préposition marque les rapports.

« S'agit-il de décomposer une phrase en ses propositions, une proposition en ses termes éventuels et secondaires, le maître donne aux élèves tous ces éléments épars et leur demande d'en faire un tout; par exemple : « Washington était le chef de l'armée américaine; Washington était né en Virginie; Washington était né en 1732; Washington fit capituler un général anglais; le lieu de la capitulation s'appelait York-Town; le général s'appelait Cornwallis, etc. Faites une phrase de tout ceci, » En construisant sa phrase, l'enfant va comprendre bien mieux que par toutes les formules à quoi sert le pronom personnel, le pronom relatif, le participe, etc. Tout le livre est dans cet esprit et rédigé avec un soin extrême. On a fait une très large part à un genre d'exercices qui rend de grands services : le devoir fait, chaque élève prend la copie de son voisin et la corrige pour l'orthographe, la ponctuation, le style ou le sens, dans une petite lettre qu'il adresse au maître. Les livres de M. Swinton contiennent une quantité de ces petites lettres critiques. Il est à noter que les exercices de composition et de style font suite, avec une étonnante facilité, aux exercices de grammaire proprement dits. Dans les uns comme dans les autres, l'enfant n'est amené à parler que de ce qu'il a vu, connu, expérimenté; c'est la méthode intuitive appliquée avec autant de bonheur que de hardiesse à l'étude de la langue maternelle (1). »

Verrons-nous bientôt cette méthode en vigueur dans toutes nos classes? N'aurons-nous pas des maîtres qui sauront l'appliquer parmi nous avec autant de *bonheur* que de *hardiesse*? Il s'en trouvera, il faut l'espérer, et il en existe déjà. Qu'ils deviennent plus nombreux; c'est notre vœu le plus vif.

Dans ce chapitre, nous avons exposé la pensée des maîtres les plus éminents sur la manière d'enseigner la *langue maternelle*. Puisse-t-elle être méditée comme elle le mérite! Elle imprimera partout une direction plus ferme, et les enfants profiteront mieux des leçons qui leur sont données avec tant de dévouement. Comprenant bien leur langue, ils s'attacheront davantage aux pensées droites et élevées qu'elle leur présente; ils s'en inspireront et, quand viendra le moment de l'action, ils trouveront en elles un mobile puissant qui les portera vers le bien.

(1) Buisson, *Rapport sur l'Instruction primaire à l'Exposition universelle de Vienne*, en 1873. p. 1.

CHAPITRE XV

Orthographe. — Ponctuation

A l'étude de la langue maternelle se rattache celle de l'orthographe et de la ponctuation.

§ 1. — Si l'on veut conduire cet enseignement d'une manière intelligente, il faut d'abord écarter les longues et fastidieuses conjugaisons pour lesquelles la spéculation a tracé des cadres. Ses cahiers de verbes inondent, hélas! la plupart de nos classes. Le plus souvent ils y sèment l'ennui, et les élèves se vengent de leur dégoût par la négligence qu'ils mettent à les tenir proprement. Sans doute, il importe d'habituer l'enfant à faire passer un verbe par tous ses temps, ses modes et ses personnes; mais la conjugaison orale ne devrait-elle pas prévenir les abus de l'exercice écrit, et faut-il avoir toujours la plume à la main pour suivre les verbes *chanter*, *s'ennuyer*, depuis le présent de l'indicatif jusqu'au participe passé? « Y a-t-il, demande avec raison le P. Girard, rien d'aussi dégoûtant que ces arides et interminables paradygmes dont on charge la mémoire des enfants, on dirait presque pour les tourmenter; ce sont là de véritables squelettes qu'il fau[t] mettre à l'écart (1). »

§ 2. — Vous voulez amener les enfants à reconnaître certaines désinences. Soumettez-les à un ensemble de questions bien conduites; l'usage éclairé par la reflexion

(1) Le P. Girard, *De l'enseignement régulier de la langue maternelle dans les écoles et les familles*, p. 63.

leur révèlera ces désinences. — Ainsi : « que faisait ma petite Octavie, cette nuit, pendant que le tonnerre grondait? — Je *dormais*. — Et votre sœur? — Elle *dormait* aussi. — Que ferez-vous, la nuit prochaine? — Nous *dormirons* encore. — Que vous dit votre maman lorsqu'elle vous met au lit? — *Donnez* votre cœur au bon Dieu et *dormez*. — Et, le matin, quand arrivent les huit heures, que vous dit-elle encore? — Il faut que vous *déjeuniez* pour *aller* à l'école et que vous y *soyez* bien sages? — Eh bien! Octavie, l'êtes-vous toujours? — Hélas! je *parle* quelquefois à ma voisine. — Mais, quand vous avez parlé, qu'a fait votre maman? — Elle m'a *grondée*. — Et si vous êtes sage? — Elle *m'embrasse*. Serez-vous sage maintenant? — Je le *voudrais* bien. — Essayez donc... »

Qui ne peut par des questions semblables et des exercices intéressants habituer les enfants à faire entrer, dans de petites conversations, et avec leurs désinences de modes, de personnes, tous les verbes que leur apprend l'usage de chaque jour? On les écrira sur le tableau noir, avec ces mêmes désinences, que l'on aura soin de noter. Cet exercice n'aura-t-il pas plus de charmes que celui du cahier, avec le silence qu'il impose?

§ 3. — Est-ce à dire que l'on doive bannir entièrement la conjugaison écrite? Non vraiment, mais il faut savoir la conduire. Voici comment l'entend le P. Girard.

« C'est toujours par propositions et par phrases que conjuguent nos élèves, et jamais le verbe seul. La conjugaison y trouve son profit, car par là les différentes formes de verbes acquièrent un sens qu'elles-mêmes ne peuvent pas se donner... Ayez la complaisance de faire conjuguer par propositions d'abord, puis par phrases, tels et tels temps du même verbe, vous ferez plaisir à vos élèves, parce qu'ils auront une pensée et une pensée à varier, et qu'ils auront le sentiment de l'utilité de leur travail. Vous augmenterez cette jouissance, si, pour devenir plus pratique encore, vous ne donnez que le verbe, laissant aux élèves le soin de trouver la pensée qui doit l'accompagner. L'homme aime à produire, et aime aussi à varier son ouvrage, et l'enfant n'est-il pas un homme? (1). »

§ 4. — Et le P. Girard joint aux préceptes des exemples. Il nous donne d'abord des *conjugaisons* par *phrases* et *vocabulaire*, puis par *propositions* et *vocabulaire*. Ses enseignements sont développés dans deux volumes de la plus haute importance (2). Tous les maîtres de l'enfance devraient le méditer. Ils trouveraient là un guide sûr qui fait parfaitement comprendre comment l'enseignement régulier de la langue maternelle, et même de ses conjugaisons, contribue au développement des facultés intellectuelles, à la formation du caractère, à la culture du cœur et de la tendance morale et religieuse.

Prenons au hasard quelques exemples. Il s'agit de conjuguer à l'impératif les propositions suivantes, en y ajoutant quelques réflexions :

« Ne pas répondre avec hauteur à ses parents.
« Se montrer sensible aux malheurs d'autrui...

Achevez les phrases suivantes, indiquez-en la nature, notez le bien ou le mal.

« L'avare ne donne rien, tandis que...
« Quelque faibles que soient les enfants, ils...
« A ton réveil remercie ton créateur; dire pourquoi. »

§ 5. — Qu'il y a loin de ces idées élevées à celles que nous présentent certains recueils qui courent dans les classes, avec ce titre : *Exercices orthographiques !* En les composant, on paraît s'être proposé d'apprendre aux enfants :

(1) *Ibid.* p. 63.
(2) *Cours éducatif de la langue maternelle à l'usage des écoles et des familles*, T. II, 1re et 2e parties.

1° l'orthographe des règles; 2° l'orthographe d'usage; 3° l'orthographe en général, c'est-à-dire l'orthographe des règles et celle d'usage. Le but ne peut être blâmé. Mais voyez les moyens d'exécution! On veut enseigner l'orthographe et l'on place sous les regards des élèves des mots mal écrits. Et encore quel ensemble d'expressions! quelle vulgarité d'idées! Ainsi : « Les *cordonnier* font des *soulier*. — Les enfants malpropres ont souvent des *pou*. — Il y a des *nez* depuis qu'il y a des *homme*. — C'est une chose *plaisant* que de voir faire l'exercice à des gens qui n'ont jamais eu que des bonnets *bleu* sur la tête. — Il y a deux océans *glacia*. — Les maires rédigent des procès-*verba*. — Ce monsieur a la tête *gros*, les épaules *étroit*, les bras *long* et *pendant*, les mains *petit* et *délicat*, etc., etc. »

On sert tout cela aux enfants pour apprendre à former le pluriel dans les substantifs ou à faire accorder les adjectifs avec les noms auxquels ils se rapportent, etc., et leurs regards doivent s'arrêter chaque jour, pendant des années, sur des mots ainsi orthographiés, qui souvent n'appartiennent à aucune langue (*glacia.*, *verba...*). — Il y a quelque trente ans, on appelait *cacographies* les livres composés d'après ce système. Ils nous livraient des locutions dignes du plus détestable patois. Les hommes intelligents de l'époque les chassèrent des classes, persuadés qu'il y a des spectacles qu'il ne faut jamais montrer aux enfants : des mots mal écrits, sous prétexte de leur enseigner l'orthographe, de mauvaises actions si l'on veut former leur cœur à la vertu. On dit cependant que ces *cacographies* tendent à pénétrer dans nos classes, sous une autre forme. On les prétend même fort en vogue dans quelques-unes. Chassons-les impitoyablement.

§ 6. — Ne nous renfermons pas davantage dans le texte pur et simple d'une grammaire. Je me rappelle ce que disait un jour à ce sujet un inspecteur général de l'instruction primaire.

« Dans une ville dont je dois oublier le nom, je visitais une école importante. Je prie l'instituteur de faire la classe comme si je n'étais pas là ; il s'adresse à son élève le *plus fort* et lui fait réciter sa grammaire. L'enfant répète imperturbablement : pas une seule faute en deux pages apprises par cœur !

« Le maître me regardait d'un air de satisfaction contenue. Je m'adresse alors à l'élève, et je lui demande l'explication des termes de grammaire qu'il venait de réciter : pas de réponse. Je l'interroge sur le sens des mots les plus simples : silence complet. Je le prie de passer au tableau, et je lui dicte cette phrase que j'ai retenue, parce qu'elle a provoqué des réponses si.... comment dirai-je? si réjouissantes, qu'en vérité, je ne l'oublierai de ma vie. Voici cette phrase : *Le général Bonaparte a passé les Alpes qu'Annibal avait autrefois traversées.* » L'enfant, après bien des hésitations, écrivit comme il suit : « *Le général Bonne a parte a passé les Alpes qu'âne ni bal* ou *balle*... je ne me souviens pas bien, etc. » (Explosion de rires.) Vous riez, je le comprends ; ce qu'une telle manière d'écrire de tels noms suppose de naïveté ignorante... franchement!... J'appelai un autre élève et lui fis écrire la phrase à son tour. Il remplaça les mots *qu'âne ni bal*... par celui-ci : *Cannibale.* (Nouveaux éclats de rire.)... De tels calembours excitent naturellement votre gaicté; mais, dans une école, devant de pauvres enfants qui n'y voyaient pas malice, le rire n'eût pas été de saison. Je fis ce que doit faire un instituteur; j'expliquai le sens de chaque mot ; je dis ce qu'avait été Bonaparte ; je racontai rapidement l'épisode du siège de Toulon, et comment, à vingt-six ans, Bonaparte était général en chef ; puis, l'attention du jeune auditoire étant vivement éveillée, je dis quelques mots d'Annibal et de son armée aux prises avec les neiges des Alpes. Les yeux des élèves pétillaient de plaisir. Tout cela avait duré dix minutes; je passai alors à la leçon de grammaire, et je fis expliquer les règles à mesure que les difficultés se présentaient : point de définitions récitées de mémoire; mais l'enfant était amené à trouver de lui-même la formule qui résumait l'explication donnée.

« Quand j'eus fini, l'instituteur voulut bien me dire que la leçon l'avait intéressé ; à quoi je répondis qu'il était bien bon, mais qu'il pouvait en faire autant, sinon mieux que moi, — il savait ce dont j'avais parlé, — et qu'il ne lui manquait que la manière de se servir de ses connaissances et de les transmettre, c'est-à-dire la *méthode* (1). »

§ 7. — La *méthode!* Mais oui; la bonne méthode manque trop souvent. Que nous apprend-elle? Qu'il faut prendre pour base de l'étude de l'orthographe et du français, l'*enseignement de la lecture.*

Nul n'ignore que presque toujours on écrit et on orthographie comme on parle et comme on prononce. D'où le devoir d'habituer les enfants à bien accentuer leur lecture, à prononcer distinctement, à ne pas omettre les liaisons, à comprendre *tout* ce qu'ils lisent, de manière qu'ils puissent en rendre compte oralement d'abord, puis bientôt par écrit.

Et toujours des explications. On est, je suppose, avec les enfants de la division inférieure. On leur a donné un livre à leur portée et qui les intéresse. Que doit-on faire?

On leur apprend à remarquer la décomposition des mots en syllabes, la formation de ces dernières à l'aide des voyelles et des consonnes; les noms de différents genres et de différents nombres; les adjectifs ou modificatifs qui s'y rapportent, avec leurs terminaisons. La leçon doit durer trois quarts d'heure. La moitié du temps pour le moins est réservée pour ces explications. Le progrès sera plus marqué que si l'on avait fait lire à chaque élève quinze ou vingt lignes qu'il n'aurait pas comprises.

§8.—Vous avez une division plus avancée, et son livre de lecture est encore en rapport avec son degré de développement intellectuel. Prenez deux ou trois des phrases qui viennent d'être lues, pourvu qu'elles ne soient pas trop longues. Rendez compte de l'orthographe de chaque mot, et n'attendez pas que l'enfant ait vu les pages de la grammaire où sont exposées les règles qui déterminent cette ortho-

(1) Rendu, *Conférences pédagogiques faites à la Sorbonne en* 1868, 2e partie p. 43,44.

graphe. Il les y trouvera plus tard, quelquefois après une année d'études. Mais, grâce à votre habile direction, il les possédera déjà, et il aura l'heureuse chance d'écrire correctement sa langue, sans recourir à telle page et à tel numéro d'une grammaire. Voilà ce qu'il faut demander à la *lecture* et voilà le procédé véritablement fécond que l'on doit employer. Usez-en constamment : l'orthographe entrera dans l'intelligence des élèves, avec les mots qui passeront sous leurs regards.

§ 9. —Pour l'enseigner, nous avons encore les *dictées*. Ce qu'elles doivent être, et ce qu'il faut en faire, une *circulaire* ministérielle du 20 août 1857 nous l'a appris : « *graduées avec discernement, analysées au point de vue des idées, du sens des mots, de l'orthographe.* »

Graduées avec discernement. Je les voudrais toujours à la portée des enfants, en rapport avec les explications orthographiques données dans la leçon de lecture. La règle à appliquer se devinerait en quelque sorte et la dictée la fixerait dans l'esprit. On a, je suppose, parlé de l'accord de l'adjectif avec le nom. Qui n'admettra, comme application, et à un autre titre que chacun saisira, la dictée que voici ?

« Vous l'aimez bien, n'est-ce pas, votre gentil petit frère ?
« Qu'il est mignon, avec son doux sourire, son regard éveillé, ses gestes gracieux, sa mine fraîche et rose ! N'êtes-vous pas ravis quand il vous tend ses petites mains pour que vous le preniez sur vos genoux ? Comme il se fait bien comprendre, même avant de savoir parler ! Comme il a l'air gai, vif, heureux (1). »

Cette dictée nous transporte au sein de la famille; elle nous y rattache par les joies les plus pures. Pendant une leçon de grammaire, chaque mot nous les fait goûter. Comment ne pas comprendre ce qu'il y a de saisissant dans ce double enseignement?

(1) *Lectures courantes des écoliers français*, p. 2. — Chez Delagrave.

§ 10. — Vous voulez placer vos enfants sous le regard de Dieu, tout en leur parlant de l'accord du verbe avec le sujet. Voyez si vous n'aimerez pas cette dictée extraite de *l'abécédaire pour les écoles catholiques de la Bavière.*

« Mon enfant! Tout ce que tu vois vient de Dieu. Dieu fait que le soleil paraît si clair et si chaud; Dieu fait que la lune brille au ciel. — Enfant, il n'y a rien que Dieu ne connaisse. Il voit, lui qui a créé ton œil; lui qui t'a donné l'ouïe, il entend aussi. Tout ce que tu fais, Dieu le voit. Tout ce que tu dis, Dieu l'entend : Dieu sait même ce que tu penses... La seule chose qui lui fasse plaisir, c'est quand il voit que tu es bien sage et bien bon... Dis-toi souvent : ô Dieu, tu me donnes tant de plaisir que je veux être sage. »

Ces exercices ne valent-ils pas ceux qui condamneront les enfants à écrire tous les jours : « *Le loir dormeur, la marmotte dormeuse; — je m'ennuie, tu t'ennuies; les chiens hurlent, etc.* »

§ 11. — Ces enfants grandissent; leur attention devra être appelée sur des compositions offrant, si l'on veut, dans leur ensemble, plus de difficultés. Sera-ce un motif pour choisir des sujets comme ceux-ci : *Un camp arabe; — une nuit dans les rues de Tunis; le nom de toutes les grandes villes du monde, avec le chiffre de leur population, etc.* J'ai trouvé ces dictées dans des écoles mixtes. Y étaient-elles à leur place? Rentrent-elles même dans le cadre qui nous est tracé par la *circulaire* du 20 août 1857? « *Les dictées auront pour objet un trait d'histoire, une invention utile, une lettre de famille, un mémoire, le compte rendu d'une affaire.* »

Dans cet ordre d'idées, quelle ample moisson à recueillir, et plus utile que ces vétilles orthographiques : « Un couvre-pied, des couvre-pieds; — un serre-tête, des serre-têtes! » Au lieu de ces exercices mal conçus, souvent déplorables, allons aux sources les meilleures pour initier les enfants aux lois et au génie de la langue, former leur jugement, élever leur intelligence et leur cœur, et les préparer à l'art de mettre dans l'expression de leurs idées la correction et la justesse.

§ 12. — Et, en développant le patriotisme, l'amour de la famille, en faisant goûter aux enfants des extraits des productions les plus belles de notre littérature, peut-on négliger les dictées qui ont pour but d'exciter en eux et de diriger le sentiment religieux? Le P. Girard disait : « Faites servir l'enseignement de la langue à la culture des jeunes esprits, et celle-ci à l'ennoblissement du cœur, » tel est l'appel que j'adresse à tous les instituteurs de l'enfance (1). Afin de rendre leur tâche plus facile, il a su associer constamment, dans son *Cours éducatif de la langue maternelle*, à l'idée patriotique l'idée religieuse. Qu'il soit encore, sous ce rapport, pris pour guide, et les maîtres verront l'esprit et le cœur des enfants monter vers le bien.

§ 13. — Choisies dans les conditions dont nous venons de parler, et toujours graduées, les dictées « devront être analysées au point de vue des idées, du sens des mots, et de l'orthographe (2) ». C'est proscrire les dictées trop longues. Il s'en trouve encore que le temps réservé pour cette partie de l'enseignement ne permet pas d'étudier dans toute leur étendue. Mauvaise direction! l'enfant s'ennuie à écrire une suite de lignes qu'il sait ne pouvoir être corrigées. Son attention languit, surtout vers la fin de la dictée. Et combien, sous sa plume, s'accumulent souvent de fautes qui ne lui seront jamais signalées?

§ 14. — On demande encore qu'au lieu de donner cinq dictées par semaine, on n'en fasse plus que trois, et que l'on remplace les deux autres par des devoirs de style : récits, petites lettres, résumés d'une lecture d'histoire sainte et d'histoire de France. Il va sans dire que ces devoirs seront,

(1) *De l'Enseignement régulier de la langue maternelle dans les écoles et les familles.*, p. 21.
(2) *Circulaire* du 20 août 1857. Cfr. la *Circulaire* du 7 octobre 1860.

comme les dictées, corrigés soigneusement au point de vue de l'orthographe et des pensées. Ils auront même l'avantage de montrer comment l'enfant sait user de sa langue pour exprimer ce qu'il voit et ce qui le frappe, pour traduire au dehors ce qu'il y a au fond de son esprit et de son cœur. Nous reviendrons, du reste, sur cette question.

II

PONCTUATION

§ 1. — Elle devrait être inséparable de l'orthographe. Celle-ci se présente ordinairement dans de bonnes conditions, mais, pour la ponctuation, quelle faiblesse, en général ! Vous pourrez souvent, dans les devoirs écrits, lire une demi-page, presque une page, sans rencontrer une virgule, un point ; rien. Et si quelques signes ont échappé à la plume, ne vous laissez pas prendre à la place qu'ils occupent dans la ligne ; l'idée, quand elle existe, serait toute brisée : ici, le sujet le plus simple séparé de son verbe ; là, un point jeté au milieu d'une proposition, etc. La raison en est toute simple ; les règles de ponctuation ne se devinent pas. Nos grammairiens les rejettent à la fin de leur livre, et, comme l'on n'arrive pas de prime-abord à ces dernières pages, comme quelquefois on ne les lit jamais, on contracte l'habitude de couvrir les cahiers d'une suite de mots enchaînés ou séparés selon les caprices du hasard, à moins qu'un maître trop facile ne mette, non pas le point sur les *i*, mais chaque signe de ponctuation à sa place.

Rien de déplorable comme ce procédé. L'enfant compte

sur lui; rarement il se recueillera pour trouver ce qui doit être.

§ 2. — Que faire? Ne pas, sans doute, déchirer les dernières pages de nos grammaires, mais aller au devant des règles. Vous avez votre livre de lecture. Rien n'y manque, ni virgules, ni points, ni deux points, etc. Faites comme pour l'orthographe : montrez le pourquoi de tel signe et qu'aucun ne passe sans justifier la place qu'il occupe. Le maître, bien entendu, devra se faire son interprète. Peut-être croira-t-il devoir modifier cette ponctuation pour en substituer une autre, car je ne prétends pas que tout soit pour le mieux dans les livres. Alors une étude attentive de la phrase dans ses rapports avec la pensée le guidera; l'élève essayera lui-même de s'en rendre compte, non pas du premier coup, mais peu à peu. Bientôt ce travail fortifiant de la réflexion mettra de la perspicacité dans son esprit, de la sûreté au bout de sa plume, dans ses devoirs, une ponctuation intelligente. S'il arrive jamais aux dernières pages de sa grammaire, il les saluera comme de vieilles connaissances, d'autant plus sympathiques qu'elles auront moins pesé sur sa mémoire. Dans des examens, il aura l'avantage de ne pas voir les marges de sa copie maculées de ces quarts de faute qui donnent promptement un entier. Ses devoirs de style se feront lire avec plus de suite et d'intérêt. On y verra un élève qui domine sa pensée, qui sait la conduire et enfermer chaque membre de phrase dans le cadre qui lui est propre.

CHAPITRE XVI

Exercices d'invention et de composition

M. Gréard, un de nos maîtres les plus entendus, estime que le mot *style* ne convient guère pour désigner le genre d'exercices par lequel l'enfant est appelé à mettre ses idées en ordre et à leur donner une forme. Mieux vaudrait, dit-il, l'expression : *Exercices d'invention et de composition* (1). Acceptons-la et voyons : 1° ce que sont généralement, dans les classes, ces exercices ; 2° comment on peut les fortifier.

I

CE QUE SONT EN GÉNÉRAL LES EXERCICES D'INVENTION ET DE COMPOSITION.

§ 1.—J'ai connu bien des candidats aux écoles normales. Ils arrivaient tout tremblants, craignant d'échouer. Et, près de cet échec, ils voyaient leur avenir compromis, les sueurs de leurs pères quelquefois rendues inutiles. Quand on se sent du cœur, il y a des larmes au fond de ces appréhensions. J'avouerai, s'il le faut, ma faiblesse, mais leurs larmes me venaient aux yeux. Rien de facile à comprendre comme les causes d'un insuccès souvent inévitable dans les conditions où beaucoup se présentaient.

(1) Gréard, *De l'Instruction primaire à Paris et dans les communes du département de la Seine*, en 1875, p. 101.

A la composition d'orthographe succédait l'exercice dit de *style :* une rude épreuve pour un grand nombre. Sans doute, on ne demandait rien de ce qui sent le chef-d'œuvre ; encore fallait-il quelques idées, un peu de style. Les exigences n'allaient pas loin, tant s'en faut ; et il était souvent nécessaire qu'elles se fissent bien petites pour être satisfaites ; on leurs offrait quelquefois si peu !

Il y avait eu pourtant des efforts de la part des aspirants et des aspirantes. N'importe ! il venait à peine quelques pensées ; l'expression se traînait péniblement ; des phrases sans suite, souvent incomplètes.

§ 2. — Si nous descendons vers les enfants qui, quand ils ont leur douze ou treize ans, concourent pour obtenir les *certificats d'études primaires*, nous trouvons une faiblesse plus grande encore. La composition d'orthographe est bonne ; il y a pour l'arithmétique des résultats satisfaisants. L'exercice d'*invention* et de *composition* reste faible, quelquefois même très faible. Que trouve-t-on ? Des enfants que l'on ne peut réussir à faire sortir du mot à mot d'un livre jeté dans leur mémoire. Tous leurs efforts tendent à ressaisir la rédaction de l'abrégé, heureux, s'ils peuvent réciter sur le papier des expressions et des faits appris par cœur. Où la mémoire fait défaut, on a des phrases tenant tant bien que mal sur leurs pieds, des mots courant après une idée vaguement entrevue. Il y a pourtant des exceptions : des rédactions passables, des phrases assez bien construites, des compositions qui commencent à être nourries.

Cependant l'ensemble est notablement faible. Il y a de cela plusieurs raisons.

§ 3. — D'abord la direction première. On met une plume entre les doigts de nos enfants, mais on ne leur dit pas comme on la rend riche de pensées et de mots, ou on le leur apprend mal. On ne les habitue pas, comme nous le verrons faire dans les *écoles américaines*, à observer et à réfléchir ; on leur montre des *mots*, que souvent ils ne comprennent pas, rarement des *idées*, et leur intelligence restant toujours pauvre, que peuvent-ils en tirer pour mettre sur le papier? Quant aux expressions, ils ont peine à se défaire du langage grossier et vicieux du milieu dans lequel ils ont vécu d'abord et qu'ils retrouvent au sortir de l'école.

§ 4. — Est-ce à dire que les exercices dits de *style* manquent complètement? Non. Il y a peu d'écoles où l'on ne tienne à présenter des cahiers tout remplis de compositions de ce genre. Élèves, maîtres, parents, en font une question d'amour-propre. Laissons-leur cette satisfaction. Elle a mis de l'émulation dans la classe; on a veillé sur soi pour avoir des pages bien propres, une belle écriture, on s'est frappé le front pour essayer d'en tirer quelques idées. Et je ne sache rien d'intéressant, rien de beau, comme ces petites têtes qui entrent ainsi dans le travail de la pensée. Qu'il est regrettable qu'une bonne direction n'ait pas secondé ce travail !

§ 5. — Souvent même on en décuple les difficultés par le choix des matières à traiter; peu de sujets à la portée de l'enfance. Il faudrait les prendre dans le milieu où son existence s'écoule; ils seraient simples comme elle : des épisodes de sa vie, une scène de famille, un tableau des travaux des champs, etc. Les enfants s'habitueraient à dire à leur manière ce qu'ils voient, ce qu'ils sentent; on aurait une révélation précieuse de leur caractère, de leurs aspirations, du courant de leurs idées et de leurs sentiments (1).

Or, le plus souvent, rien de tout cela. Il faut des titres qui sonnent haut : *Description d'un naufrage; — Tableau de l'éruption de l'Etna ou du Vésuve; — Lettres de condoléance*, etc. Où voulez-vous que des enfants trouvent des pensées pour remplir ce cadre? Vous en faites des martyrs, et vos tortures les brisent sans qu'ils puissent rien produire.

(1) Cfr. Gréard, *L'Enseignement primaire à Paris et dans le département de la Seine de 1867 à 1877*, p. 266 et suivantes.

La faute, je le sais, en est aux recueils qui sont répandus dans nos écoles. On y a réuni des sujets de toute nature et de tout genre. Triste amalgame, comme savent en faire les novices dans l'art d'écrire! Suivons donc avec nos enfants des procédés plus intelligents.

II

COMMENT IL FAUT DIRIGER CES EXERCICES

§ 1. — Au début des *exercices d'invention et de composition*, regardons dans leur esprit; faisons comme un inventaire de leurs idées. S'il n'est pas encore riche, patience! il le deviendra. En attendant, sachons leur faire produire les pensées qui nous paraissent les frapper davantage. Nous les prendrons ainsi chez eux, et, comme nous les y laisserons, ils ne seront pas exposés à s'égarer en des milieux inconnus. Souvent il faudra leur suggérer l'expression que leur esprit appelle. On y mettra de d'adresse; ils croiront tout tirer d'eux-mêmes; ce sera pour eux un succès qui leur donnera du courage.

« Les idées, dit M. Gréard, ne venant pas d'elles-mêmes à l'esprit de l'enfant, il faut lui apprendre à trouver. Encore moins prennent-elles toutes seules l'ordre et la forme qu'elles doivent revêtir, il faut lui apprendre à composer. Or, c'est de très bonne heure qu'on peut commencer avec profit ces exercices d'*invention* et de *composition*. L'enfant, si jeune qu'il soit, est capable de créer lui-même les exemples sur lesquels on lui fait reconnaître la nature et l'usage des mots de la langue; il a dans l'esprit des *propositions simples* toutes faites; il les possède fort inconsciemment, sans doute, mais il les possède; ses jeux, les objets qui l'entourent lui en fournissent incessamment la matière; il ne demande qu'à les exprimer. La seule chose nécessaire alors, c'est, en stimulant cette faculté naturelle d'invention, de tenir la main à ce qu'il exprime correctement ce qui est en lui (1). »

§ 2. — Fécondons ce premier fonds, en y jetant des idées nouvelles, comme de la semence dans le sein de la terre. — Vous avez vos lectures. Quand elles sont bien choisies, c'est une mine abondante, creusez-la dans tous les sens; placez-vous à l'origine de la pensée, suivez-la dans ses développements. — Prenez ensuite l'expression, montrez la nature de chaque mot, son rôle, sa signification, ses rapports avec la pensée ; au besoin, remontez, sans abus toutefois, à l'étymologie (2) ; faites passer sous les regards de vos enfants tous les mots de la même famille. Quand tout sera compris, vous aurez la matière de plusieurs exercices.

Ici, des questions grammaticales, non pas de lourdes et fastidieuses analyses. On y répondra en reproduisant les explications que vous avez données. Il faudra, pour le faire, trouver des expressions. Tout d'abord elles ne seront pas heureuses; mais laissez faire le temps. Vous profiterez de ces premiers jets bien imparfaits pour présenter vos explications sous une autre forme. Vos enfants vous écouteront avec attention; ils apprendront à mieux penser et à mieux dire. Vous ne tarderez pas à être satisfaits de ces premiers exercices grammaticaux.

§ 3. — Nous retrouvons encore ici M. Gréard, avec sa grande autorité.

« Si, dit-il, l'exercice élémentaire d'invention est habilement combiné avec celui de la lecture, si l'attention des élèves est appelée avec soin, au fur et à mesure, sur les pensées qui leur sont moins familières et sur les mots qui servent à les rendre, peu à peu les

(1) Gréard, *De l'Instruction primaire à Paris et dans toutes les communes du département de la Seine*, en 1875, p. 105.

(2) V. Lénient, *Dans le Dictionnaire de Pédagogie*, art. *Etymologie*, 39e liv. p. 731-738.

ressources de leur vocabulaire s'augmenteront avec celles de leur esprit, et de l'invention de la proposition simple ils passeront aisément, d'abord, à l'invention d'une proposition complexe, puis à la liaison de deux propositions. L'enfant aura fait effort, il aura réfléchi pour trouver et rendre un sentiment, une idée (1). »

§ 4. — D'autres exercices, plus complets et plus forts, viendront à propos de la lecture. Il s'agira de la reproduire dans son ensemble, de faire ressortir surtout les idées qui auront causé le plus d'impression. On ne tiendra pas au jeu de la mémoire, on l'évitera même autant que possible. Mieux vaudra laisser la réflexion faire les frais du travail. Il sera faible dans les commencements, mais toujours fortifiant. Et puis, l'enfant choisissant parmi les idées développées celles qui l'ont frappé, il sera plus facile de connaître la tendance de son esprit et de le diriger.

§ 5. — M. Gréard recommande d'autres exercices.

« L'idée première d'un développement de quelques phrases, — quatre ou cinq au plus, pour commencer, — sera fournie par le maître ; le cadre même du développement sera préparé ; il s'agira pour l'enfant de le remplir, en indiquant les causes, les effets, les circonstances accessoires de temps, de lieu, etc. Cette sorte de thème pourra même servir de texte à l'exercice d'orthographe de quelque façon que le devoir soit donné, la correction se faisant en classe au tableau noir, et chaque élève fournissant le complément d'idée plus au moins juste, plus ou moins heureux qu'il a trouvé, ce sera pour le maître l'occasion de faire comparer les contributions des uns et des autres et d'exercer le jugement de tous (2). L'enfant apprendra ainsi à reconnaître les sources des idées, à en faire le choix, à les enchaîner dans leur ordre logique : et, arrivé à ce degré de combinaison, il aura vraiment conscience du travail opéré par son esprit ; car c'est le raisonnement qui lui suggérera

(1) Gréard, *Ubi sup.* p, 106.

(2) Nous verrons que ce procédé est fort en vogue dans *les Ecoles américaines*. V. ci-dessous, p. 138-142.

les compléments d'idée et qui lui en fera apprécier la convenance (1). »

§ 6. — Avant d'appeler les enfants à « aborder des sujets de composition proprement dite, ceux où ils auront tout à tirer de leur propre fonds, » il serait bon de conseiller des exercices sur les fables de la Fontaine. Elles intéressent, elles saisissent le jeune âge. Il se trouve porté par elles dans un milieu qu'il aime, en présence de tous ces êtres de la création avec lesquels il vit. Il les voit agir; il entend et il comprend leur langage; il reçoit d'eux des leçons qui lui montrent, sans le blesser, ses défauts, l'engagent à s'en corriger, font entrer dans son esprit un conseil utile; dans son cœur, un bon sentiment. Là, tout est mouvement, tout vit comme le brin d'herbe sur lequel passe un rayon de soleil, tout chante comme l'oiseau sous la feuillée. L'enfant sent son existence s'épanouir dans ces mille détails où les êtres les plus divers ont chacun son rôle; il est à son aise; la vie de l'intelligence lui vient avec les vents du ciel. Aussi ne quitte-t-il ses fables qu'à regret, et toujours après les avoir confiées à sa mémoire. Donnez-lui donc à reproduire à sa manière ce qu'il aime et ce qu'il comprend. Demandez-lui quelques récits écrits; faites jouer et parler sous sa plume les êtres qui lui ont causé tant d'émotion. C'est un exercice important.

On a contre lui des préventions, il est vrai. Ainsi, j'entends dire que l'enfant se défera difficilement de la forme poétique. — Eh bien ! oui, dans le début, vous retrouverez jusqu'aux rimes du fabuliste. Que faire ? Commencer par les repousser en souriant, puis forcer quelque peu le ton et signaler ces petits larcins littéraires, afin qu'ils ne reparaissent pas. L'enfant finira par essayer d'être lui-même,

(1) Gréard, *Ibid.*, p. 106.

et, après avoir posé d'une manière fort commune, chétive même, il sera tout émerveillé d'arriver à une attitude des plus convenables.

§ 7. — Je ne puis, dans cette énumération, oublier les leçons d'histoire sainte et profane. Je les demande orales, bien entendu ; des récits préparés avec soin. Les élèves n'auront pas alors trop d'oreilles pour recueillir la parole du maître. Il ira doit aux grands faits. Les enfants les verront naître et se développer ; ils s'arrêteront en présence des personnages qui ont eu de l'influence, qui restent avec un nom glorieux et une auréole au front. On pourra les prendre souvent dans les conditions les plus humbles ; ce sera une occasion de montrer comment on triomphe des obstacles, comment on s'élève et on passe en faisant le bien.

Ainsi la classe sera pleine de vie. Sous les regards et tout près du cœur des enfants, on placera des hommes qui ont été la Providence de la famille, une des gloires de la patrie. Les petits auditeurs s'essayeront à faire revivre, dans un devoir écrit, ces figures resplendissantes ; ils aimeront l'histoire de leur pays, et en les habituant à d'excellents exercices de style, on mettra dans leur cœur l'amour des grandes vertus.

Voilà comment on se livre avec succès à de véritables exercices de composition. Quiconque aura, tout jeune, suivi cette méthode, saura trouver et conduire des idées.

§ 8. — Un dernier conseil, et nous l'empruntons encore à M. Gréard.

« Habituez les enfants à se rendre compte des conditions d'un développement, à analyser, à mettre en ordre les éléments de leurs pensées, à chercher le mot propre, la forme correcte pour les rendre, ils sauront bientôt porter dans leur composition la méthode, l'abondance et la clarté.

« Tel est, du moins, le but que nous devons graduellement nous efforcer d'atteindre. Il s'agit d'apprendre à nos élèves à appliquer leurs facultés naturelles, à observer, à réfléchir et à exprimer, sous une forme juste, des pensées justes. C'est au développement du jugement et du sens moral que nous visons, rien de plus ; mais apprendre à un enfant à lire dans sa raison et dans son cœur, c'est lui éviter peut-être bien des erreurs de conduite; c'est tout au moins rendre plus difficile dans son esprit l'invasion des idées fausses et des mauvaises passions. Ainsi entendus, non plus comme des exercices superficiellement plaqués, pour ainsi dire, sur les études de la dernière heure, mais comme des exercices fondamentaux et dirigés, depuis la première classe, en vue de fortifier les plus solides qualités de l'esprit, les exercices d'*invention* et de *composition* contribueront à donner à l'enfant une conscience plus ferme et plus claire de lui-même, de ce qu'il pense, de ce qu'il sent, de ce qu'il a appris, de ce qu'il ignore, de ses penchants et de ses devoirs; c'est dans ces conditions qu'ils peuvent être et qu'ils seront des instruments d'éducation les plus sûrs et les plus puissants... »

« . . . Ce qui reste des études ainsi bien conduites, ce que nous voulons espérer du moins qu'il restera, pour les élèves de nos écoles, d'une éducation où la culture intellectuelle qui forme l'esprit sera unie, de concert avec l'instruction religieuse, à la culture morale qui forme les caractères, c'est un jugement éclairé et sain, un cœur ouvert aux sentiments élevés, l'amour du travail et des vertus domestiques, force et sauvegarde des familles et des nations (1). »

§ 9. — Et tel est le but vers lequel doivent tendre nos *Exercices d'invention et de composition*. On n'habituera donc pas seulement les enfants à rapprocher quelques mots, à chercher des idées pour les faire entrer dans des phrases sans aucun lien. On leur apprendra à observer et à réfléchir, à lire dans leur raison et dans leur cœur et à se bien conduire, à fortifier leur raisonnement et les plus solides qualités de leur esprit, à joindre à la justesse des pensées celle de l'expression. Le spectacle de la nature, l'étude d'eux-mêmes et de nos bons auteurs, celle de l'histoire

(1) Gréard, *Ibid.*, p. 107.

et surtout des personnages qui, dans les conditions les plus humbles, comme les plus élevées, ont exercé autour d'eux une heureuse influence seront appelés à leur fournir les éléments de leurs *Exercices d'invention et de composition*. Ainsi se formeront en eux « un jugement éclairé et sain, un cœur ouvert aux bons sentiments, à l'amour du travail, des vertus domestiques et religieuses. » Tout jeunes, ils acquerront ainsi de la facilité pour exprimer ce qu'ils sentent et ce qu'ils pensent, et, quand ils auront à écrire, il y aura au bout de leur plume des idées qu'ils rendront souvent avec netteté, avec bonheur quelquefois.

Voyons comment les procédés ci-dessus sont suivis en Amérique. Nous trouverons encore là une leçon de pédagogie fort importante.

CHAPITRE XVI (SUITE)

I

LES EXERCICES D'INVENTION ET DE COMPOSITION DANS LES ÉCOLES AMÉRICAINES

§ I. — Nous nous rappelons une jeune Américaine dont les compositions furent admises, en 1876, à l'exposition de Philadelphie. Elle avait treize ans, et déjà une plume facile. Elle en usait alors pour nous montrer, dans la direction des *écoles américaines*, un côté faible et un autre fort imitable.

« Je crois, disait-elle, que ce qui rend les compositions si ennuyeuses pour nous, c'est qu'on ne nous a pas fait écrire pendant que nous étions plus jeunes; mais maintenant on y est formé dans les clases inférieures, et lorsque ces écoliers seront dans les classes du degré supérieur, les compositions ne leur paraîtront pas aussi difficiles qu'à nous (1). »

§ 2. — Qu'y a-t-il là? D'abord la condamnation d'un procédé défectueux et une critique qui nous touche. Combien d'élèves, dans nos classes, ont peine à produire deux ou trois idées; à les enchaîner, si elles se présentent; à trouver des expressions pour les rendre et à leur donner une forme correcte? Ne serait-on pas tenté de dire, quoiqu'ils aient des huit et dix ans, que jamais ils n'ont appris à penser? Cette faiblesse est encore frappante, nous l'avons vu (2), dans les devoirs présentés, vers les douze ans, pour l'obtention du certificat d'études primaires, et souvent même, après seize ans, dans les compositions des aspirants et des aspirantes aux écoles normales.

Comment expliquer ce fait? Il fallait commencer de très bonne heure les exercices *d'invention* et de *composition*; on ne l'a pas fait. N'entendez-vous pas nos élèves exprimer en conséquence les mêmes plaintes que notre écolière américaine? Elle nous a dit ce que l'on tente dans son pays, et dès les classes inférieures, afin de préparer un progrès réel. Pourquoi ne pas introduire la même réforme dans nos procédés?

§ 3. — Elle est facile. Quand les petits enfants nous arrivent, cessons de les tenir courbés, comme on le pratique encore dans un trop grand nombre d'écoles, sur les noirs caractères d'un syllabaire. Que fait-on en Amérique? Sans doute, les jeunes recrues ont à se familiariser avec ces caractères, et, ce qui vaut mieux encore, à reconnaître, sur des tableaux de lecture, les lettres de l'alphabet. Mais on a soin d'ouvrir leurs regards au spectacle de la nature, de leur de-

(1) Buisson, *Devoirs d'écoliers américains*, p. 135.
(2) Voir ci-dessus, p. 128-129.

mander ce qu'ils voient, les objets qu'ils ont remarqués en se rendant à l'école, les poupées qu'ils préfèrent, les animaux qu'ils connaissent, la couleur, la forme, les diverses parties des fleurs qu'ils aiment à contempler, etc. De tous les mots qu'ils prononcent, ils ne connaissent encore ni les lettres ni l'orthographe; mais ils s'habituent à parler, à dire ce qui les frappe, ce qu'ils entendent, etc. Pour exprimer leurs idées, fort imcomplètes d'abord, mais que les exercices de chaque jour étendent progressivement, ils se font un langage à eux, que souvent le maître redresse sans qu'ils s'en aperçoivent. C'est là le point de départ.

§ 4. — Sous cette direction, et après un certain temps, les enfants ont appris à distinguer leurs lettres, à prononcer à première vue une certaine classe de mots écrits. Viennent alors des exercices que des gravures rendent particulièrement intéressants. Un exemple : le maître ou la maîtresse a représenté sur le tableau noir un petit garçon qui s'en va, chantant des *Noëls*, dans les rues, par un temps neigeux. Il est nu-pieds, et ses habits sont en lambeaux.

On se sert de l'image pour faire trouver aux enfants, en leur posant habilement des questions, les phrases qu'on a l'intention d'écrire sur le tableau. Les voici dans notre langue :

« Tomy est dehors par le froid.
« On lui a dit de sortir.
« Son chapeau est très vieux.
« J'espère qu'il aura vendu une chanson.
« Nous lui donnerons de l'or. »

Est-il rien de simple et d'intéressant comme ces quelques lignes? Point de phrases sans lien, mais un tableau complet, avec plus d'une idée morale que le maître saura faire ressortir. Ainsi, un enfant obéissant, qui s'en va, malgré le froid et la neige, vendre des *Noëls* pour gagner sa vie; la charité qui lui donnera de l'or... Les petits compositeurs de ces phrases peuvent bien ignorer encore comment s'enchaînent les lettres qui entrent dans chaque mot; ils le sauront bientôt, grâce à une direction intelligente. Mais n'admirez-vous pas comme les expressions leur viennent pour explique la gravure qui fixe leur attention? Ils observent, ils comprennent et ils parlent.

Ce sont là des exercices, les premiers et les plus naturels, qui n'ont rien d'aride pour les enfants. Nous commençons, nous, dans la plupart de nos écoles, par tenir leurs regards fixés sur les caractères d'un alphabet qui n'ont rien d'attrayant pour eux. Renonçons donc à ces procédés pour prendre ceux qui plaisent à l'enfance.

§ 5. — Peut-être y aurait-il à placer ici quelques-unes des *leçons de choses* qui, dans les écoles américaines, sont nombreuses, embrassent les phénomènes du monde matériel, la nature, l'usage des objets avec lesquels vit l'enfance et qui donnent lieu à des exercices *d'invention* et de *composition*. Disons, du moins, comment le procédé se pratique à Boston.

Le but est d'exercer les enfants à la fois à la rédaction, à l'orthographe et à l'écriture. On choisit, en conséquence, un sujet simple, qui soit familier à tous, car il s'agit moins de les instruire que de leur apprendre à exprimer ce qu'ils savent déjà.

Le sujet choisi est écrit sur le tableau noir, et le maître est là, évitant de fournir une idée, une expression, mais cherchant à faire traduire par tous les élèves, dans le meilleur langage possible, leurs idées sur la matière qui doit fixer leur attention.

L'exercice commencé, l'élève qui veut parler doit lever la main. Tous sont entendus, s'ils le demandent, et si le temps le permet.

« Lorsqu'ils se sont ainsi fait une idée générale de ce qu'ils désirent écrire, on leur demande laquelle des phrases qu'ils ont entendue leur paraît la plus convenable pour commencer la composition. Le professeur explique pourquoi il repousse une des phrases proposées dans ce but. On écrit ensuite sur le tableau trois ou quatre phrases à mesure qu'elles sont dictées par différents élèves; on n'y met ni lettres majuscules ni ponctuation. On laisse même l'élève écrire avec des fautes d'orthographe. On corrige ensuite ces phrases.

« On décide d'abord où chacune d'elles doit se terminer, on indique la ponctuation nécessaire, puis on commence chaque phrase par une lettre majuscule, et on y place les autres majuscules qui sont nécessaires. Les élèves doivent alors changer tous les mots qui sont répétés; c'est leur apprendre à éviter les répétitions de mots ou d'idées. On leur enseigne aussi à remplacer un mot par un autre plus court ou à exprimer une idée en meilleur langage. L'orthographe est corrigée en dernier lieu. On donne la raison de tous les changements que l'on fait, jusqu'à ce qu'elle soit bien comprise. Le travail, ainsi corrigé, est copié sur le papier ou sur l'ardoise. A la classe suivante, on ajoute de nouvelles phrases. On continue de travailler sur le même sujet jusqu'à ce qu'en le copiant, on obtienne une composition de la longueur désirée (1). »

Voilà ce qui se fait au tableau noir. Qui ne comprend combien ces exercices qui intéressent toute une classe, sont propres à faire travailler, sans fatigue, de petites intelligences vives, et qui se piquent d'amour-propre? Il leur faut des idées; elles en auront et elles sauront les produire. Puis, quelle attention, afin de trouver une bonne expression qui mérite les honneurs d'une approbation générale!... Sur ce tableau noir, l'orthographe n'est-elle pas également enseignée d'une manière saisissante, avec ses règles que révèle et que fait entrer dans l'esprit une pratique attrayante de chaque jour?... Et la ponctuation que nous négligeons si souvent? Mais l'enfant saura bientôt, sans ouvrir une gram-

(1) *Devoirs d'écoliers américains*, p. 48-60.

maire, quel signe exigent les diverses parties de la phrase qu'il écrit. Ce que la mémoire ne lui rappellerait pas toujours, la réflexion le lui fera comprendre.

Pourquoi ne pas introduire dans toutes nos classes et employer souvent ces procédés *d'invention* et de *composition*, qui exercent à la fois les enfants à la rédaction, à l'orthographe et à l'écriture?

§ 7.—Aux exercices du tableau noir succèdent, dans les écoles américaines, des descriptions d'objets : les unes prises dans la classe, dans la maison paternelle, dans les travaux que les enfants voient s'exécuter sous leurs yeux : *mon pupitre*, telle partie d'une *maison*, la *vendange*, les *charpentiers;* les autres empruntées au milieu dans lequel ils vivent; notre *ville*, ses *rues*, ses *édifices*, ses *églises*, le « *common* » (terrain communal de Boston); *mon excursion dans l'Ouest*, etc.

A dessein, je multiplie ces citations pour faire comprendre qu'en Amérique, quand on donne aux enfants ce que l'on appelle un devoir de style, on commence par prendre le sujet à leurs côtés. Pour le traiter, il leur suffit de dire ce qu'ils ont vu. Ils le font souvent avec une facilité qui étonne : c'est qu'ils ont l'habitude d'observer, et ils exposent ce qui les frappe. Quelle différence entre ces thèmes et ceux que nous trouvons dans les *exercices orthographiques* qui, depuis trop longtemps, remplissent nos classes et ne nous préparent, en fait de devoirs, que des nullités!

§ 8. — Il y a cependant une tendance vers le progrès : *la promenade scolaire.* — *Mon excursion dans l'Ouest* nous rappelle des compositions, et quelques-unes fort bonnes, que des écoles nous ont présentées. Les enfants paraissent dans ces devoirs, chacun avec ses impressions. Souvent les idées sont vraies, assez bien rendues. On s'est montré attentif au spectacle de la nature, et l'on a trouvé des expressions heureuses pour exposer ce que l'on a vu.

Pourquoi ne pas suivre partout ce genre d'exercices, et

ne pas dire aux enfants : décrivez cette image, exposez ce qui vous frappe dans les objets qui sont à votre usage, dans les animaux qui vous servent, les fleurs qui vous plaisent, les métiers qu'exercent vos pères, telle partie de votre corps : la main, l'œil, l'oreille, etc., qui ne cessent de fonctionner en vous?

§ 9. — Ces descriptions du monde extérieur donnent l'habitude de tenir une plume, de chercher des expressions pour rendre la pensée qu'il suggère. Il devient plus facile, après ce premier travail, de regarder dans l'âme, d'essayer de comprendre ses sentiments et de les manifester, de ne plus exposer seulement ce que paraît la nature, mais les impressions qu'elle produit. Deux vies en présence : l'une extérieure, l'autre intérieure ; la première que la seconde s'efforce d'expliquer par quelques-uns de ses côtés, qu'elle absorbe quelquefois complètement pour se montrer avec ce qu'elle a de plus intime. De là les *lettres*, *les narrations*.

En Amérique, ces compositions viennent à leur heure, toujours après les premières. Dans quelques-unes, nous reconnaissons la frivolité, qui est de tous les temps et de tous les pays. D'autres nous révèlent des études dirigées du côté de la vie réelle, et dans ce qu'elle a de plus intime, de plus délicat et de plus sérieux. Quelle est la meilleure élève de nos écoles qui ne voudrait avoir signé la page que voici?

§ 10. — Un tableau de la vie réelle. — *Ma première expérience de ménage.*

« C'est la première fois que j'essaie de tenir une maison toute seule, et j'espère que je réussirai à bien faire.

« Aujourd'hui jeudi, maman s'en va à sept heures et demie. Papa la conduit à la gare, puis elle se rend toute seule chez grand'maman ; elle reviendra d'aujourd'hui en quinze, s'il ne survient rien.

« Mais il ne faut pas que je reste ici assise à écrire, car j'ai mon lit à faire ; maman a fait le sien avant de partir.

« Là ! j'ai fait promptement mon lit ; maintenant il faut que je repasse mes leçons. Je ne les sais pas très bien, et quand je les saurai, il faudra que je me prépare pour la classe. Je fais ainsi deux choses à la fois : je tiens le ménage, et je vais à l'école.

« Je suis prête maintenant ; et je crois que je vais partir.

« J'arrive à la maison, je reviens de l'école. Il fait très froid dehors et je commence à avoir mal à la tête ; c'est le temps froid qui en est la cause. Je vais me faire une compresse de rhum. Maintenant c'est tout à fait passé, et je vais écrire un peu.

« Il est cinq heures, et il faut que je fasse le feu, car papa ne va pas tarder à rentrer. Je me demande ce que nous aurons pour le thé ! Papa voudrait des pommes de terre frites ; je les aime beaucoup et papa aussi.

« Oh! le voilà, il a froid comme moi quand je suis rentrée, et il ne fait pas très chaud dans la salle à manger. Allons, je vais préparer le thé. Je veux m'asseoir à la place de maman et faire comme si j'étais elle. Nous avons terminé notre souper et papa va m'aider à le desservir. Maintenant c'est fini et je vais dans le salon étudier mes leçons. Lorsque j'aurai fini, je me remettrai à écrire. Allons, j'ai écrit assez pour un jour, je vais lire un chapitre de la Bible, j'embrasserai papa et j'irai me coucher (1) »

Que manque-t-il à ce petit drame ? — Des incidents ? Mais, à chaque ligne, il s'en présente de nouveaux. Et lequel ne pas trouver plein d'intérêt ? La préoccupation de cette enfant qui devient tout à coup maîtresse de maison ?... Le départ de sa mère ?... Le soin qu'elle apporte à faire son lit ?... Son désir de concilier les occupations du ménage avec des leçons à apprendre ?... Le remède qu'elle sait trouver pour son mal de tête ?... Le bon accueil qu'elle veut faire à son père, et le thé et les pommes de terre frites qu'elle lui a préparés ?... La place qu'elle prend à la table ?... Son empressement à la desservir ?... La Bible qu'elle lit après l'étude du soir et le baiser qu'elle va déposer, avant le coucher, sur le front de son père ?... Mais tout cela marche avec

(1) *Devoirs d'écoliers américains*, p. 118.

rapidité, tout cela est plein de vie, de sentiment et de délicatesse. La plume court, comme les émotions de cette enfant. Et son style, sauf quelques répétitions, n'est pas moins agréable que les manifestations de son âme.

Mais ce n'est pas tout. Lisons encore, ou plutôt recueillons un enseignement qui fera, sans nul doute, sourire plus d'une petite fille, en lui disant la joie qui accompagne le devoir accompli.

« Je termine mon balayage, j'ai bien épousseté, puis j'ai arrosé les fleurs. Il faut que je prépare mon dîner de bonne heure, parce que papa et moi nous allons nous promener en voiture.

« Ah! nous voilà revenus, après nous être bien promenés.

« Je suppose qu'il nous faut encore souper. Il me semble que nous ne faisons que manger. J'ai souvent entendu dire à maman que son temps se passait à préparer le repas, et je commence à croire que c'est vrai... (1). »

Pour cette maman, ne croyez pas qu'elle soit oubliée. Avec quel bonheur notre petite maîtresse de maison va se jeter dans ses bras!

« C'est aujourd'hui jeudi, et maman sera ici. Je voudrais qu'ils fussent arrivés. — Je vais voir quelle heure il est. Mais il fait bien de la boue, et puis le pauvre Charlet est un peu malade; il faudra que la voiture aille lentement. Il me semble que j'entends venir une voiture, je vais voir. Oh! oui, la voilà; ils viennent. Je crois que je ne vais pas m'ennuyer plus longtemps à écrire cette composition.

ELLA L.

Age 12 ans.

Comté de Bergen (New-Jersey), dictrict n° 38.

Qui n'aimerait la direction donnée à ces classes de jeunes filles et le sérieux qu'elle révèle? Peut-on mieux profiter des détails de la vie domestique, et faire un appel plus heu-

(1) *Devoirs d'écoliers américains*, p. 119.

reux aux sentiments les meilleurs de l'enfance pour en obtenir une charmante composition de style? L'entente des soins du ménage et la sollicitude qu'ils inspirent déjà, l piété filiale et la compassion pour un vieux serviteur de la famille, le pauvre Charlet, tout est là.

Voilà les résultats obtenus. Ouvrons largement nos classes aux procédés qui les préparent.

§ 11. — Encore un produit de cette méthode. Il est plus élevé que le premier; mais aussi l'auteur n'est plus un enfant. Elle a su tenir sa plume au service de son cœur. Et quelle fraîcheur, quelle délicatesse dans les idées!

Composition extraite d'un cahier d'honneur destiné à l'Exposition universelle de Paris. Couvent du Bon-Pasteur, à Québec. — 1re *classe*, 5e *année*.

SOUHAITS DE VOYAGE.

A notre cahier.

« Chères feuilles, je vous couvre de pensées, d'affections, de souvenirs, car vous allez à la France de nos pères... Vous entreprendrez un bien long voyage. Qu'il soit heureux! Combien j'envie votre sort, et que je voudrais être de ceux qui vous accompagneront! Vœu superflu! je ne verrai point les beaux yeux de Paris s'arrêter sur ces quelques lignes... Mais, pauvres chères feuilles, vous lira-t-on? Ah! on vous laissera dans l'oubli peut-être...

« Humbles feuilles, vous n'avez même pas le parfum de la violette pour attirer l'attention; donc si l'on vous oublie, ne pleurez pas pour nous. Il restera à nos cœurs une grande consolation, celle de vous avoir peintes de nos labeurs avec plaisir et bonne volonté.

« Pars donc, petit voyageur, avec nos pensées et nos souhaits. Si quelques bonnes âmes daignent te parler, offre-leur les hommages de petites Canadiennes groupées sous la houlette du Bon-Pasteur de Québec (1). »

« ANNA BOIVIN, SEIZE ANS (1). »

(1) *Devoirs d'écoliers étrangers recueillis à l'Exposition universelle de Paris* (1878), p. 392.

Petite Canadienne, que de souvenirs et de sympathies ont excités vos vœux! Et quelle douce puissance vous avez avec votre cœur et votre plume!... Pour nous, attachons-nous de bonne heure à des procédés qui apprennent ainsi à bien penser, à bien écrire, et, nous pourrons applaudir partout aux *Exercices d'invention et de composition de nos enfants.*

CHAPITRE XVII

L'instruction morale et religieuse

I

SON IMPORTANCE. — LE CATÉCHISME.

Je voudrais exposer ici la part qui doit être faite, dans notre enseignement, à *l'Instruction morale et religieuse.*

§ 1. — Sans examiner les sytèmes mis en présence quand il s'agit de la propager, nous nous bornerons à dire que partout, « elle était inscrite en tête des programmes présentés à l'Exposition de Vienne (1). » Que ces programmes fussent envoyés par les pays catholiques : la Belgique, la France, l'Italie, le Portugal, ou par les pays protestants : la Saxe, la Suède, une partie de la Suisse, de tous côtés, accord complet sur l'importance des leçons religieuses et morales.

§ 2. — Catholiques, nous demanderons surtout cet enseigne-

(1) Buisson, *Rapport sur l'Instruction primaire à l'Exposition universelle de Vienne,* en 1873, p. 143.

ment à un livre qui a élevé notre enfance : le catéchisme. Impossible de méconnaître la valeur de ce livre.

« Je trouve dans la religion chrétienne, a dit M. Jules Simon, un caractère qui me ravit : c'est qu'elle joint la métaphysique la plus savante à la plus parfaite et la plus efficace simplicité. Assurément le *Timée* de Platon et le douzième livre d'Aristote sont des merveilles ; mais je ne pense pas qu'il sorte de là un symbole qu'on puisse faire réciter aux petits enfants. Il n'y a jusqu'ici que la religion chrétienne qui ait eu à la fois la *Somme* de saint Thomas et un *Catéchisme*. (1) »

M. Jouffroy, un des esprits les plus élevés de la philosophie contemporaine, avait déjà dit :

« Il y a un petit livre qu'à l'école on fait apprendre aux enfants et sur lequel on les interroge à l'Église ; lisez ce petit livre qui est le catéchisme : vous y trouverez une solution à toutes les questions, à toutes, sans exception. Demandez au chrétien d'où vient l'espèce humaine, il le sait ; où elle va, il le sait ; comment elle y va, il le sait. Demandez à ce pauvre enfant pourquoi il est ici-bas et ce qu'il deviendra après sa mort, il vous fera une réponse sublime (2).

Le catéchisme étant tel, comment ne pas s'efforcer de le faire entrer dans l'esprit et le cœur des enfants, et ne pas leur apprendre à goûter un livre qui leur révèle leur origine, leurs devoirs et leurs destinées ?

« Enseigner le catéchisme aux enfants, a dit un grand évêque, c'est les élever dans l'innocence et la sagesse chrétienne, dans la lumière et la grâce des vertus évangéliques, dans la crainte et l'amour de Dieu, c'est préparer en eux la vie éternelle, en élevant et sanctifiant la vie présente (3). »

(1) Jules Simon, *l'École*.
(2) Jouffroy, *Nouveaux mélanges philosophiques*. — (3) Mgr. Dupanloup, *Entretiens sur le catéchisme*, p. 148.

§ 3. — Préposés à l'éducation intellectuelle et morale du premier âge, les instituteurs et les institutrices n'auront jamais la prétention d'enseigner le dogme *ex professo;* mais, comme le disait Jouffroy, ils « feront apprendre aux enfants à l'école le livre sur lequel on les interroge à l'église, », et, avec ce livre, les prières et l'histoire sainte : — les prières, qu'ils ne laisseront jamais réciter comme une page de grammaire. Car ce n'est pas la mémoire qui doit prier, mais le cœur. — Puis, rentrant avec sollicitude dans les limites mêmes de leurs fonctions, les maîtres de l'enfance demanderont aux diverses parties de leur enseignement « tout ce qui peut développer une faculté spirituelle quelconque, sentiment, imagination, jugement, réflexion, conscience, volonté (1). »

Et, comme on l'a dit avec raison, « cette ampleur même de leur tâche, cette influence intime et profonde sur l'âme de toute une génération, est un des grands attraits qui attachent les véritables instituteurs à leur mission, qui leur en font oublier toutes les fatigues et tous les mécomptes (2). »

Tout le monde sait, et de nombreuses confidences nous l'ont appris, que « beaucoup, et ce ne sont pas les moins méritants, ne consentiraient pas sans douleur à être déchargés de cette participation quotidienne à l'enseignement religieux et moral, aussi bien qu'à l'enseignement civique et patriotique (3). »

II

L'EXEMPLE DU MAÎTRE

§ 1. — Le but étant compris, quels moyens prendre pour l'atteindre? Ici, la question des méthodes. Deux se présen-

(1) Buisson, *Ubi sup.*, p. 148. — (2) *Ibid.*, p. 148. — (3) Buisson, *Ibid.*, p. 148.

tent : l'une essentiellement mnémonique et mécanique, et qui est condamnée; l'autre, tout intuitive, pratique et éducative. C'est à celle-ci qu'il faut nous attacher.

Comme notre vie est en quelque sorte le premier livre ouvert sous les regards des enfants, qu'elle leur paraisse toujours empreinte d'une haute moralité. Pourquoi ne pas rappeler ici ce qui conféra à un des maîtres les plus illustres de l'antiquité une autorité et une influence incontestées?

« Lorsque j'entends parler de la vertu, a dit Lachès dans Platon, ou de la science à un homme digne en effet d'être homme, et qui sait se tenir à la hauteur de ses discours, alors c'est pour moi un charme inexprimable quand je songe que celui qui parle et les propos qu'il tient sont entre eux dans une convenance et une harmonie parfaites. Cet homme m'offre l'image d'un concert sublime qu'il ne tire ni de la lyre ni d'aucun autre instrument, mais de sa vie tout entière montée sur le ton le plus pur; et dans l'harmonieux accord de ses actions et de ses discours, je ne reconnais ni le ton ionien, ni le phrygien, ni celui de Lydie, mais le ton dorien, le seul qui soit vraiment grec. Dès qu'il ouvre la bouche, c'est une jouissance pour moi, et l'on dirait à me voir que je suis fou de discours, tant je saisis avidement toutes ses paroles. Mais celui qui fait tout le contraire, plus il parle bien, plus il m'est insupportable, et alors il me semble que je déteste les discours. Je ne connais pas encore Socrate par ses paroles, mais j'ai dû commencer à le connaître par ses actions; et là, je l'ai trouvé digne de tenir les plus beaux discours sans cesser d'être sincère; et s'il parle bien, j'aurai grand plaisir à l'entendre. Je consens qu'il m'examine et je ne serai jamais fâché de m'instruire. Moi aussi, j'adhère au principe de Solon, mais en ajoutant une chose : je veux bien vieillir en apprenant, mais je ne veux rien apprendre que des gens de bien. En effet, il faut qu'on m'accorde que celui qui enseigne doit être homme de bien, afin que ma répugnance pour l'entendre ne passe pas pour de l'indocilité; d'ailleurs, que le maître soit plus jeune que moi, ou qu'il n'ait pas encore de réputation, je ne m'en soucie guère (1). »

(1) Platon, *Lachès*, dans les *Œuvres complètes*, t. v, p. 360-361. Tr. Cousin.

Il n'y a pas à s'excuser d'aller chercher un modèle en plein paganisme. Que nous disent les juges de Socrate? Que nos paroles et nos actes doivent se soutenir, être pour l'enfance un enseignement constant, capable d'élever son esprit et son cœur vers tout ce qui est vrai, tout ce qui est bien, mais c'est la voix de tous les siècles qui arrive jusqu'à nous.

§ 2.— « Le maître, dit l'Amérique aux instituteurs de Chicago, et par eux, aux instituteurs des Etats-Unis, pourquoi ne pas ajouter? aux instituteurs du monde entier, doit compter avant tout sur son exemple vivant : toutes les lectures, toutes les leçons sur la bonté, la douceur, la bienveillance, etc., ne contrebalanceraient pas l'influence d'un seul mot rude, d'un mouvement d'emportement ou d'un acte d'égoïsme (1). »

L'exemple! l'exemple! Une bonne action que l'on fait, rien de plus persuasif et de plus puissant pour entraîner vers le bien. « Qui crois-tu qu'on aime le plus à voir? demandait, un jour, Socrate au peintre Parrhasius, les hommes qui se font remarquer par un caractère doux, heureux, aimable, ou ceux qui n'offrent que des inclinations haïssables, méchantes et honteuses? Il n'y a pas de différence (2). »

Non, pas de différence; et c'est le beau spectacle que nous devons, dans nos classes, donner à l'enfance. C'est une vie digne, vertueuse, tout entière au devoir, qu'il faut lui faire contempler, pour qu'elle l'admire, qu'elle l'aime, qu'elle s'attache à la reproduire. Nous aurons alors le droit et l'autorité nécessaires pour parler du devoir et de la vertu. Notre intelligence et notre cœur vivant de la vérité et du bien, nous pourrons en tirer un courant de vie pour le faire entrer dans l'âme de nos enfants.

(1) Buisson. *Ubi supr.*, p. 145-146.
(2) Xénophon, *Entretiens mémorables* *e Socrate*, l., 1, c. 1.

Mais, afin d'assurer le succès à nos efforts, il nous faut, ne l'oublions pas, une méthode intelligente et sûre.

III

LES LECTURES ET LES RÉCITS

§ 1. — Quelle méthode suivre pour atteindre le but que nous avons marqué ? Ici, nous trouvons encore les enseignements que nous donne l'exposition de Vienne. Voici un extrait tout à fait caractéristique, emprunté à l'un des principaux documents de l'exposition américaine : le *Graded course of instruction :*

« Aucune des parties du programme, y est-il dit, n'exige de la part du maître plus de vigilance et plus d'efforts que l'enseignement religieux. Ici, le maître doit compter avant tout sur son exemple vivant (1) : toutes les lectures, toutes les leçons sur la bonté, la douceur, la bienveillance ne contrebalanceraient pas l'influence d'un seul mot rude, d'un mouvement d'emportement ou d'un acte d'égoïsme (2).

« Les bonnes qualités s'acquièrent surtout par l'exercice et c'est cet exercice qu'il faut encourager dans l'école même. L'amour filial, l'amitié, l'obéissance, la probité, la générosité, l'abnégation, l'ordre, etc., doivent être cultivés chez les enfants, moins par des exhortations directes et des préceptes formels qu'en les plaçant dans des circonstances qui provoquent l'exercice effectif de ces affections, de ces qualités. Amenez l'enfant à faire une bonne action, c'est la meilleure manière de lui donner une leçon de bonté. Les maîtres devront toujours se rappeler que l'exercice pratique des principes de la vertu, passant en habitude, est le vrai moyen de former un caractère vertueux.

(1) On ne manquera pas de remarquer combien l'on insiste sur l'influence des bons exemples. — (2) Nous avons déjà vu ces idées. Nous les reproduisons à dessein pour montrer l'importance qu'y attache une saine pédagogie.

« De petites anecdotes et des exemples familiers mettant en relief l'amour filial et fraternel, le respect dû aux vieillards, la douceur envers les animaux, l'affection mutuelle entre camarades, etc., produiront les meilleurs effets.

« Les maîtres devraient faire fréquemment de courtes lectures de ce genre, des récits intéressants et les faire suivre de conversations familières et instructives avec leurs élèves. De même dans leurs leçons sur les animaux, les plantes et autres objets de la nature, ils peuvent trouver à chaque instant l'occasion de montrer la sagesse, la puissance et la bonté du Créateur (1), d'inculquer aux enfants l'idée de nos devoirs envers lui.

« Tout acte de cruauté, de fraude, d'impiété, de grossièreté doit être représenté d'une façon qui leur en montre l'horreur. L'égoïsme des enfants est le plus grand obstacle à leurs progrès. Réprimer cet instinct, enseigner aux enfants le sacrifice et le contrôle de soi-même, ce doit être le souci constant de l'instituteur.

« Pendant les récréations, en particulier, il faut redoubler de vigilance; c'est le moment où peuvent surgir de petites querelles et où les mauvais instincts tendent à reprendre le dessus. L'œil des parents n'étant plus là, il faut que les enfants se sentent toujours sous une surveillance affectueuse; ils verront bien qu'on ne veut pas gêner la liberté de leurs joyeux ébats, mais encourager tous les bons instincts et réprimer les autres (2). »

Sous cette direction se développera, sans effort, le sens moral, qui deviendra, dans l'enfant, une lumière, une puissance, et qui lui fera goûter et suivre toujours la grande loi du devoir !

Ainsi l'ont compris tous les maîtres de l'enfance. Comment procédait Socrate ?

(1) V. *ci-dessous* le procédé de Socrate sur ce point, p. 155.

(2) Buisson, *Rapport sur l'instruction primaire à l'Exposition universelle de Vienne*, p. 145-146.

IV

PROCÉDÉ SOCRATIQUE

§ 1. — Il ne se hâtait pas, dit Xénophon, de rendre ses disciples habiles à parler, à imaginer ; sa préoccupation la première était de régler leur esprit (1). N'est-ce pas de ce côté que doivent se tourner tous nos efforts, même avec les enfants les plus jeunes? L'esprit qui apprend de bonne heure à se contenir, à chercher une voie droite, n'est-il pas le plus sûr dans sa marche et le plus digne dans ses actes? Une expérience de tous les jours apprenait à Socrate que les talents sans la sagesse ne peuvent que rendre les hommes plus injustes, plus puissants pour le mal. Que faisait-il? Ses pensées, ses enseignements, ses actes n'avaient qu'un but : donner à ceux qui l'écoutaient des idées sages. Et pourquoi ne serait-il pas, à ce point de vue, notre modèle?

§ 2. — Mais comprenons bien la pensée qui l'inspirait et qu'il voulait jeter, comme un fondement, dans l'esprit de ses disciples. Laissant de côté les considérations vulgaires, il commençait par rattacher ses auditeurs à la puissance sans laquelle nous ne sommes et ne pouvons rien : à la divinité.

Mais oui, l'idée religieuse était l'âme de son enseignement ; c'était là qu'il entendait puiser sa force, et c'est là que nous devons, avec tous les grands maîtres, la chercher constamment.

Il avait aussi pour présenter ses idées, une méthode que nous ne pouvons trop étudier. Il faut la suivre dans ses développements, la prendre même comme un guide auquel

(1) Xénophon, *Entretiens mémorables de Socrate*, l. IV, c. 3.

il importe d'ouvrir nos classes. Il y a, ce nous semble, peu de considérations plus accessibles aux intelligences les plus simples.

§ 3. — Il avait donc à parler de la Divinité.

« Il la montrait prodiguant aux hommes la lumière et au jour faisant succéder la nuit, si favorable à nos délassements, puis jetant dans l'espace les astres qui brillent au milieu des ténèbres et nous permettent d'agir selon nos besoins...

« Il nous faut de la nourriture, la Divinité rend féconde la terre qui nous la procure. Elle nous donne l'eau qui aide le sol et les saisons à faire naître et grandir les produits divers nécessaires à notre existence; — le soleil qui les mûrit et qui nous échauffe...

« Et cette Providence s'étend également aux animaux; c'est pour l'homme qu'ils naissent et se développent. Plus forts que lui, ils reconnaissent cependant son empire, ils lui donnent leur vigueur pour le travail, leur lait et leur viande.

« N'est-ce pas à la Divinité que nous devons l'intelligence, le jugement, la mémoire, la parole, toutes ces facultés puissantes qui nous permettent de nous instruire les uns les autres et de mettre en commun nos avantages?

« Nous ne saurions prévoir ce qui nous est utile, et elle vient à nous par des inspirations. Elle ne se montre pas à nos regards, mais elle se révèle par des bienfaits incessants; elle maintient à cet univers une durée, une vigueur, une jeunesse éternelles, elle le force à une obéissance plus prompte que la pensée (1). »

Qu'avons-nous là? Un tableau saisissant des bienfaits de la divinité. L'enfant les voit, il en jouit; de l'amiration, il va bientôt passer à la reconnaissance. La Suisse allemande veut dans ses écoles, pour le premier âge, à côté des *récits de la Bible*, des *récits de la nature* (2). N'est-ce pas une de ces pages que Socrate écrivait pour la jeunesse de son temps? et ne devons-nous pas la recueillir?

(1) Xénophon, *Ibid.*
(2) Buisson, *Rapport sur l'Instruction primaire à l'Exposition universelle de Vienne*, en 1873, p. 149.

§ 4. — Mais pourquoi ces développements ? Pour arriver à cette conclussion et la faire aimer :

« Réfléchis à tout ceci, Euthydème; reconnais la puissance de la Divinité par ses effets, et honore-la.

— « Jamais, Socrate, je ne serai coupable de la plus petite négligence envers elle, mais je crains de ne pouvoir lui témoigner assez de reconnaissance pour ses bienfaits (1). »

Ainsi l'étude de la nature aidant, Socrate rendait ses disciples plus sages et plus pieux. Pourquoi ne pas demander aussi des inspirations utiles aux merveilles qui enveloppent le premier âge ? Pourquoi ne pas l'habituer à lire dans ce livre écrit en lettres d'or, où tout lui parle, tout le saisit et l'élève jusqu'à Dieu ?

§ 5.—Faisons un pas de plus, et, dans nos *récits de la nature*, attachons-nous, comme Socrate, à pénétrer l'esprit des enfants de la présence de la Divinité.

« Apprends, mon ami, que ton âme, enfermée dans ton corps, le gouverne comme il lui plaît. Il faut donc croire aussi que l'intelligence qui réside dans l'univers dispose tout à son gré. Quoi ! ta vue s'étendrait à plusieurs stades, et l'œil de Dieu ne pourrait embrasser tout à la fois ! Ton esprit pourrait, en même temps, s'occuper d'Athènes, de l'Egypte, de la Sicile, et l'intelligence de Dieu ne pourrait songer à tout en un instant ! De même qu'en servant les hommes, et les obligeant, tu découvres ceux qui veulent te servir et t'obliger à leur tour... de même si tu essayes de servir la Divinité... tu reconnaîtras qu'elle peut à la fois tout voir, tout entendre, être présente partout et porter tous ses soins sur tout ce qui existe (2). »

Et pourquoi encore ces considérations ? Ecoutons Xénophon.

(1) Xénophon, *Ibid.*, l. IV, c. 3.
(2) Xénophon, l. I, c. 4.

« Socrate, en parlant ainsi, me semblait instruire ses disciples à s'abstenir de toute action impie, injuste et honteuse; non seulement en présence des hommes, mais encore dans la solitude, les persuadant que rien de ce qu'ils pourraient faire n'échapperait à la Divinité (1). »

§ 6. — Cet enseignement n'est-il pas le premier que nous ayons reçu dans notre enfance? Notre catéchisme ne nous a-t-il pas, comme Socrate, montré le regard de Dieu — un regard plein de sollicitude et de tendresse, — ouvert sur toutes nos pensées, sur toutes nos actions? Et ce n'est pas un enseignement purement théorique qu'il nous donne. Il veut nous pénétrer, et, par nous, pénétrer l'enfance de cette grande pensée, lui faire sentir partout le regard de Dieu, comme une lumière qui montre le mal, comme une force qui soutient contre la tentation, comme une récompense qui couronne tous les efforts, comme une justice qui châtie le coupable.

C'est que l'on a beau dire, à moins de se placer sous ce regard, on aura peine souvent à se tenir dans sa dignité d'homme et à lutter avec succès contre les courants de nature si diverse qui apportent, les uns une mauvaise passion; les autres, ces bouffées d'orgueil qui donnent le vertige et poussent aux abîmes. Qu'une forte instruction *religieuse* et *morale* montre donc de bonne heure aux enfants une des forces qui les soutiendra dans la voie du devoir.

§7.—Et, quand nous rappelons cet ensemble d'idées, que l'on ne nous croie pas enfermé au sein de l'antiquité païenne, ou reproduisant seulement une pensée de nos saintes lettres: « Dieu voit le cœur, *Deus intuetur cor.* » Nous nous trouvons conduits en présence d'un des bons livres qui a eu les honneurs de l'Exposition de Vienne, et dans lequel nous recueillons, avec émotion, le dialogue qui se poursuit entre un maître et son élève :

(1) *Ibid.*

« Vois-tu, mon enfant, le bon Dieu n'aime ni l'or ni l'argent; la seule chose qui lui fasse plaisir, c'est quand il voit que tu es bien sage et bien bon. Ainsi, pense à cela et dis-toi souvent : O Dieu, tu me donnes tant de plaisir et tant de joie! Aussi, je veux être bien sage, bien bon, bien pieux, puisqu'il n'y a que cela qui te fasse plaisir à toi, et que tu me vois partout (1). »

Pourquoi n'élèverions-nous pas nos enfants dans cet ordre d'idées? Pourquoi ne pas leur montrer, autant qu'il le faut, le regard de Dieu qui les suit partout, au milieu des champs, derrière une haie, tout près du malheureux qui cherche, en proie à ses passions, à souiller leur innocence? Pourquoi ne pas faire pénétrer ce regard au sein même de la solitude, dans les ténèbres, quand on est seul avec soi, et que de tristes inspirations arrivent à l'esprit et au cœur? Cet œil qui voit nos pensées et nos sentiments, qui est notre conseiller le meilleur, qui sera notre juge et notre rémunérateur, si nous avons fait le bien, apprenons aux enfants à l'aimer.

A côté des *récits de la Bible*, plaçons donc le *récits de la nature*. Qu'ils imprègnent, les uns et les autres, l'esprit de l'enfant de la pensée de Dieu, nous aurons fait beaucoup pour l'avancement d'un des côtés de *l'instruction religieuse et morale*. Le catéchisme nous fournira le moyen de l'étendre et de la compléter, en faisant comprendre et aimer à l'enfant ses devoirs envers lui-même, envers Dieu, envers la famille et la société. Ce sera, d'un autre côté, lui mettre au cœur le dévouement pour la patrie.

(1) Buisson, *Ibid.*, p. 148.

CHAPITRE XVIII

L'enseignement de l'arithmétique

I

LES PROGRAMMES

§ 1. — Il nous faut d'abord un programme qui détermine l'étendue que doit avoir l'enseignement de l'arithmétique dans les classes primaires et dans les divers cours de chacune d'elles. Il importe, en outre, qu'il assure le développement progressif et régulier de cet enseignement. Dans ce but, on indiquera pour chaque mois, ou, du moins, pour chaque trimestre de l'année scolaire, les matières à étudier. La marche fantaisiste sera ainsi supprimée ; le maître comprendra, dès le début, le cercle dans lequel il aura à se mouvoir, et il y fera entrer avec plus de sûreté ses élèves.

§ 2. — Ces programmes ne manquent pas. Le plus répandu peut-être est celui qui fut publié, en novembre 1871, sous le ministère J. Simon. Les matières à enseigner y sont réparties en trois années et par trimestre. Il peut être suivi avec profit par les élèves. Mais qu'il ne reste pas dans les écoles à l'état de lettre morte.

Dans diverses Académies, des modifications ont été apportées à ce programme. Celui des *Ecoles publiques du département de la Seine* nous paraît avoir une importance particulière. On y trouve une division, non plus seulement trimestrielle, mais mensuelle, et sans être trop chargée, des matières de l'enseignement. Les avantages de cette répartition n'échapperont à personne. Elle montre d'une manière très nette ce qui doit être étudié, et il y a lieu de le faire.

C'est aussi d'après le programme dressé pour le cours moyen qu'est dirigé à Paris l'examen du *Brevet* obligatoire ou de 2e ordre. Il peut donc être utile de le connaître, de s'en pénétrer, et même de le prendre comme base de l'enseignement dans les écoles où des élèves se préparent pour ces examens.

§ 3. — Arithmétique. (Programme du cours moyen.)

« (Octobre). — Théorie de la *numération*.

Nombres entiers. — Explication raisonnée des quatre opérations fondamentales sur les nombres entiers.

(Nov.). — *Divisibilité des nombres*. — Caractères de divisibilité par 2, 3, 5, 6, 9. — Preuves par 9 de la multiplication et de la division.

« (Déc.). — *Nombres premiers*. — Recherche du plus grand commun diviseur de deux nombres. — Décomposition d'un nombre en ses facteurs premiers. — Recherche du plus petit multiple et du plus grand commun diviseur de plusieurs nombres.

« (Janv.). — *Fractions ordinaires*. — Fraction proprement dite, expression fractionnaire. — Principes sur les fractions. — Simplification des fractions. — Réduction des fractions au même dénominateur.

« (Fév.). — *Opérations sur les fractions ordinaires*. — Addition et soustraction. — Multiplication. — Division.

« (Mars). — *Nombres décimaux*. — Explication raisonnée des règles du calcul des nombres décimaux. — Analogie des nombres décimaux, d'une part avec les fractions ordinaires, d'autre part avec les nombres entiers.

— Conversion des fractions ordinaires en décimales, et réciproquement.

« *Carré et cube d'un nombre*. — Règle pratique pour l'extraction de la *racine carrée* et de la *racine cubique* (1). Indication très élémentaire en vue des applications au système métrique.

« (Avril). — Ce qu'on appelle *rapport* de deux nombres : *Proportions*.

(1) L'examen de cette question n'est pas exigé des aspirantes, même au brevet complet. Elles feront bien cependant de le préparer.

« Notions générales sur les grandeurs qui varient dans le même rapport et dans un rapport inverse.

« (Mai-août). *Applications aux opérations pratiques.* — Problèmes connus sous le nom *de règle de trois, d'intérêt et d'escompte.* — Méthode de réduction à l'unité.

Exercices empruntés à des questions usuelles, telles que les *rentes sur l'État*, les *actions* et les *obligations industrielles*, les *caisses d'épargne*, la *répartition des impôts, etc.*

« Problèmes de *société*, de *mélange* et *d'alliage*. Problèmes divers.

« Système métrique. (Programme du cours moyen.)

« (Oct.). *Notions générales. — Le système métrique et décimal :* Avantages qui en résultent. Ce qu'on entend par mesurer. — Diverses espèces de mesures ; leur emploi. — Définition des unités de mesure ; de leur rapport avec le mètre.

« Multiples et sous-multiples décimaux des unités métriques ; comment on les exprime et ce qu'ils sont par rapport à l'unité. — Mesures effectives : unités, multiples et sous-multiples, doubles et moitiés de ces mesures.

« (Nov.). — *Mesures de longueur.* — Le *mètre :* ses multiples et ses sous-multiples. — Une longueur étant exprimée en mètres, en décimètres, en centimètres, la rapporter à une autre unité de longueur. — Valeur en mètres d'un dégré du méridien, de la lieue de poste et de la lieue commune ou de 25 au degré.

« (Déc.). — *Mesures de superficie.* — Définition du carré. — *Mètre carré ;* ses multiples et ses sous-multiples. — *Are ;* son multiple et son sous-multiple. — Rapports entre les mesures de superficie proprement dites et les mesures agraires. — Une surface étant exprimée au moyen d'une unité superficielle, la rapporter à une autre unité.

« (Janv.). — *Mesures de volume.* — Définition du cube. — *Mètre cube ;* ses sous-multiples. — *Stère,* décastère et décistère. — Rapports entre les mesures de volume proprement dites et les mesures pour les bois de chauffage et de construction.

« (Fév.). — *Mesures de capacité.* — Le *litre ;* ses multiples et ses sous-multiples. — Mesures effectives et fictives.

« Rapports entre les mesures de capacité et les mesures de volume.

« (Mars). — *Mesures de poids*. — Le gramme ; ses multiples et ses sous-multiples. — Mesures effectives et mesures fictives. — Quintal et tonne métriques.

« Correspondance entre les mesures des poids et les mesures de volume et de capacité, poids d'un litre d'eau, d'un cube d'eau, etc.

« (Avril). — *Monnaies*. — Le *franc* et ses sous-multiples. — Pièces de monnaie effectives. — Poids des pièces d'or, d'argent et de bronze. — Valeur relative des monnaies d'or, d'argent et de bronze, à *poids égal*; poids relatif de ces monnaies, à *valeur égale*.

« Valeur du kilogramme d'argent pur et du kilogramme d'argent monnayé; du kilogramme d'or pur, et du kilogramme d'or monnayé.

« Titre des alliages d'or ou d'argent. — Connaissant le poids et le titre d'une pièce d'or ou d'argent, en trouver la valeur.

« (Mai). — *Notions sur la mesure du temps*. — Jour, heure, minute, seconde. — Convertir en secondes un nombre composé de jours, d'heures, de minutes et de secondes; réciproquement, un nombre étant donné, trouver combien il contient de minutes, d'heures et de jours.

« (Juin). — *Notion de géométrie pratique*. — Définitions du triangle, du parallélogramme, du trapèze et du cercle. — Règles pratiques pour la mesure de ces surfaces.

« (Juillet-août). — *Revision générale*. Exercices et problèmes (1). »

Qui a dirigé les examens des aspirants et des aspirantes au brevet de capacité obligatoire, comprendra combien ce programme peut leur être utile. Celui que M. Lenient a publié en vue du *Brevet complet* n'a pas moins d'importance (2).

II

Des programmes ne suffisent pas; il faut savoir les animer. Le dégré de vie que l'on doit y porter varie comme les

(1) Gréard, *Organisation pédagogique des Écoles publiques du département de la Seine*, p. 63-60.

(2) Lenient, *Guide des aspirants et des aspirantes aux divers brevets de capacité*.

cours de chaque année et comme le personnel qui les suit.

§ 1. — On a d'abord les plus jeunes enfants. Réunissons pour eux, dans la classe, tout ce qui parle aux yeux; multiplions les procédés qui jettent de l'intérêt sur leurs études et leur apportent l'idée sous une forme palpable.

On sait combien les débuts de l'arithmétique, la numération et tout son système, sont gros d'ennuis pour eux! Ayons un *boulier-compteur.* Avec un peu d'attention, le maître en comprendra bientôt le mécanisme, et les enfants verront, à un moment donné, les billes rouges, blanches, vertes, noires, etc., se mettre en marche, sous le coup de leur baguette, pour composer des unités, des dixaines, des centaines, etc. Ne prendront-ils pas plaisir à former, avec leurs petits doigts, ces combinaisons multiples et complexes qui entraient autrefois péniblement dans notre intelligence? La numération et ses difficultés seront presque déjà vaincues.

§ 2. — Il faut initier les enfants aux premières opérations de l'arithmétique. Point de ces longues séries de nombres abstraits dont les novices ou les ancrés dans la routine couvrent encore parfois les tableaux noirs, sous prétexte d'apprendre l'addition et la soustraction. Nous avons des procédés plus saisissants. Un jour, j'ai entendu un maître fort intelligent faire la leçon suivante.

« Combien d'enfants assis à cette table? Allons à notre boulier-compteur et faisons passer à gauche autant de billes que nous compterons de camarades. — *Un, deux, trois, quatre, cinq, six, sept, huit, neuf.* — Bien. — Quel nombre nous donneront *deux* et *trois?* voyons encore et prenons d'abord *deux* billes, puis *trois.* Qu'aurons-nous? — *Cinq.* — Remplaçons les billes par des pommes; combien sur la table? Comptons encore. — *Un, deux, trois... neuf.* — Et si nous en donnons *trois* aux pauvres petits de la rue qui n'en ont pas, combien en restera-t-il? Pour le trouver, faisons passer trois billes de *gauche* à *droite.* Ils en reste? —*Six.* — Enlevons trois pommes, nous en aurons encore? — Six. — De *neuf* ôtez *trois*, il reste? *Six.* — Mais qui les donnera, ces *trois* pommes? — Moi, *une.* — Moi, *une.* — Moi, *une.* — Vous avez bon cœur; vous serez récompensés. Deux prunes donc à chacun de ces trois enfants; combien en faut-il? — Vite! au *boulier-compteur.* — *Deux* pour Alfred; — *deux* pour Octave; — *deux* pour Victor. — Combien en tout? *Deux*, plus *deux*, plus *deux*; en tout? — *Six.* — Combien donc *trois* fois *deux?* — *Six.*

Et voilà, dès les premiers jours, des additions, une soustraction, une multiplication. Et, pendant ces opérations, de l'attention, du mouvement, de la vie. Les idées marchent comme les billes et comme les pommes. Pour ne pas les laisser tomber, confions-les à un petit chant que tous rediront en se rendant à leur place.

§ 3.— Bientôt disparaîtront peu à peu les aides matériels, et le calcul *mental* commencera. On en favorisera les développements par des questions simples d'abord, puis un peu plus compliquées, toujours intéressantes et habilement posées. Il faudra lui faire, dans tout l'enseignement et dans tous les cours, une large place. On ne peut trop habituer de bonne heure les enfants à résoudre mentalement un problème, comme le font leurs pères sur les marchés. C'est donner à leur esprit de la perspicacité et de la souplesse.

§ 4.— Nous avançons dans nos études sur l'arithmétique, et nous voilà arrivés au système métrique. Les tableaux qui ornent nos classes et qui frappent les regards sont encore un progrès sur le passé. Mais comment ne pas préférer pour notre enseignement ces mesures effectives que l'on nous a préparées, ces carrés et ces cubes, ces pyramides, ces appareils tachymétriques qui parlent, qui sont eux-mêmes une démonstration? Au lieu de l'image, la réalité; à côté du raisonnement, la figure qui le rend sensible.

En France, nous n'attachons pas encore assez d'importance à la présence dans les classes et à l'emploi de ces figures métriques, géométriques, litre, carré, cube, cercle, rectangle, parallélogramme, trapèze, etc. Il n'en est pas de même à l'étranger.

« L'instruction la plus élémentaire, dit un auteur anglais, devrait comprendre des leçons sur la forme des objets, les lignes, les surfaces planes, les solides, etc. Afin de rendre les explications plus nettes, il serait bon que toutes les classes possédassent des modèles de ces solides les plus ordinaires... Et il importerait de donner aux enfants ces leçons le jour même où ils entrent à l'école... On aurait soin d'exiger d'eux le dessin des différents objets qu'ils auraient examinés... Pour le faire, il n'est besoin que d'une ardoise et d'un crayon (1)... »

Voilà comment en Angleterre on entend l'éducation de la vue et les moyens de rendre plus saisissant l'enseignement de l'arithmétique.

§ 5. — Un autre point exige des maîtres une attention spéciale : l'exécution régulière des chiffres. Ces caractères sont peu nombreux; tous doivent être également biens tracés; les opérations seront plus faciles à suivre, l'exactitude même des solutions y gagnera. Que de fois cependant, il arrive de trouver dans des devoirs d'arithmétique, d'ailleurs bien raisonnés, des chiffres à peine lisibles et mal disposés ! Que l'on apporte donc un grand soin dans l'alignement et la régularité de ces chiffres, dans leur forme surtout, et dans la disposition des calculs. De bonnes méthodes d'écriture recommandent de terminer chaque page par le tracé des chiffres; il faut y tenir.

C'est là, je le veux bien, un détail tout matériel; mais il a son importance. Voici une considération d'un ordre plus élevé.

§ 6. — N'oublions jamais le but à poursuivre dans cette partie de l'enseignement : il faut d'abord, comme le demande, avec raison, un pédagogue suisse fort distingué, M. Ruégg,

(1) Morrison, *Manuel of school management*, p. 270-281.

« s'en servir comme du meilleur moyen d'éducation logique, pour former l'esprit des enfants, pour développer surtout les facultés de réflexion et de raisonnement ; d'autre part, il faut les mettre en état d'appliquer leurs connaissances aux besoins de la vie, et, pour cela, leur faire acquérir cette intrépidité, et, si l'on peut dire, cette dextérité d'opération technique, sans laquelle ils n'ont qu'une demi-science, sans utilité réelle (1). »

De là, plusieurs conséquences : 1° Que les enfants apprenent de bonne heure à raisonner toutes leurs opérations, à comprendre, à exposer les théories relatives à chacune d'elles, et à mettre, dans leur rédaction, de la netteté et de la précision. — 2° Qu'ils acquièrent une grande « dextérité d'opération technique, » et qu'ils la cherchent dans l'habitude du calcul mental. — 3° Que cette science ait pour eux une « utilité réelle. »

§ 7.— A ce dernier point de vue, des exercices bien choisis sont indispensables. Point de longues et fréquentes opérations sur des nombres abstraits ; mais beaucoup de problèmes, toujours gradués, empruntés, pour la plupart, au commerce, à l'industrie, à l'agriculture, à la vie des champs ; c'est-à-dire au milieu dans lequel s'écoulera plus tard l'existence des enfants. Il y a là, dans le calcul, des pertes et des profits de l'oisiveté ou du travail, de la dissipation ou de l'économie, de la culture routinière ou intelligente du sol, une mine que l'on n'exploite pas suffisamment, tous les éléments d'une science morale qui pourrait frapper l'esprit, comme cette vérité ; *deux* et *deux* font quatre.

Ainsi, ce nous semble, il faut comprendre l'arithmétique 1° dans ses programmes ; 2° dans ses procédés d'enseignement ; 3° dans son but.

§ 8.— Donner aux leçons de calcul une portée morale ; en

(1) Buisson, *Rapport sur l'Instruction primaire à l'Exposition universelle de Vienne*, en 1873, p. 215.

faire sortir une idée qui profite à l'esprit et au cœur, telle doit être une des premières préoccupations des instituteurs et des institutrices. Souvent nous l'avons vue s'affirmer dans des écoles bien dirigées. En tête de chaque problème se lisait une maxime dont les opérations à faire allaient montrer l'importance. Donnons quelques exemples pris au hasard :

1° *Il faut aller à la caisse d'épargne.* — Un ouvrier a pu placer 35 francs par mois à la caisse d'épargne pendant les onze premiers mois de l'année et 20 francs le dernier mois. Dans son année, il a dépensé pour sa nourriture et pour son logement une somme de 1,095 francs. On demande : 1° combien il a gagné par jour pendant les 300 jours qu'il a travaillé; 2° combien il a dépensé en moyenne par jour.

Dire, en outre, ce que sont les *caisses d'épargne* et à quoi elles servent.

2° *Le travail est la principale source de la richesse.* — Un ouvrier qui comprend que le travail est la principale source de la richesse, porte à la *caisse d'épargne* 117 francs, montant de ses économies pendant cinq mois. S'il retire ses fonds au bout de 3 ans, quelle somme recevra-t-il, la caisse donnant 3 fr. 50 c. 0/0 d'intérêt par an?

3° *Inconvénient du défaut d'ordre.* — Un fermier, avant de se rendre au marché, néglige de faire raccommoder ses sacs troués, dont 17 sont en mauvais état. Chemin faisant, la paille qui bouchait les trous se déplace, et il perd les 2/9 de chaque sac troué contenant 1 hectolitre 25 litres. Le blé valant 23 fr. 80 c. l'hectolitre, on demande quelle est, en blé et en argent, la perte de ce fermier négligent.

4° *Conséquences des bonnes et des mauvaises sociétés.* — Un jeune ouvrier qui, pour avoir fréquenté des compagnies dangereuses, avait contracté depuis quelque temps la funeste habitude de boire et de jouer, dépensait à ces folies 6 francs la semaine. Un ami dévoué lui ayant fait comprendre les inconvénients de sa conduite, cet ouvrier, revenu à de meilleurs sentiments, achète toutes les semaines du pain à sa famille indigente pour une somme égale à celle qu'il dépensait follement en boissons et au jeu. En évaluant le pain à 40 centimes, on demande de trouver la quantité de pain que le jeune ouvrier fournit en un an à sa famille.

Faire quelques réflexions sur le jeu et l'abus des boissons.

5° *Inconvénient des mauvaises habitudes.* Je connais un homme bien pauvre, âgé de 78 ans. Depuis l'âge de 20 ans, il fume pour 25 centimes de tabac par jour et il se prive souvent de nourriture pour pouvoir fumer.

Calculez : 1° la somme qu'il a ainsi dépensée inutilement par an et depuis qu'il fume ; — 2° combien de jours il pourrait vivre avec cette somme, en ne dépensant que 75 centimes par jour.

Réflexion.

6° *Le drainage et ses bons résultats.* — Le drainage coûte 25 centimes le mètre courant. On fait dans un champ 45 drains d'une longueur moyenne de 36 mètres chacun ; en combien d'années aura-t-on regagné cette dépense si la plus-value de la récolte est de 210 francs par an ? »

Et voilà comment on met le calcul au service des idées utiles. Qui ne voudrait lui demander de les propager et se faire ainsi l'apôtre du bien ?

CHAPITRE XIX

Enseignement de l'histoire sainte et de l'histoire de France

L'histoire sainte et l'histoire de France occupent dans nos programmes une place considérable. Essayons d'en comprendre l'importance spéciale et d'exposer les procédés d'enseignement qu'elles exigent.

I

§ 1.— L'histoire sainte jette une vive lumière sur l'origine, les devoirs et les destinées de l'homme; sur les rapports qui le rattachent à Dieu et sur la voie qui lui est tracée pour aller à lui. Elle nous offre des modèles pour les conditions les plus diverses: elle nous montre la vertu et le bien glorifiés dans leurs développements; le mal frappé tôt ou tard par la justice divine; partout des leçons élevées et les plus pures qui se puissent concevoir. Comme ces enseignements descendus du ciel et ces spectacles seront toujours, pour l'être moral, une force et une espérance, on ne peut jamais les présenter sous une forme trop saisissante. Il faut qu'ils impressionnent le premier âge pour grandir avec l'enfant, l'accompagner dans les luttes de l'âge mûr, contribuer à le relever dans ses chutes, et offrir au repentir les ravissantes perspectives du pardon.

§ 2. — Outre la patrie de l'avenir, il y a celle du présent. On doit la connaître aussi pour l'aimer et se donner à elle. Or, rien n'éveille le sentiment patriotique comme le tableau de sa marche, souvent pénible, à travers les siècles, de ses luttes, de ses revers et de ses gloires. Vivre avec les grands personnages historiques de son pays, ou avec les hommes qui, dans les conditions les plus modestes, ont su porter noblement la loi du devoir, c'est tremper sa nature aux sources les plus fortifiantes, et lui communiquer sans cesse un nouvel élan vers ce qui est droit et juste. Dans son histoire, la patrie parle, entraîne; la famille se montre puissante par son unité et par l'abnégation de chacun; la vie la plus humble nous élève souvent à la hauteur des vertus les plus riches.

§ 3. — Voilà le but à poursuivre. Prend-on toujours des moyens pour l'atteindre? Non, pas toujours. Il faudrait mettre de l'intérêt et de la vie dans l'enseignement historique, conserver aux personnages leur attitude et leur physionomie, répandre de l'animation dans leurs traits, choisir avec discernement les faits les plus importants, en montrer l'origine, les développements et les conséquences. Les enfants seraient saisis; ils sentiraient comme un souffle de vie qui arriverait du fond des siècles; ils croiraient assister à tous les événements qui ont agité le monde. Mais le plus souvent, ils ne trouvent que la lettre morte d'un abrégé, des faits arrangés sans art, une série de dates qui effraie; rien qui séduise l'imagination, cette faculté que l'on doit surtout intéresser dans le premier âge, mais des efforts incessants pour charger la mémoire de mots souvent incompris et qui font l'effet d'un poids écrasant. N'est-ce pas là ce qu'est trop souvent l'enseignement historique dans les classes primaires?

II

HISTOIRE SAINTE

§ I. — Prenons la plupart des abrégés de l'Ancien Testament. Au lieu de ce souffle puissant et fécond qui porte partout la vie, un froid glacial qui saisit, resserre et doit arrêter la vie qui abonde dans les jeunes natures. La poésie de la Bible, ses gracieuses images, ses récits si variés et si attrayants, les enseignements moraux répandus dans toutes ses pages et qui font de la parole révélée notre *vade mecum*, qui élèvent l'intelligence, épurent le cœur, ennoblissent les sentiments, tout a disparu.

Ainsi ne demandons pas à ces abrégés un reflet du magnifique tableau de la création et de la chute primitive. Il y avait une page précieuse à placer, dès le début, sous les regards des enfants : l'histoire de Caïn et Abel; ces deux types dans lesquels se personnifient, dès l'origine, la vertu et le vice; la vertu qui embellit un jeune front et en forme l'être le plus aimable et le plus pieux qu'ait vu le monde ; le vice qui s'insinue dans une autre nature, grandit et se développe sous les formes les plus diverses : l'égoïsme et l'avarice, l'oubli du sentiment religieux et la jalousie qui conduit au fratricide. A peine quelques traces de cet enseignement saisissant dans des auteurs qui écrivent pour des enfants, mais un récit sans couleur et décharné comme un squelette.

§ 2. — Encore un exemple. La Bible nous présentait de belles et douces figures : Isaac, Joseph et Tobie, Ruth et Noémi, Samuel, Esther et Daniel, c'est-à-dire la jeunesse dans ce qu'elle a de frais, de pur et de ravissant. Afin de fortifier notre âme pour les jours de l'épreuve, elle nous appelait à contempler la religieuse et invincible nature de Job. La couronne de la paternité nous paraissait radieuse sur le front d'Abraham. Nous ne pouvions trop admirer cette mère qui, pour rester fidèle à son Dieu, eut le courage de conduire au supplice ses sept enfants; — les cheveux blancs d'Éléazar, inébranlable dans sa fermeté, rayonnaient à nos yeux d'un éclat incomparable, et le courage des Machabées, leur dévouement à une sainte cause, leurs luttes, leurs victoires, leur mort glorieuse élevaient les âmes à la hauteur des sacrifices que réclame la patrie. C'étaient des enseignements pour tous les âges; les abrégés les mutilent (1).

§ 3.— Que ces abrégés cessent d'être tout dans notre ensei-

(1) Dans un *Congrès* tenu récemment à Brunswick, les instituteurs allemands ont émis l'avis que l'instruction religieuse ne doit pas être enlevée du programme des écoles primaires; ... que les histoires saintes doivent être racontées simplement sans rien changer au texte de la Bible; .. qu'il faut surtout choisir celles qui donnent lieu à une application morale directe, immédiate à la vie de l'enfant. » Congrès de Brunswick, dans le *Journal des Instituteurs*, 3 août 1879, p. 553.

gnement, ou du moins d'y occuper presque constamment la place la première. A leur rédaction sèche et froide, substituons la poésie de la Bible et une parole qui s'anime toujours quand on s'inspire de ses riches et vivantes images. Plaçons nos enfants en présence de ces gravures de l'Ancien et du Nouveau Testament qui commencent à orner nos classes; étudions-les avec eux, il nous viendra des pensées, des expressions que nous aurons puisées dans l'étude attentive de la narration biblique et qui ne manqueront pas d'émouvoir notre jeune auditoire. Chacune de nos paroles, soyez-en persuadés, fera entrer dans son esprit et dans son cœur, un fait, une leçon, un sentiment qui ne s'oublieront de longtemps.

§ 4.— Ainsi les *Directrices* de nos salles d'asile, dans leurs *causeries* familières, et une gravure à la main, captivent nos petits enfants, parlent à leurs sens et à leur âme, portent et arrêtent leurs regards là où elles le veulent, ouvrent ces âmes à une heureuse curiosité qu'elles savent diriger vers des réflexions judicieuses, des pensées et des sentiments propres à élever l'esprit et le cœur. Il faut entendre, et c'est plaisir, les enfants reproduire cet enseignement dans leurs réponses à des questions habilement posées. Au sortir de l'asile, ils l'emportent au sein de la famille, et souvent sous sa forme enfantine, il y entre comme la meilleure des inspirations et la plus saisissante des leçons.

Pourquoi ne pas introduire ces procédés dans la division élémentaire de l'école primaire? L'*abrégé* disparaîtra; nos gravures, l'étude de la Bible et notre parole vivifiée par elles y produiront les mêmes fruits que dans la salle d'asile.

§ 5.— Pour les enfants qui grandissent, nous aurons un enseignement plus fort et plus développé. Si, en méditant encore la Bible, nous préparons, comme nous le devons, nos leçons orales, quel vaste champ pour un enseignement utile et durable!

La Bible, c'est le livre des promesses. Elle sort du fond

10.

des siècles, et, toujours dans l'avenir, elle ne cesse de chanter des jours qui ne sont pas encore. Dès la seconde page, elle pleure sur une grande chute. Aussitôt descend du ciel une lumière qui laisse entrevoir, dans le lointain des temps, un sauveur pour l'humanité tombée. Cette lumière n'est d'abord qu'un jet. Puis, les rayons se multiplient et ils deviennent plus brillants, les patriarches qui se succèdent voient la source d'où la bénédiction s'étendra par toute la terre, la race en laquelle les nations seront bénies et les changements qui s'opéreront dans les royaumes.à l'époque de l'apparition du Messie.

6. — Tandis que ses figures se multiplient dans les rites, les cérémonies mystérieuses et les sacrifices de la religion judaïque, Moïse célèbre le Prophète que Dieu *suscitera du milieu* de la nation.

On les montrera, ces prophètes, qui se succèdent pendant des siècles. On fera entendre la voix puissante qui leur est donnée pour célébrer le mystère du Messie, sa divinité et sa force, ses vertus et ses miracles, ses enseignements et ses épreuves, ses souffrances et les suites glorieuses de ses humiliations, son immolation et son empire sur le monde.

§ 7. — Au jour fixé par ces prophètes, les enfants verront le fils de Dieu paraître sur la terre, reposer dans les bras d'une Vierge et ils entendront le vieillard Siméon demander « à partir en paix, parce que ses yeux ont contemplé le salut préparé à la face de tous les peuples (1). »

Nous leur remettrons alors l'Evangile. En Angleterre, il est dans toutes les mains; faisons-le pénétrer dans tous les jeunes cœurs. Il y portera des conseils et une lumière pour la vie entière, l'amour de la piété filiale et de la patrie, du devoir et de Dieu; l'inspiration nécessaire pour résister à des entraînements malheureux, supporter les épreuves et s'élever à cette dignité morale qui est une gloire et une couronne.

(1) S. Luc, I, 29 et suivants.

§ 8. — Les enfants entendront le sauveur qui les appelle. Dans notre enseignement de l'histoire sainte, approchons-les de lui ; sa bouche sera sur leur cœur ; elle y déposera la foi, des espérances, des consolations, et, comme l'a dit un orateur puissant (1), nous les rendrons meilleurs au *foyer de leur propre vie.* Ce sera former des âmes fortes pour la famille, la patrie et la religion, ces trois sociétés qui doivent n'en faire qu'une. Le salut est là ; il faut le préparer.

Voilà comment doit être enseignée l'histoire sainte? Et l'histoire de France?

CHAPITRE XIX (SUITE)

III

ENSEIGNEMENT DE L'HISTOIRE DE FRANCE

§ 1. — A l'Exposition de Philadelphie, on a eu lieu de constater les inconvénients d'un procédé encore enraciné dans quelques parties des États-Unis : « l'enseignement historique par demandes et par réponses. » Il a fait naître et il a propagé les anciens manuels « *text-books* », qui n'étaient autre chose que « d'arides questionnaires, se réduisant à des nomenclatures, ramenant toute l'histoire à quelques faits bruts,

(1) Lacordaire, 2e *Lettre à un jeune homme sur la piété*, p. 79.

et ces faits eux-mêmes à un sec énoncé, aussi dénués enfin d'utilité que d'intérêt. »

« Là même où ces livres, *ennemis de l'intelligence*, ont été officiellement remplacés, on sent encore la trace d'une longue habitude de ce mode d'enseignement *détestable*. Il était parfois affligeant de feuilleter à l'Exposition d'énormes volumes contenant les *examination-papers* de toute une école en histoire et de n'y trouver, de la première à la dernière page, que les dix mêmes questions suivies de réponses non moins littéralement uniformes, sauf les *lapsus memoriæ* des élèves. (1) »

On voit avec quelle énergie est condamné ce mode d'enseignement jugé *détestable*. Si nous le signalons ici, c'est qu'il existe encore en France, dans certaines classes. Nous nous rappelons même avoir vu des *aspirants* et des *aspirantes* au brevet de capacité pour l'instruction primaire se servir de ces *manuels-questionnaires*. Quand donc aura-t-on rompu partout « avec ces traditions d'enseignement mécanique? »

§ 2. — Et voici un autre abus. Pour l'enseignement de l'histoire de France, on remet encore une sorte d'abrégé entre les mains des élèves. Il est chargé, non plus précisément de questions, avec des réponses qui les suivent, mais de dates; les faits s'y pressent, importants ou non, dans l'ordre où ils se sont accomplis : rédaction sèche, souvent peu élégante ; à peine un souffle de vie qui circule entre les lignes. Et ce livre, le premier que les enfants aient connu, les accompagne pendant les trois années de leur existence scolaire. Ce qu'il renferme doit entrer dans leur mémoire, avec les mots, quelquefois mal accouplés, sous lesquels on a essayé de jeter des idées.

Qu'arrive-t-il? Dans les classes où pénètrent ces livres,

(1) Buisson, *Rapport sur l'Instruction primaire à l'Exposition universelle de Philadelphie* en 1876, p. 310.

peu ou point de trace d'un enseignement gradué suivant l'âge des enfants et qui réponde à la division si logique des cours élémentaire, moyen et supérieur de nos programmes. A peine si la géographie historique y apparaît.

Et puis, avec ces abrégés pâles et sans couleur, rarement les élèves arrivent « dans la première année, comme le disait un jour un conférencier de la Sorbonne, jusqu'à Hugues-Capet; dans la seconde, jusqu'à Henri IV; dans la troisième, jusqu'à nos jours (1). » Aux *Fainéants* on consacre un temps aussi long qu'à l'étude de nos origines nationales, ou plutôt de celles-ci on s'occupe assez peu. Ainsi en est-il d'autres considérations et faits importants.

§ 3. — De tout cela que reste-t-il, après les efforts de mémoire et le travail ingrat que l'enfant a dû subir? Des lambeaux de phrases et de faits, rien qui porte un enseignement moral. Après la seconde année, souvenir très vague du mot à mot que les enfants ont appris si péniblement pendant la première, et, après la troisième, plus rien ou peu s'en faut. Et l'histoire générale de la France? Elle peut être dans les livres, mais rarement dans l'intelligence des enfants.

§ 4. — Quel procédé suivre? se rapprocher des programmes. Que nous recommandent-ils? D'abord, pour le cours élémentaire, des récits intéressants sur les points et les personnages les plus importants de l'histoire de France. On remonte à l'origine de nos annales; puis, chaque semaine, chaque mois, on descend le cours des siècles; à la fin de l'année, on touche à l'époque contemporaine. Pour le cours moyen et le cours supérieur, on suit la même marche, mais en entrant, chaque année, dans des détails plus étendus, en montrant l'origine, les causes et l'enchaînement des faits accomplis. Ainsi, dans l'enseignement donné, rien ne peut s'oublier, les années qui se succèdent reprenant,

(1) Brouard, *Conférences pédagogiques de la Sorbonne* en 1878, p. 99-100

pour les étendre et les fortifier, les connaissances acquises antérieurement. D'un autre côté, comme l'instituteur et l'institutrice devront s'occuper vers le même temps, dans les trois cours, d'une même période historique, ils auront moins à préparer trois cours qu'un seul ; il leur suffira de changer le ton de leur enseignement et de lui donner une étendue plus ou moins grande ; ainsi leur tâche sera simplifiée.

§ 5. — Mais comment rempliront-ils leur cadre et se mettront-ils en rapport avec les élèves ? Pour tous, pour les plus jeunes surtout, ils auront, autant que possible, des gravures, des cartes représentant des faits, des personnages, les points et la contrée où se sont accomplis les événements racontés, car l'histoire et la géographie ne doivent jamais être séparées.

Cette gravure, il faut l'animer, en faisant passer dans une leçon orale, bien préparée, le fait qu'elle rappelle, avec les circonstances qui l'ont accompagné. Ce personnage, on le montrera tel qu'il a été, avec ses qualités ou ses défauts, avec l'influence bienfaisante ou malheureuse qu'il a exercée. Mais toujours une *leçon orale*. On ne la demande pas éloquente. Du moment où elle sera claire, précise, — et une préparation sérieuse lui communiquera ces caractères — elle saisira les enfants plus que tous les récits, parce que la phrase écrite semble toujours morte, et que, sous la parole du maître, on sent la vie.

§ 6. — Alors même que la classe serait pourvue d'une collection de gravures se rattachant à l'histoire de France, il sera bon de remettre aux enfants quelques-uns des récits composés pour leur âge et pour chaque cours, enrichis de figures et de cartes, gradués de manière à prendre plus d'amplitude à mesure que se développe l'intelligence des élèves. Les peuples étrangers attachent à ces livres *illustrés* une grande importance, et souvent les éditeurs y mettent un luxe qui lutte avantageusement avec tous les mérites de la composition littéraire : clarté et coloris du style, vivacité et intérêt dans la marche. La librairie française commence à les suivre de près. De bons livres peuvent être introduits dans les classes.

§ 7. — Même avec les meilleurs, les instituteurs et les institutrices devront « raconter et raconter encore aux enfants, dans des leçons orales bien préparées, les grands faits de notre histoire nationale (1). » Rien, nous le répétons, ne les saisit et les captive comme la parole du maître quand il sait y mettre de la vie.

§ 8. — Aux instituteurs et aux institutrices qui dirigent les cours supérieurs, nous dirons: « Attachez-vous à mettre en lumière nos origines nationales et leurs développements », les vertus civiques, morales et religieuses qui sont une leçon pour tous les âges, et ce patriotisme « qui n'est pas seulement l'amour du sol, mais l'amour du passé, le respect pour les générations qui nous ont précédés (2). »

Pour tous les enfants, demandez à l'histoire ses beaux spectacles : les hommes que le labeur a grandis, que l'économie a fait sortir des conditions les plus modestes pour leur donner la fortune, que leurs vertus domestiques, civiles et religieuses ont couronnés d'une auréole toujours brillante. Quand vous étudierez ces pages, pourrez-vous les séparer de ces autres pages, non moins riches et non moins émouvantes, où le dévouement à la patrie nous apparaît avec toutes ses gloires ? Et n'aurez-vous pas alors la plus vive des satisfactions, celle de voir les jeunes âmes regarder avec admiration les grandes figures qui leur seront présentées et éprouver je ne sais quel désir de monter à leur hauteur ? Que de fois, dans ces leçons, la patrie a été mieux connue et mieux aimée, le patriotisme s'est éveillé et le germe

(1) Buisson, *Ibid.* p. 311.
(2) Fustel, de Coulanges, dans la *Revue pédagogique.*

d'un héros a été jeté au sein d'une jeune nature (1) !

Pour entretenir et échauffer ces heureuses émotions, on pourra avoir la musique, et, après une leçon d'histoire, exécuter avec ensemble, avec chaleur, un morceau patriotique qui enlèvera les âmes vers les idées les meilleures.

§ 9. — Les institutrices ont un autre moyen d'action : c'est de faire paraître devant leurs jeunes filles ces femmes fortes qui, même dans les conditions les plus humbles, comptent parmi les gloires de la France. Leurs exemples et leurs vertus parleront ; les âmes seront touchées, et il y aura, dans la classe, comme un courant incessant d'aspirations vers le bien (2).

§ 10. — Signaler ces existences vertueuses, les présenter comme des modèles, c'est assurer à l'enseignement historique le caractère de haute moralité qui ne doit jamais lui manquer. A chacun selon ses œuvres. Pour les ambitieux, les ignorants et les hommes légers d'esprit qui ont poussé la France vers les abîmes, pour les corrupteurs qui ont cherché la richesse et les honneurs dans nos ruines morales, le mépris, la honte, des stigmates ineffaçables. Mais aussi des éloges, une admiration vraie pour les grands cœurs qui ont soutenu la patrie par leur dévouement, qui l'ont glorifiée par leurs vertus et relevée de ses ruines, ou qui, dans des conditions modestes, ont semé des bienfaits sur leur passage : ici, des modèles pour tous les âges ; là, les justes sévérités de l'histoire qui flétrit le coupable. Par des récits émouvants qui nous rappellent les désastres ou les gloires de la patrie, qui nous montrent les auteurs de ses ruines ou ses vengeurs, qui flagellent le crime ou exaltent le courage, l'âme de l'enfant se trempe pour le bien ; des citoyens

(1) V. Gœpp, et Ducoudray, *Le Patriotisme en France.*

(2) Un livre composé à ce point de vue est en préparation. On peut consulter, d'ailleurs, les ouvrages suivants : *Les femmes illustres de la France* par Delanoy ; — Les *saints de l'atelier*, etc.

utiles et des hommes d'une moralité éprouvée se préparent.

§. 11. — C'est d'après cet ordre d'idées que les études historiques paraissent se mouvoir dans les écoles américaines. Là, l'Amérique avant tout, et les grandes pages de son histoire : sa découverte, ses luttes pour l'indépendance, les efforts tentés afin d'introduire partout l'éducation, et les hommes dont la vie a été mêlée à ces événements : Christophe Colomb, Ferdinand de Soto, Franklin, Washington, Wilson, Lafayette, Abraham Lincoln, etc. ; les navigateurs anciens et modernes, ces hommes d'un autre génie, cherchant de nouvelles terres, de nouveaux cieux et dont doit toujours être épris un peuple jeté entre l'Océan glacial, l'Atlantique et le Pacifique (1).

§ 12. — Mais la France ne compte-t-elle pas aussi des époques glorieuses, des hommes qui l'ont illustrée à la tête des armées, dans les lettres ou dans les sciences, et dont le patriotisme, les vertus civiles ou privées sont, nous le répétons, un enseignement pour tous les âges? C'est au milieu de ces annales, c'est en présence de ces vies qu'il faut arrêter l'enfance. Elle se sentira émue ; il lui viendra des inspirations qui élèveront son âme et passeront dans des compositions semblables à celles des *écoliers américains* (2). Dans ces devoirs, il y aura des idées et du style ; les jeunes esprits qui les auront écrits porteront un regard sur le passé qu'ils essaieront de comprendre et un autre sur l'avenir, où ils verront un rôle utile à remplir. Ils s'initieront peu à peu aux grandes réformes qui ont successivement modifié notre état social et produit la société moderne. Ils feront enfin leur éducation civique, et ils cesseront d'être étrangers, comme

(1) *Devoirs d'écoliers américains*, p. 159-187. -- La même tendance se remarque dans les écoles de la Belgique et de la Suisse. V. *Devoirs d'écoliers étrangers* recueillis à l'Exposition universelle de 1878, p. 181-188, 313, 337-340.

(2) Buisson, *Rapport sur l'Instruction primaire à l'Exposition universelle de Philadelphie*, p. 283.

il arrive, et trop souvent, au fonctionnement des diverses parties de notre système gouvernemental : à la distribution des pouvoirs, aux droits, aux devoirs et aux obligations d'un citoyen.

§ 13. — Mais de grâce! ne les arrêtons pas, comme il arrive encore, sur des faits sans importance, sur des figures pâles et entachées d'immoralité; éloignons de leurs mains les abrégés qui imposent à leur mémoire des efforts incroyables, en la chargeant d'un mot à mot stérile.

§ 14. — Chaque région a ses hommes remarquables; ne laissons pas nos enfants les ignorer. Ces gloires semblent les toucher de plus près, puisque les héros couronnés ont foulé le sol qui les porte eux-mêmes. Mais, quand nous les montrerons, que notre enseignement ne prenne pas cette triste forme : *Dunkerque*, patrie de Jean Bart; — *Beauvais*, patrie de Jeanne Hachette; — *Vaucouleurs*, patrie de Jeanne d'Arc; — Saint-André-d'Hébertot, patrie du chimiste *Vauquelin*, etc., etc.

Ce qu'il nous faut, ce ne sont pas seulement des noms; c'est, avec ces noms, le spectacle d'une vie qui grandit par le travail, qui lutte courageusement contre l'épreuve et la misère quelquefois, qui, arrivée à la gloire et à la fortune, donne l'exemple de la piété filiale et des vertus domestiques. Est-ce que Vauquelin, pour ne parler que de ce dernier, ne nous offre pas ce spectacle si moralisateur? Suffit-il d'écrire pour les enfants qu'on lui a érigé un monument? Montrons donc le savant qui connaît d'abord la misère, qui en triomphe par un travail obstiné, et qui, arrivé à la fortune, la partage avec sa famille... Et n'a-t-on rien à dire de nos saints, de nos hommes de guerre, de nos poètes, de nos navigateurs, etc.? On aura là, pour chaque région, des hommes du pays. Ils ont vécu au milieu des pères de nos enfants; quelques-uns, dans leurs rangs. On ne peut trop signaler leurs œuvres et leurs vertus. En leur rendant sur les lieux mêmes où ils ont grandi, un hommage mérité, on excite dans les jeunes gens l'amour du bien, souvent des sentiments patriotiques. C'est la tendance américaine; qu'elle entre plus largement dans nos classes, et notre enseignement historique sera sous ce rapport encore une source de véritables progrès.

CHAPITRE XX

Enseignement géographique

Nous commencerons ce chapitre par une critique qui touche un des côtés de l'enseignement géographique en Amérique.

§ 1. — Dans cette contrée, comme en France, il y a, pour la géographie, le vieux mode d'enseignement « tout hérissé, dit M. Buisson, de rebutantes nomenclatures, qui ne disent rien à l'esprit, rien à l'imagination et ne chargent que la mémoire (1). « Les livres et les atlas composés en vue de ce système renferment d'éternelles listes de *quæstiunculæ.* » Aux élèves qui la subissent, on pose, quand ils ont à faire des compositions, « une suite de vingt ou trente questions. » Elles sont souvent « tout imprimées sur un papier partagé à l'avance en un certain nombre de cases, qui laissent une ligne ou deux en blanc pour la réponse à chacune des questions (2). »

Ce système, dit M. Buisson, est pour l'Amérique « d'un

(1) Buisson, *Rapport sur l'Instruction primaire à l'Exposition universelle de Philadelphie*, p. 283. — (2) *Ibid.*, p. 303.

demi-siècle en retard (1). » A Boston et dans les parties les plus avancées de l'Ouest, à Cheveland, à Saint-Louis, à Chicago, dans le Michigan, dans le Visconsin, une forte et intelligente réaction tend à le renverser.

Il faut qu'elle devienne également générale en France, et que partout soient proscrits les livres dans lesquels des hommes « en retard d'un demi-siècle » entassent encore « d'éternelles listes de *quæstiunculæ*. »

§ 2. — A ce mode « d'enseignement si sec, » qui accable, souvent sans profit, la mémoire des enfants, on tend à substituer partout une méthode vraiment intuitive et progressive.

Voici ce que nous dit à ce sujet M. Levasseur, un de nos géographes les plus autorisés :

« Quoique vous enseigniez aux enfants, commencez, lorsque vous le pouvez, par le leur montrer avant de le démontrer. Si vous voulez pénétrer dans leur esprit, entrez par la porte de l'imagination, et, au besoin, vous cheminerez ensuite à l'aide du raisonnement jusqu'au plus profond de leur intelligence : c'est la voie la plus sûre (2). »

En Amérique, l'enseignement géographique ne suit pas une autre voie. Il a été étudié sur les lieux mêmes d'après des travaux présentés à *l'Exposition* de Philadelphie. Ils ont permis à M. Buisson de nous exposer sa marche avec une grande clarté. Il y a là une leçon que nous devons reproduire dans l'intérêt de nos études géographiques. Nous y reconnaîtrons, je le sais, une direction qui, sur certains points, nous est déjà familière ; peut-être semblera-t-il que, sur d'autres, nous pouvons l'imiter avec profit.

§ 3. — « Aujourd'hui presque partout les études géographiques commencent comme elles doivent commencer, par la connaissance du

(1) *Ibid.*, p. 283. — (2) Levasseur, *Etude et enseignement de la géographie*, p 10.

voisinage immédiat et par le plan de la classe, de l'école, de la rue du village; par l'orientation enfin, non sur la carte ou d'après la définition des termes, mais sur le terrain et dans la *réalité*... »

Oui, dans la *réalité*; c'est le point important, et sous ce rapport, nous avons, comme nous le verrons (1), des indications à modifier. On ne devra pas non plus placer sous les regards des enfants, des livres où s'entassent, dès le début, des définitions de tout genre; *géographie; îles, presqu'îles, promontoires, caps, golfes*, etc. Ce qu'il faut, c'est pouvoir leur dire : regardez et dites ce que vous voyez. Le spectacle, bien entendu, doit être préparé par le maître d'une manière intelligente, comme on sait le faire dans les *écoles américaines*.

§ 4. — « Certaines écoles normales, notamment celles d'Indianapolis, nous ont mis à même de comprendre en détail les procédés préparatoires employés dans les *primary schools* pour les élèves de six à neuf ans. Il n'est pas encore question de « géographie, » ce sont des « leçons de lieu, » ainsi nommées par analogie aux « leçons de choses » dont elles se rapprochent beaucoup. On apprend d'abord aux enfants à distinguer les positions, devant, derrière, à gauche, à droite, dessous, dessus, loin, près, etc. Et comme l'éducation américaine va d'un bond de la vue des objets à leur reproduction, l'enfant n'apprend pas seulement à dire la position des objets, il la représente comme il peut sur l'ardoise ou sur le papier. Un peu plus tard, on lui fait remarquer non plus seulement la place des objets dans la salle de classe, mais celle de la classe par rapport à l'école, puis celle de l'école par rapport à la rue (2). »

« Plus d'un enfant sait s'orienter qui sait à peine lire ou écrire.

(1) V. *ci-dessous*, p. 186.

(2) Voici comme application, quelques-uns des devoirs donnés dans l'Ohio : « Dessinez le plan de votre salle d'école, indiquez les portes et les fenêtres. Indiquez la position de l'estrade du maître et du pupitre. — Dessinez une carte de la cour de l'école avec les rues voisines. — Nommez cinq rues de la ville dans la direction du nord au sud, etc., *Devoirs d'écoliers américains*, p. 31-33.

Que faut-il, en effet, pour qu'il arrive à ce résultat ? Il suffit de lui avoir fait observer à plusieurs reprises le plus frappant, le plus constant des phénomènes; faut-il un grand effort à une maîtresse intelligente pour obtenir des plus jeunes élèves qu'ils regardent avant de venir à l'école de quel côté le soleil se lève, et qu'ils le lui redisent en classe (1) ? »

§ 5. — Nous avons là des instructions pour l'orientation, une des premières notions à donner, et que nous croyons souvent avoir communiquées, en nous contentant de dire qu'il y a quatre points cardinaux: le nord et le sud, l'est et l'ouest. En Amérique, des atlas se chargent de rendre cet enseignement saisissant. Ici, de charmantes gravures montrent aux enfants le plan de la classe, celui de l'école et celui des environs. Là, un joli petit paysage : à l'horizon, un coucher de soleil et ses derniers rayons, un *boy* (jeune garçon) qui revient de l'école, le sac sur le dos et qui s'arrête pour contempler le spectacle. Il est sur le haut d'un rocher. Une petite fille a sa place dans le tableau; elle donne la main à son père. Et la vignette suggère un dialogue : « Que voyez-vous dans l'illustration ?... Où se tient le monsieur ?... Qu'est-ce qu'il montre ?... Montre-t-il avec sa main droite ou avec sa main gauche ? — Que tient-il de l'autre main ? — Qu'est-ce que la petite fille regarde ? — Où est le soleil (2) ? »

Il est peu d'atlas qui ne contiennent des vignettes destinées à faire comprendre ainsi les points cardinaux. C'est bien là l'enseignement par les yeux.

§ 6. — Autre moyen : on montre une boussole aux enfants et l'on trace à la craie, devant eux, sur le plancher de l'école ou sur le plafond, une ligne qui va, suivant les indications de cette boussole, du nord au sud, de l'est à l'ouest.

(1) *Rapport*, p. 281.
(2) Buisson, *Rapport*, etc., p. 218.

Cette simple figure les prémunit contre une méprise qu'engendre souvent l'usage des cartes murales, quand il n'y a pas d'explication préalable, et qui porte les enfants à dire : le nord est en haut, le sud en bas (1).

§ 7. — Encore un procédé pour rendre sensible l'enseignement géographique par les yeux. Un atlas, dit *élémentaire*, renferme une collection d'images qui présentent la vue à vol d'oiseau d'une contrée, d'une vallée, d'un golfe, d'une chaîne de montagne. On ne se borne pas à la définition des « diverses étendues d'eau; » mais une vignette montre ici « une source avec la fraîche verdure de ses bords, et son eau limpide où des enfants se désaltèrent; là, une île, une presqu'île, un lac et une *cataracte;* puis, un des grands fleuves de l'Amérique, dont les eaux traversent un paysage. A côté, un train de *chemin de fer* arrivant en gare, « c'est-à-dire le plus souvent au milieu de la ville, à travers les rues, sans barrière et sans autre avertissement pour les passants que la cloche de la locomotive, etc. (2). »

Et quand l'enfant a bien saisi sa vignette, il s'essaie à la reproduire au tableau noir. On lui donne aussi des vues des principales villes, des représentations des travaux des hommes de son pays (3).

§ 8. — Ces vignettes nous rappellent le *Géorama universel*, ou *jardin géographique*, établi à Paris, rue Nansouty, 2. Dans ce jardin, le visiteur, en se promenant, parcourt toutes les contrées des cinq parties du monde; en quelques instants, il va d'un pôle à l'autre, et pas un accident de terrain qui ne passe sous ses yeux (4). Le *Géorama* ne peut être visité, il est vrai, que par quelques enfants privilégiés; mais est-il donc impossible à une certaine classe d'instituteurs de le reproduire en petit dans leur jardin ou

(1) V. *ci-dessus*, p. 181. — (2) Buisson, *Rapport*, p. 287.

(3) Les *écoliers français* ont quelques pages qui reproduisent d'une manière intéressante une idée de ce genre, V. p. 76-79.

(4) *Journal officiel*, 18 avril 1875.

sur les murs de leur classe? Et le *relief* du globe n'est-il pas, du moins, accessible au grand nombre?

Ce que ces images de toute nature et ces reliefs, avec les explications qu'ils provoquent, font entrer de notions géographiques dans l'esprit des enfants, on a peine à le croire. Au lieu de les charger d'abstractions et de définitions, on les place en présence de la nature, au sein de la réalité, et, sans effort, leur intelligence s'ouvre pour saisir ce qui la frappe. Un pédagogue américain, M. Wickersham, nous montre combien cet enseignement a d'attrait pour les enfants.

§ 9. — « Un enfant de huit ans a déjà des notions de géographie sans le savoir : il a vu l'eau jaillir d'une source; il a gravi et descendu des pentes; il a remarqué des villages, des bourgs; ici, un moulin; là, une manufacture; il a vu passer le train sur les rails, le bateau sur la rivière ou le lac; il n'est pas sans pouvoir distinguer le roc, le sable, la bonne terre, ou bien la neige, la glace, la grêle; il connaît des minéraux, des végétaux, des animaux en assez grand nombre. Appuyez-vous sur ces premières connaissances, partez de là, vous n'avez pas besoin d'autre *text-book* (manuel) que la nature :

« Au premier degré, vous vous bornez à insister sur ce qu'il sait déjà, à le lui faire observer plus et mieux, à l'y intéresser plus profondément. Vous lui parlez des objets du voisinage, des bois, des vallées, des rivières, des plaines qu'il connaît; vous l'amenez à distinguer les diverses parties du sol et leur nature; le sol de la prairie, de la forêt, du champ cultivé, du jardin; et puis les eaux diverses, sources, ruisseaux, étangs, mares; et de même les pierres, granit, ardoises, silex, sable, calcaires; et de même les arbres, noyer, châtaignier, pin, chêne, peuplier, frêne, tremble; et les plantes cultivées, et les animaux domestiques et sauvages; et ainsi de tout le reste. C'est à vous de trouver les sujets que vous devez traiter, à vous d'apporter en classe les objets que vous voulez faire connaître ou de les mener au besoin les visiter sur place. Ce sera la préface de votre géographie.

« Au second degré, vous aborderez les objets que vous ne pouvez plus montrer aux enfants; ceux-là vous les décrirez avec toute votre imagination, vous leur dépeindrez des climats, des plantes, des animaux, des peuples, des sociétés qu'ils n'ont jamais vus, qu'ils ne verront peut-être jamais : l'Esquimau sous la neige, l'Arabe au désert, le Hottentot dans sa hutte; vous voyagerez avec eux, racontant, décrivant, animant tout. Ne vous arrêtez pas à la pensée que beaucoup de ces descriptions ne sont pas d'une exactitude rigoureuse; l'important, à ce degré d'enseignement, c'est que l'impression soit juste. Pour vous seconder, mais non pour vous remplacer, faites appel à tous les moyens qui parlent aux yeux : images, tableaux, photographies, vues de stéréoscope ou de lanterne magique.

« Une troisième classe de leçons comprendra l'étude et la représentation graphique de l'école et de ses environs. Dessinez d'abord la classe ou la cour de l'école sur un tableau placé horizontalement, puis vous le suspendrez verticalement, et les élèves comprendront aussitôt comment doit se lever un plan ou une carte.

« La quatrième classe de leçons consiste dans l'explication des termes géographiques, explications par la vue d'abord, par l'analogie ensuite; un ruisseau fera comprendre un fleuve; une chaussée entre deux mares, un isthme; la mare, un lac; et ainsi de suite. Ici viendra à propos la boîte contenant un relief submersible avec tous les accidents géographiques, et enfin le globe (1). »

Quand les enfants passent à l'étude de la géographie générale, une sphère, placée sous leurs regards, leur fait, en effet, comprendre la forme du globe, la répartition des terres et des mers à sa surface, etc. Et, comme toujours, à la suite des explications, des devoirs qui s'y rattachent. Ainsi : « Quelle est la forme du globe ? — Faites la carte d'une île. — Nommez les occupations principales de notre pays, etc. (2). » Partout un enseignement qui parle aux yeux, et toujours des devoirs qui conduisent à la reproduction de ce qui a frappé les regards.

(1) Buisson, *Ibid.*, p. 285, 286.
(2) *Devoirs d'écoliers américains*, p. 32. — 33.

§ 10.—Qui ne comprend combien un programme ainsi conçu offre d'intérêt aux enfants, quand il est rempli avec intelligence; combien aussi il assure leurs progrès dans l'étude de la géographie? Dès le début, attachons-nous-y, et aimons-le, comme nous y exhorte le pédagogue américain.

Du reste, dans un grand nombre d'écoles françaises, la tentative a été faite avec succès; toutes ces classes nous présentent, pour l'enseignement de la géographie, une méthode rationnelle. D'abord la commune, avec le plan de l'école, la mairie, l'église, puis le canton, l'arrondissement, le département, avec la composition du sol qui en détermine les produits, son agriculture, ses industries, son commerce.

Souvent aussi l'initiative ingénieuse des instituteurs, qui cherchent le moyen de simplifier leur tâche toujours si difficile : ici, une carte en relief de la commune; là, une carte d'un autre genre, qui aide l'élève dans l'étude des termes géographiques; ailleurs, des collections de bois, de minéraux, la matière première qu'emploie l'industrie, et la suite de ses transformations, etc.; enfin, pour l'étude de la géographie générale, un globe et les explications qu'il suggère. C'est la méthode américaine, avec ses bons résultats.

§ 11.—Et puisque nous disons le bien, ajoutons que souvent nous avons trouvé dans une voie fort satisfaisante l'étude géographique de la France, l'étude physique surtout. Des maîtres intelligents nous présentaient, non des abrégés, mais des cartes, leur premier et quelquefois leur seul livre de géographie : cartes de la commune, du canton, de l'arrondissement, du département, de la France, car c'est ainsi qu'il faut graduer et conduire cet enseignement. Pour la carte de France, des traits courant sur le papier légèrement et en harmonie avec les lignes naturelles de notre contrée, nous la montraient avec ses contours, son système orographique, ses fleuves et leurs affluents, ses canaux et ses chemins de fer; le tout du meilleur goût, sans trop de détails, clair, net, exact, ondulé comme le sol. Bien pour la géographie physique.

§ 12.—Mais, quand arrive la géographie administrative, on se perd souvent dans des détails peu intéressants. Chefs-lieux de département, soit! Il faut les connaître, et même ne pas courir légèrement sur des faits importants et des monuments qui s'y rattachent; mais à quoi bon charger la mémoire des enfants du nom d'une foule de localités et de troisième et de quatrième ordre? Ils débitent ces noms imperturbablement; mais, en les entendant reproduire ce qu'on leur a fait apprendre, n'éprouve-t-on pas un serrement de cœur pour le tourment inutile qu'ils ont dû subir?

§ 13. — Non! ne perdons pas nos enfants dans d'arides nomenclatures de noms de communes ou de chefs-lieux d'arrondissement. Pour chaque centre scolaire, après l'étude de la commune, c'est le département qu'il faut montrer avec ses richesses agricoles et industrielles, c'est dans son sein qu'il faut descendre pour en sortir ensuite avec les trésors qu'il renferme; ce sont ses cultures diverses, avec les améliorations qu'elles réclament, qu'il faut faire comprendre. Ainsi l'on attachera les enfants au sol natal, en leur exposant le bien-être qu'il offre au travailleur; on leur apprendra comment on le féconde, et avec quelle largesse il répond à chaque goutte de sueur qu'il reçoit.

§ 14. —Quand vous sortirez de votre département, vous ne manquerez pas, sans doute, de suivre dans leur cours les fleuves de la France et les vallées qu'ils fertilisent, de décrire ses vastes plaines, ses hautes montagnes et leurs produits; vous essaierez, surtout, de tracer un tableau saisissant de l'activité qui se déploie partout, des merveilles du travail et des voies si rapides qui les portent sur tous les points du globe. Ce sont des études de ce genre qui donnent à l'homme une idée de sa grandeur, de la puissance qu'il peut exercer, pour le transformer, sur le monde matériel, et qui l'excitent à mettre toute son énergie au service du travail physique, agricole et industriel.

§ 15. — Ainsi l'on enseigne d'une manière vraiment utile la géographie agricole, industrielle et commerciale. Car, i ne suffit pas de dire : ici, telle manufacture : draps, toiles, etc.; — là, telle fabrique : bonneterie, soierie, cristaux, porcelaine, etc.; — ailleurs, telle culture : mûrier, vigne, céréales, etc., etc.

Que faut-il de plus? demandera-t-on peut-être. Exposer aux enfants comment et dans quelles conditions s'exercent ces industries, les bras qu'elles emploient, les richesses qu'elles font entrer dans le pays. Puisqu'elles seront plus tard, pour un grand nombre d'entre eux, une source de bien-être, pourquoi ne pas les initier dès le jeune âge à des travaux qui les feront vivre comme leurs pères, et se contenter de cette sèche indication : *Lyon :* fabrication d'étoffes de soie brodées d'or et d'argent : *Besançon :* grand commerce d'horlogerie; — *Nantes :* raffineries de sucre; — *Orléans :* fabrique de confitures de coings; — *Bayeux*, manufacture de porcelaine, etc.

« Aidées, dit avec raison M. Gréard, par un enseignement qui s'inspire de leurs intérêts, les aptitudes se développent au grand avantage des industries dont elles secondent les progrès; elles ne dévient point (1). »

§ 15. — C'est encore là un des côtés de la direction que l'on imprime, en Amérique, à l'enseignement géographique. A des enfants de douze ans on demande de « dire en quoi consiste le travail des mines; » — à d'autres, « de faire connaître la distribution de la richesse minérale dans l'Amérique du Nord; — de faire un exposé de l'âge carbonifère; » — à d'autres encore de « traiter à fond la question

(1) *L'enseignement primaire à Paris et dans le département de la Seine de 1867 à 1877*, p. 154.

des différentes régions naturelles des Etats-Unis, etc. (1). »

La géographie commerciale n'est pas non plus négligée. Aux examens de promotion à la *high-school* de Chicago, on a posé les questions suivantes : « Quels sont les articles de commerce les plus importants échangés entre les États-Unis et l'Angleterre? — Si l'Illinois et la France désiraient échanger leurs principales productions, qu'auraient-ils à échanger? Et quelle serait la voie de transport la plus économique? — Tracez l'itinéraire par eau de Chicago à Paris, etc., etc. (2) »

§ 16. — Si nous entrons dans ces détails, c'est pour essayer de faire comprendre quelle direction large, pratique et utile les Américains donnent, dans leur écoles, à l'enseignement de la géographie. Imitons-les; nous cesserons de charger de mots la mémoire des enfants, pour leur donner des idées, leur faire connaître leur pays, le relief du sol, ses régions naturelles et ses richesses minérales, ses industries et son commerce, les grandes voies de communication qui le mettent en rapport avec le monde et les produits qu'il peut échanger avec lui, etc.

(1) *Devoirs d'écoliers américains*, p. 191-303.
(2) Buisson, *Rapport sur l'Instruction primaire à l'Exposition universelle de Philadelphie*, en 1876, p. 322.

CHAPITRE XXI

Travaux manuels

§ 1.. — La loi du 10 avril 1867 exige l'enseignement des travaux manuels dans toutes les classes fréquentées par des jeunes filles ; les institutrices doivent y appliquer les élèves qu'elles dirigent ; des maîtresses d'ouvrages sont attachées aux écoles mixtes. Les travaux manuels peuvent donc être organisés partout. De bons résultats sont possibles ; il s'agit de les provoquer.

§ 2. — Donnons d'abord à cette partie de l'enseignement le temps déterminé par le règlements. Sous aucun prétexte, on ne doit en abréger la durée. Il ne faut pas non plus la dépasser. Ce désordre est inadmissible comme l'autre. En tout, de la régularité; rien pour l'arbitraire; c'est la condition du progrès.

Toutes les jeunes filles de la classe prendront part à cette leçon ; c'est le vœu de la loi ; l'intérêt de la famille l'exige. Peut-être certains parents allégueront-ils des prétextes pour obtenir une dispense. On les écoutera avec bienveillance, mais on se montrera inflexible en faisant comprendre avec tous les égards possibles que la loi commande et veut être obéie.

§ 3. — L'heure du travail manuel venue, suivons notre programme. Ici encore trêve à la fantaisie. Le nécessaire d'abord et lui seul : ourlet, piquet, surget, couture rabattue, marque, feston et tricot ; reprise sur vieux linge et remmaillage des bas ; pose des boutons et des agrafes ; confection des boutonnières, des brides et des œillets ; coupe de pantalons, de blouses, de bonnets, de robes, de chemises pour hommes et pour femmes; tenue du linge dans le ménage et son arrangement dans les armoires; soins à lui donner quand il est sale; valeur et choix des diverses étoffes; appréciation des modes graves et toujours dignes; enseignement surtout par l'exemple.

Voilà notre programme dans ses parties essentielles. La jeune fille qui sortira de la classe avec ces connaissances et qui voudra les appliquer ne pourra-t-elle pas occuper dans la famille une place fort utile?

§ 4. — Il faut pour tous les ménagers, l'ordre et l'économie. Avec ces qualités, le plus modeste devient prospère. La fortune s'élèvera peut-être lentement, mais elle sera durable, parce que l'on connaîtra le prix des sueurs qu'elle aura coûtées.

Il faut des goûts de propreté, parce que du respect pour le vêtement extérieur ils conduisent à celui du corps et de l'âme. Nous avons vu de près des enfants dans toutes les conditions. Il en est sur lesquels on verse toujours des larmes, car on reconnaît bientôt que leur âme tombe en lambeaux comme leurs habits. Dans les morceaux d'étoffe jetés sur leur corps, des trous et de la crasse; des cheveux en désordre; dans les habitudes, la manifestation d'instincts grossiers; la dureté envers les animaux, la paresse ou la fureur du jeu à l'argent, le maraudage, l'exploitation de la charité publique. Allez, si vous le pouvez, jusqu'à l'âme, des ruines; à peine quelques bons sentiments restés debout; l'odeur âcre du mal.

§ 5. — Qu'a-t-il manqué au début de ces chutes? L'influence d'une mère intelligente, rompue, dès l'enfance, à des habitudes d'ordre et de propreté, assez forte pour les imposer, assez puissante surtout pour les faire aimer. L'habit le plus simple eût été protégé par une de ses recommandations et par la crainte de lui déplaire. L'enfant n'eût jeté ni ses habits ni son corps dans ces rencontres malheureuses où restent toujours des lambeaux de lui-même et de tout ce qui le touche. Peu de chances pour les inspirations et les excès de la paresse sous les regards d'une mère toujours absorbée par des travaux sérieux. Le corps de l'enfant restera avec sa dignité, et l'âme, sous cette enveloppe, conservera ses trésors : la délicatesse des sentiments, le respect d'elle-même, des tendances vers tout ce qui l'élève et la purifie. Pour arriver à ce résultat, les habits recherchés ne sont pas nécessaires ; il y a une noble simplicité qui cache souvent une grande richesse intérieure. Il faut la faire pénétrer partout, et lui donner pour base et pour couronnement la bonne tenue, l'ordre et la propreté!

§ 6. — C'est surtout le devoir des institutrices dans les écoles spéciales, et des maîtresses d'ouvrage dans les écoles mixtes. Plus tard, les jeunes filles marcheront à la tête d'une famille. Elles porteront dans son sein la direction qu'elles reçoivent. MM. les inspecteurs primaires ne manquent pas de s'assurer qu'elle est bonne. Partout, nous aimons à le croire, ils trouvent cette partie de l'enseignement dans une voie satisfaisante. Si, cependant, des conseils étaient nécessaires, ils ne doivent pas les épargner. En développant, dans les écoles de filles, le goût des travaux manuels, de l'ordre et de la propreté, on créera pour la famille de puissants éléments de bien-être, de prospérité et de vie normale.

§ 7. — Une fois le nécessaire assuré, et nous avons dit en quoi il consiste, rien n'empêchera d'aller au delà. Ne mutilons pas l'habileté mise par la Providence au bout des doigts de nos enfants. C'est leur gagne-pain, leur richesse ; développons-la. Je ne dirai pas de l'absorber dans des travaux futiles, de faire abus de la tapisserie, du crochet, etc. Tournons-la vers les travaux sérieux, eussent-ils une apparence de luxe. Que de bonne heure, l'enfant apprenne à demander à ses doigts du pain, un vêtement, une partie du loyer de la maison qui l'abrite, une ressource pour un vieux père ou pour une mère infirme. Le paresseux ne connaît pas le prix de la vie, et il la jette à tous les vents.

Mais, quand on en tire, dès le jeune âge, une obole, quelques pièces de monnaie, un peu de bien-être pour soi et pour les autres, on se prend d'amour pour le *capital* qui s'appelle le temps, et on lui dispute afin de le féconder, chacun des instants qu'il emporte. On arrive bientôt à se suffire, et cet affranchissement est déjà d'un prix incalculable. Puis, on devient le soutien et la providence de qui est plus faible que soi. Ainsi commencent et se développent toutes les vies utiles. Il y a souvent une fortune dans la main de nos enfants. Aidons les capacités naturelles; Dieu sera avec nous.

CHAPITRE XXII

Influence de l'enseignement du chant dans les écoles

M. Albert Dupaigne a publié sur cette question, dans le *Dictionnaire de Pédagogie*, un travail fort étudié. On y reconnaît un homme compétent. Nous nous proposons de reproduire ici quelques-unes de ses principales idées, vivement désireux de les voir entrer dans les classes, où elles porteront les éléments d'un progrès réel.

§ 3. — En France, dit M. Dupaigne, le véritable rôle et l'importance de l'enseignement du chant et de la musique dans l'éducation ne sont pas encore suffisamment compris. Les nations les plus avancées au point de vue de l'instruction primaire en font, au contraire, une partie intégrante et presque nécessaire de l'éducation générale.

(1) V. *Dict. de Pédagogie*, 25e livraison, p. 355-363.

Ainsi dans les contrées où un parfait accord existe entre les autorités scolaires et les autorités religieuses, l'enseignement du chant prête une solennité particulière aux cérémonies du culte. Malheureusement, dans un grand nombre de nos bourgs et de nos villages, il se réduit le plus souvent à la lecture « de la note » et à la répétition de quelques cantiques qui sont plutôt *criés* que chantés par les enfants. Combien donc nous sommes loin, sous ce rapport, des pays allemands où les chants « produisent à l'église des plus pauvres villages de la Zillerthal une si profonde impression (1) ! »

Là même, ajoute M. Dupaigne, où les intérêts religieux et scolaires sont séparés, en Allemagne, en Suisse, aux États-Unis, on utilise avec persévérance et succès les éléments d'attrait et de progrès qu'apporte le chant aux éducations intellectuelle, disciplinaire et morale.

Il y a là pour les instituteurs français un exemple et une leçon. Naguère les instituteurs du congrès de Brunswick ne proclamaient-ils pas encore que l'enseignement du chant à l'école est « un moyen d'éducation générale d'une puissance étonnante (2) ? » Rien, en effet, n'égale « l'impression produite par la musique sur l'organisation humaine, quand il s'agit d'élever les cœurs et les esprits, de fixer l'attention et de préparer la volonté (3). »

§ 2. — Bien dirigée, la musique fait aimer l'école, les exercices où le chant se mêle, les maîtres qui les conduisent ; elle est donc un moyen disciplinaire.

« Au point de vue intellectuel, elle a pour résultat certain *d'élever* l'esprit, de donner le goût du *beau* dont elle est un exemple, le plus sensible peut-être, et de mener du goût du beau à l'amour

(1) Narjoux, *Écoles primaires et salles d'asile*, p. 72.

(2) Congrès des Instituteurs de Vienne et de Brunswick, dans le *Journal des Instituteurs*, 3 août 1879, p. 551.

(3) *Dictionnaire de Pédagogie*, 25e livraison, p. 353.

de l'étude, qui donnera de plusieurs autres manières satisfaction à ce goût... Dans l'instruction primaire, c'est elle qui représente la première le côté esthétique de l'éducation, si nécessaire à mêler au terre-à-terre des premiers éléments ; c'est elle qui, mieux comprise et plus vite saisie que la beauté littéraire, permet le plus facilement aux enfants de sentir le charme et l'émotion produits parce qu'ils ont su *bien dire*, et la satisfaction délicieuse d'avoir eu leur part dans la production de quelque chose de *beau* (1). »

Est-il un éducateur sérieux qui ne comprenne combien ces impressions premières prédisposent à des développements heureux l'intelligence de l'enfant ? Il voit le beau, il le contemple, il le chante, sans le savoir, il l'aime, il le cherche partout, et chacun de ses efforts ouvre à son esprit des horizons nouveaux. Il va sans dire que le maître doit avoir conscience de sa mission et de la sollicitude pleine de délicatesse qu'elle exige de lui, afin de favoriser ces bons instincts.

Et le cœur ? Mais du moment où l'on ne laisse pénétrer dans l'école que des œuvres d'un sentiment pur et élevé, — que les chants reproduits apporteront toujours à l'enfant des inspirations douces, morales, le saisissant par les parties les meilleures de son âme, est-ce qu'il ne grandira pas avec elles, comme son corps avec le pain qui le nourrit ? est-ce qu'il ne trouvera pas là une force qui l'entraînera vers le bien et qui enlèvera son cœur au-dessus des plaisirs dangereux qui, dans d'autres conditions, l'assiégeraient et le domineraient ?

§ 3. — Une direction ainsi comprise suppose qu'il y a une musique classique, « à la portée des enfants, qui élève les cœurs comme les intelligences, qui charme les ignorants aussi bien que les esprits plus cultivés (2). »

Mais oui, certainement elle existe. C'est la musique clas-

(1) *Ibid.*
(2) *Ibid.* p. 356.

sique *populaire.* A Paris, elle a pu réussir au point de devenir « une part nécessaire de l'existence pour les personnes intelligentes, et cela non pas dans le milieu des classes riches, non pas par le concours des personnes de la haute société, mais par le concours des travailleurs, des familles de la classe moyenne et souvent de la classe ouvrière (1). »

Est-ce qu'un grand nombre de nos enfants ne sort pas de ces classes? Est-ce qu'il est impossible de mettre à leur portée la musique qui enchante et moralise leurs pères? Les *orphéons* la leur ont souvent présentée. Malheureusement, ils se sont quelquefois laissés entraîner par le cabaret. « C'est aux instituteurs à les ramener à l'école qui doit être à la fois leur lieu d'origine et leur siège habituel (2). » Et nous aurons alors pour les enfants la musique qui leur convient.

§ 4. — Mais aussi c'est à l'autorité scolaire à préparer et assurer le recrutement des maîtres capables de la propager partout.

L'Allemagne, l'Autriche-Hongrie, la Suisse, le Danemark, la Norwège, la Hollande, la Russie, les États-Unis exigent de leurs instituteurs l'éducation musicale. Là, elle entre comme partie obligatoire dans le programme des écoles normales, et, quand viennent les examens du degré le plus élémentaire, nul n'est dispensé de subir sur la musique une épreuve théorique et pratique. Tous les maîtres propagent les connaissances qu'ils ont acquises. Aussi « une exécution chorale vraiment artistique est-elle chose ordinaire, non seulement dans les villes, mais dans les campagnes (3). »

§ 5. — Il peut être utile d'exposer le mode d'enseignement de la musique dans les écoles américaines. Là, dès l'âge de six ans, les enfants apprennent par cœur de petits morceaux coupés en strophes très courtes. Les paroles sont

(1) *Ibid.*, p. 350. — (2) *Ibid.*
(3) *Ibid.*, p. 356.

instructives et attachantes; elles se gravent facilement dans la mémoire. La maîtresse, car il n'y a que des maîtresses dans les petites classes, les fait exécuter à l'unisson en les accompagnant au piano. Sa préoccupation est de former chez les enfants un timbre de voix très doux, et de leur faire nuancer avec goût l'expression de chaque strophe. Cet enseignement se donne avec une égale sollicitude dans les classes les plus pauvres et les plus riches. Pour commander les mouvements, on a, au lieu du sifflet de nos écoles françaises, des accords fort harmonieux. Le défilé des enfants se fait silencieusement au pas, mais au son d'une marche jouée sur le piano.

On ne saurait s'imaginer combien profonde et salutaire est l'impression produite sur les enfants. Elle ravit les nouveaux venus. Dans les grandes écoles normales mixtes qui forment des instituteurs et des institutrices, l'effet des chants d'ensemble est jugé admirable.

Partout les instituteurs enseignent avec entrain et succès la musique aux plus grands élèves comme aux plus jeunes; à peine deux ou trois enfants sur cent restent rebelles à la culture qu'ils reçoivent. Autre résultat non moins important: partout où l'enseignement musical est développé et florissant, les autres enseignements ne le sont pas moins (1).

§ 6. — En France, que fait-on ? Les règlements n'ont pas manqué, et les premiers remontent à 1833. Ne parlons que des derniers. Un arrêté du 30 janvier 1865 rendit l'enseignement du *chant* obligatoire dans toutes les écoles normales. On devait lui consacrer cinq heures par semaine, en y comprenant le plain-chant pour les catholiques et le chant religieux pour les autres communions. Est venue la loi du 10 avril 1867. Elle ajouta les éléments de l'histoire et de la géographie de la France aux matières obligatoires

(1) *Ibid.*, p. 357.

de l'enseignement primaire; de l'enseignement du chant il n'était pas dit un mot.

Que faudrait-il? le rendre *obligatoire* pour l'examen du brevet simple; — *obligatoire* même à l'examen *d'entrée* des écoles normales. Les trois années qui suivent seraient employées « à faire d'un élève un maître, à ce point de vue comme aux autres (1). »

§ 7. — Nous aurions alors des instituteurs et des institutrices capables de répandre l'enseignement du chant ou de la musique. Il réussit, dit M. Dupaigne, partout où il se trouve des maîtres ayant des connaissances acquises et le goût qui les porte à chercher la simplicité dans les chants d'école.

Mais qu'il commence de bonne heure. On a vu que les jeunes Américains y sont initiés dès l'âge de six ans, et même plus tôt. Puisque cet enseignement existe déjà, sous une forme plus ou moins complète, il est vrai, dans les salles d'asile, qu'il ne soit pas interrompu pendant les premières années que l'enfant passe à l'école. On parle de peuples « nés musiciens. » On en pourra dire autant de nos enfants, s'ils écoutent avec plaisir de la bonne musique à l'âge où les impressions se fixent dans l'esprit.

« Pour avoir ces enfants « nés musiciens, » il n'y a qu'à leur faire entendre de la musique, mais de la *bonne* musique, depuis l'âge de trois ans, si l'on peut, et à commencer l'enseignement du chant à l'âge où c'est un plaisir, c'est-à-dire dès les *classes élémentaires*. On peut souvent faire en sorte que les tout petits, les enfants de l'asile, entendent chanter les grands; mais il faut surtout prendre ce soin pour les enfants des classes élémentaires, et leur apprendre à chanter eux-mêmes, non plus seulement par raison de discipline et de gymnastique, comme à l'asile, mais pour leur former le goût et la voix. Quand ils arriveront à neuf ou dix ans, ainsi préparés

(1) *Ibid.*, p. 358.

au cours moyen et supérieur, on sera étonné de voir ce que des enfants qui ont le goût formé sont capables de faire et avec quel succès ils pourront alors recevoir de vraies leçons de musique... Mais l'instituteur doit se borner d'abord à la tâche principale, à la tâche nécessaire, celle d'enseigner le *chant* (1). »

§ 8. — M. Dupaigne indique les moyens de triompher des trois difficultés principales qu'il pourra rencontrer.

1° D'abord comment faire prendre aux nouveaux venus « l'unisson », c'est-à-dire les habituer à répéter les sons qu'ils entendent? Beaucoup de maîtres disent qu'ils ne peuvent y atteindre, parce que ces enfants n'ont pas d'*oreille*. Ce qui leur manque en réalité, c'est l'*exercice*. Il peut être assez long chez les adultes dont les organes ont perdu de leur souplesse; chez les enfants, il ne l'est pas. Chantent-ils avec d'autres? Peut-être, à l'origine, ne reproduisent-ils pas les sons. Qu'on les laisse faire d'abord; qu'au lieu de se moquer d'eux, on les encourage; un beau jour, on sera tout surpris de voir que leur voix ne jure plus avec celle de leurs camarades.

2° Une seconde difficulté est celle du *timbre*. « Former le timbre de la voix des enfants est un art. » Pour y réussir, il faut encore de la patience, et commencer par faire chanter seuls ceux qui ont déjà un joli timbre, une bonne prononciation, la voix bien juste et surtout bien douce, sans les laisser crier jamais; ils serviront d'exemple aux autres. On ne manquera pas, d'ailleurs, de les diriger eux-mêmes.

3° Enfin, que l'instituteur s'attache à dire avec *goût* ce qu'il lit et ce qu'il récite; les enfants finiront par l'imiter et leur *goût* se formera.

Ainsi l'on parviendra à introduire dans l'enseignement du chant l'unisson, le timbre et le goût.

§ 9. — Ici, une question pratique. Où trouver, sur le tableau

(1) *Ibid.*, p. 300.

des heures de travail dans les écoles, une place déterminée pour cet enseignement? Quelques minutes suffisent, répond M. Dupaigne. Faites d'abord apprendre par cœur un petit chant aux enfants; puis, pour les exercer, profitez de toutes les circonstances où vous pouvez, ou vous devez les faire chanter. Voici, du reste, ce qui se passe dans les écoles de Paris.

« Le lundi matin, le maître écrit sur le tableau, avant la classe, un petit chant d'une ligne ou deux, qui reste écrit toute la semaine; le premier jour on passe dix minutes en première classe à déchiffrer les notes et à chanter les paroles de la première strophe du morceau; les jours suivants, on apprend successivement les autres strophes en y consacrant de deux à cinq minutes. Les classes voisines entendent au travers des cloisons; le temps de leur étude en sera raccourci.

« On exécute les chants sus par cœur dans les circonstances où il est utile d'exciter l'attention, le recueillement, ou lorsqu'il y a des déplacements à faire pour des nécessités de bon ordre ou de discipline. On ouvre la classe par un chant religieux avant la prière réglementaire, et des chants récréatifs ou instructifs, patriotiques surtout, sont placés à différents moments de la journée, au changement des classes, à la descente dans le préau, avant la sortie de l'école. De cette manière les leçons de chant peuvent être fréquentes.

« Une autre question est celle des paroles de ces petits chants. Elles représenteront naturellement, surtout dans les petites classes, une très notable partie des exercices de mémoire. Il y a donc lieu de les choisir convenablement pour cet usage.

« Elles pourront servir de texte à apprendre pour les petits, d'exemples d'écriture pour les moyens, de sujets d'exercices, de grammaire ou de rédaction pour les grands. Leur valeur littéraire et morale devient une nécessité...

« Nos grands poètes, nos littérateurs en réputation, ajoute M. Dupaigne, n'ont guère songé à faire la part du petit peuple de nos écoles, comme ont tenu à le faire en Allemagne, surtout depuis 1813, les grands génies de ce pays (1). »

(1) *Ibid.*, p. 301-302.

Il leur adresse donc un appel, et, comme lui, nous serions heureux de voir les Manuel, les Coppée, les Laprade, les Bornier et leurs émules, mettre au service de l'enfance leur plume patriotique et religieuse.

§ 10. — En attendant leurs œuvres, nous signalerons à l'attention des instituteurs et des institutrices le *Recueil des morceaux de chant*, par *Delcasso* et *Gross*; — les *Chants de l'école et des loisirs*; — les *Rondes du couvent*, excellent recueil pour les petites filles; — les *Chants de l'enfance*; — les *Chants de l'école*, par Linden, etc, etc.

Que ces publications en provoquent d'autres. Les instituteurs allemands, réunis en congrès à Brunswick, émettaient récemment le vœu « que leur nombreuse collection déjà existante s'enrichisse de nouveaux chants populaires par les efforts combinés des compositeurs, des éditeurs et des instituteurs (1). »

Nous sommes loin de posséder leurs trésors. Formons donc aussi le vœu que « les efforts combinés des compositeurs, des éditeurs et des instituteurs » nous livrent bientôt une bonne musique populaire et scolaire.

CHAPITRE XXIII

L'enseignement du dessin dans les établissements publics

§ 1.—Un arrêté ministériel en date du 21 mai 1878 a rendu cet enseignement obligatoire. Le programme officiel com-

(1) *Journal des instituteurs*, 3 août 1879, p. 531.

prend trois parties : 1° dessin linéaire ; 2° dessin d'ornement ; 3° dessin d'imitation.

Il y a aussi pour chacune des trois parties de ce programme un cadre déterminé et un ensemble de questions à étudier.

Afin d'assurer à cet enseignement une bonne direction et les développements qu'il comporte, des inspecteurs spéciaux ont été attachés à chaque académie. Leurs conseils ne peuvent manquer de rendre prompte et utile la vulgarisation du dessin dans les écoles normales d'abord, puis dans les écoles primaires.

§ 2. — Ce sera répondre à un des besoins de l'époque. On a pu longtemps considérer le dessin comme un art *d'agrément*; il est devenu une connaissance indispensable, un langage nécessaire. Dans tous les métiers, dans toutes les industries, il faut aujourd'hui savoir dessiner, comme il importe de savoir lire et écrire. Et, ainsi que la lecture et l'écriture, on doit enseigner le dessin, former l'œil et la main de l'enfant, tout en l'habituant à tracer des lettres et à les enchaîner.

§ 3. — Est-ce à dire que cet enseignement était complètement négligé dans le passé ? Non ; il y a toujours eu, dans les classes, des exercices de dessin ; mais étaient-ils partout bien compris et bien conduits ? Dans la plupart des travaux exécutés, on pouvait remarquer souvent que l'œil et la main de l'enfant marchaient d'accord ; que le crayon leur obéissait ; il y avait du trait ; l'ombre et les couleurs étaient parfois assez bien distribuées, et celles-ci quelquefois heureusement fondues. Les élèves, on le reconnaissait, avaient généralement tiré parti des modèles qui posaient devant eux.

Mais ces modèles étaient-ils toujours bien choisis ? Tel et tel dessin, convenablement exécutés d'ailleurs, n'avaient-ils pas pris à l'enfant un temps considérable, quelquefois des mois entiers ? Etaient-ils même alors suffisamment compris ?

Tel autre qui pouvait plaire par l'enchevêtrement des lignes et le miroitement des couleurs, était-il dans la voie pratique d'où l'enfant ne doit pas sortir? N'y avait-il pas là une complication trop grande de rouages et de pièces sans fin?.. Les amis de l'enfance et de ses progrès disaient : « point de travail machinal; le mieux réussi n'a aucune valeur parce que la réflexion ne l'a pas saisi dans ses développements. Point de ces essais fantastiques où l'on ne cherche que le jeu des couleurs; l'école primaire ne doit viser à former ni des enlumineurs ni des artistes. L'essentiel est qu'elle apprenne d'abord à comprendre le sens et la valeur des lignes, leurs directions relatives et les angles qui résultent de leurs croisements. Expliquez les surfaces géométrales que produisent les justes positions de ces lignes, et la manière de souder à ces surfaces sans profondeur apparente la troisième dimension, l'épaisseur qui détermine, en réalité, la forme des corps. On aura alors, il est vrai, des œuvres moins voyantes; le regard sera de prime abord moins saisi; mais du côté de la réflexion, il y aura progrès: la vraie force de l'enfant, son intelligence, se développera. » Ces mêmes amis de l'enfance ajoutaient : « Allez toujours avec elle vers l'utile et voyez quel parti elle pourra tirer de vos leçons dans les conditions ordinaires de l'existence. Apprenez à tenir le crayon, mettez dans l'œil de la sûreté, de l'habileté au bout des doigts, et développez le sentiment du beau inné dans toutes les intelligences. Vous pourrez alors placer vos élèves en face de la nature, de la plante vivante, etc., et les laisser les interpréter. »

§ 4. — C'est cette direction que nous recommandent les nouveaux programmes. Aussi croyons-nous devoir les reproduire ici :

« *Dessin linéaire.*

« Le dessin linéaire comprend :

« Le tracé des lignes droites, perpendiculaires, horizontales, et parallèles ;

« Leur division en parties égales ou proportionnelles à des lignes ou à des nombres donnés ;

« Le tracé des figures géométriques formées par des carrés, des rectangles, des triangles, des parallélogrammes et des trapèzes ;

« Le tracé des lignes courbes, cercles, courbes à plusieurs centres et volutes ;

« Le tracé des polygones inscrits dans un cercle;

« La formation des solides, tels que le cube, la pyramide, etc.;

« L'usage des échelles ;

« Les règles élémentaires de la perspective.

« *Dessin d'ornement.*

« Le dessin d'ornement comprend :

« Les rudiments de l'ornement, tels que:

« Les filets parallèles différents de mesure et d'écartement ;

« Les rinceaux linéaires ;

« Les dentelures de mesure égale formées par des lignes droites et contournées;

« Les rosaces et leurs variétés, et autres ornements empruntés à l'architecture, tels que denticules, rinceaux de feuillage, etc. ;

« L'étude des contours et des profils d'objets, tels que moulures, balustres et vases;

« Enfin, l'étude de l'ornement proprement dit.

« *Dessin d'imitation.*

« L'enseignement du dessin d'imitation comprend :

« La copie des modèles dessinés, gravés ou lithographiés, placés sous les yeux des élèves ;

« La représentation en perspective d'objets artificiels ou naturels, placés dans l'espace ;

« Le dessin des plantes, fruits et feuillages ;

« L'étude des parties et de l'ensemble de la figure de l'homme et des animaux.

« Le programme précédent sera suivi dans les écoles d'adultes et les écoles primaires où l'enseignement du dessin est ou pourra être organisé (1). »

§ 5. — Voilà un cadre nettement déterminé; renfermons-nous-y : le progrès ne se fera pas attendre. Pour nous diriger, et pour le préparer, les bonnes publications ne manquent pas. Nous avons : 1e Le Beàlle, *Principes de dessin linéaire*, chez Dupont; 2e Darchez, *Cours de dessin géométrique*, chez Belin; — 3e Henriet, *Cours rationnel de dessin*, chez Hachette;— 4e Leysenne et Barbier, *Tableaux géométriques*, chez Colin; —5e Bergeron, *Traité de géométrie pratique*, chez Delagrave; — 6e Sauvageot, *Le dessin à l'Ecole primaire*, chez Delagrave, etc.

§ 6. — Il existe d'autres ressources encore. M. Pillet, inspecteur du dessin, les signalait, il y a quelques mois, à MM. les Délégués des Sociétés savantes réunis à la Sorbonne.

« Nos monuments, disait-il, sont couverts de détails de sculpture, qui sont quelquefois des chefs-d'œuvre. Nos musées de province, regorgent d'objets charmants et d'une exquise pureté de formes. Entreprenez un nouvel inventaire, cherchez parmi ces richesses, celles qui pourraient servir de modèles de dessin dans les écoles. Pour atteindre ce but, la forme doit en être pure, simple et facile à saisir, car l'enfant qui *copie* doit avant tout *comprendre* son modèle. Les dimensions n'en doivent pas être très grandes. Signalez vite vos découvertes aux inspecteurs du dessin pour votre région. Si vous le pouvez, faites les reproduire par le moulage...

« Ces reproductions d'œuvre d'art nées sur votre sol, serviront à instruire les enfants de votre sol..

« Renseignez-vous sur les industries locales qui pourraient faire appel à l'art; étudiez leurs besoins à ce point de vue...

« Poursuivez jusque dans les chaumières tout ce qui sera laid et grossier, faites-vous les initiateurs, je dirai presque les apôtres du

(1) Bardoux, *Enseignement du dessin. — Arrêté et programme*, 21 mai 1878.

bon goût. Que, grâce à vous, l'art, sous cette forme si attrayante du dessin, dépose un germe dans l'âme de tous nos enfants, et vous aurez contribué, soyez-en convaincus, dans une large mesure, à élever et annoblir le cœur de vos compatriotes...

« Lorsque l'enfant du village saura dessiner un peu, il faudra bien que celui de la petite ville le sache davantage, et que celui des grandes cités soit presque un artiste.

« Mais ce résultat n'est pas encore atteint!

« Tout d'abord, agissez sur les instituteurs primaires, donnez-leur confiance, convertissez-les, s'il est besoin.

« Il ne faut pas leur cacher que c'est un travail de plus qui leur est démandé! Nous sommes sans crainte, ils ne s'y refuseront pas. Les instituteurs primaires vous ont-ils jamais marchandé leur dévouement (1)? »

§ 7. — Non, jamais. Qui les connaît sait combien il est grand et intelligent. Ils ont des programmes; des livres bien faits leur sont signalés, d'excellents modèles ne manqueront pas. Ils se mettront donc à l'œuvre, avec l'espérance très fondée du succès.

Ils trouveront une première récompense de leurs travaux dans la facilité avec laquelle ils reproduiront au tableau noir, comme on le fait en Amérique, les objets mêmes de leur enseignement. Ils le feront parler ainsi et sa voix s'ajoutera à leurs leçons pour intéresser les élèves et porter la lumière dans leur esprit.

Les enfants sentiront aussi le goût du beau se développer en eux, sous cette direction. Ce sera pour les maîtres une autre récompense, et non la moins enviée et la moins honorable.

(1) *Journal officiel*, 21 avril 1879, p. 31-37.

CHAPITRE XXIV

La Gymnastique dans les établissements d'enseignement primaire

§ 1.— La Prusse a voulu l'enseignement de la gymnastique dans les écoles primaires des provinces détachées de notre chère France. L'ordonnance qui le rendait obligatoire était du 15 octobre 1872. Elle invitait les autorités scolaires à veiller à ce que, l'été suivant, l'on se conformât à ces prescriptions. On l'a fait et les exercices règlementaires ont été partout introduits.

En France, où l'on discute avant d'obéir, nous marchons plus lentement dans la voie du progrès. Ce n'est pas que les instructions aient manqué, mais l'indifférence et les préventions les ont presque fait tomber à l'état de lettre morte. Ainsi en est-il advenu d'un décret qui porte la date du 3 fevrier 1869, que des programmes accompagnaient, et dont la mise en vigueur a été plusieurs fois demandée par des instructions subséquentes.

Sans doute, nos lycées et nos collèges, nos écoles normales et un nombre assez considérable d'écoles primaires les suivent. La gymnastique, toutefois, est loin d'être enseignée dans tous les établissements de cette dernière catégorie.

§ 2. — Ici, l'on juge que les enfants prennent assez de mouvement au grand air, dans les travaux des champs, quelquefois en grimpant aux arbres, ou en sautant les fossés; ailleurs, on leur trouve des poumons assez robustes, des muscles suffisamment solides, et l'on se contente d'admettre les gymnases pour les enfants faibles et maladifs des villes.

Le fait est que ceux-ci s'en trouvent très bien, partout où ils peuvent en user, et que l'on voit souvent de fortes organisations succéder, sous l'influence de ces exercices, à d'autres qui étaient débiles.

Que l'on se garde, toutefois, de pousser trop loin le raisonnement ci-dessus ; on prouverait alors que l'on ne sait pas distinguer la force corporelle de l'agilité des membres. Est-il rare de trouver de gros gaillards sans élasticité dans les muscles, sans prestesse et sans vivacité, n'ayant l'habitude ni des mouvements d'ensemble ni des évolutions régulières et variées ?

§ 3. — Voyez ces fortes natures sous les armes ; que de temps il leur faut pour se familiariser avec le fusil ! Quelle lourdeur dans les mouvements ! Comme leurs épaules semblent faites d'une seule pièce ! Comme leurs bras et leurs jambes se prêtent difficilement au maniement des armes et à la marche !

Que les jeunes gens soient, dès le jeune âge, soumis à des exercices sérieux et suivis, tout change, l'organisme devient flexible, l'élasticité des membres se développe, la constitution physique se trempe plus fortement et la nature morale se conserve plus saine.

Ce n'est pas tout. La loi fait de tous les citoyens des soldats, mais quand le sort les appelle dans l'armée active, le temps à passer sous les armes peut n'être pas le même. Trois ans pour ceux qui se présentent avec une ignorance qu'ils n'ont demandé ni à la gymnastique ni à l'instruction primaire de faire disparaître, ou bien un examen pour le volontariat d'un an. A tous de choisir, suivant leurs goûts. Je sais que ceux qui ont régulièrement suivi l'école et des exercices gymnastiques sont prêts pour ces examens, et, comme une partie de leur éducation militaire se trouve déjà faite, ils rentreront plus tôt au foyer domestique. Ces considérations ne devraient-elles pas porter les municipalités à s'imposer quelques sacrifices pour procurer aux enfants, aux familles, à la nation, le double avantage d'un gymnase et de l'instruction primaire ?

§ 4. — Il n'est pas moins important de voir se propager l'habitude du *Tir*. Sous ce rapport, nous sommes encore moins avancés que pour la gymnastique. Dans certaines localités, on supplée du moins au manque d'appareils gymnastiques par des exercices de nature diverse : mouvements des bras, flexion des jambes, formation du peloton, courses, marches; etc. Et nous avons vu souvent tels de nos jeunes maîtres diriger ces exercices avec autant de savoir que d'autorité ! Les leçons de Vergnes, récueillies dans un livre (1), en ont fait des instructeurs entendus. Qu'on les imite, ce sera bien.

Mais le *tir?* Rien, ou peut s'en faut. Il y a cependant beaucoup à faire sous ce rapport, car on sait qu'à la cible nos jeunes conscrits ne brillent pas en général pour la sûreté du coup d'œil.

Propageons donc les exercices gymnastiques et le *tir*. Il y a là un côté essentiel de l'éducation auquel on a toujours et partout attaché une grande importance.

§ 5. — La Grèce qui voulait des hommes agiles, robustes, capables de supporter les fatigues de la guerre et les loisirs de la paix, imposait par ses lois les exercices gymnastiques et les soumettait à des règles. Les poètes les chantaient; la médecine les ordonnait comme la condition d'une santé vigoureuse et durable. On attribuait à leur influence la suprématie des Lacédémoniens sur les autres peuples de la Grèce. Aussi quand ceux-ci voulurent se préparer à la lutte, avec les mêmes chances de succès, ils s'efforcèrent de les égaler dans l'art de la gymnastique.

§ 6. — C'est à la pratique intelligente de cet art que la Suisse a demandé une génération mâle et robuste. Pestalozzi s'efforça spécialement d'élever la gymnastique à la hauteur

(1) Chez Hachette.

d'une science. A Yverdon, dans le jardin de son vieux château, on se pressait à ses côtés pour étudier ses instruments, suivre sa méthode, apprendre à régler les mouvements du corps, à augmenter ses forces, sa souplesse, sa stabilité, etc.

Depuis lors, l'enseignement de la gymnastique a toujours eu sa place dans les programmes et dans la distribution du temps des écoles primaires et supérieures de la Suisse. Trois fois, chaque semaine, on lui consacre, au moins dans les premières, une demi-heure, toutes les divisions réunies (1). L'instituteur doit diriger les exercices, d'après des programmes arrêtés par une commission de surveillance dont les inspecteurs généraux de l'infanterie et de l'artillerie désignent les membres.

§ 7. — Le plus souvent les maîtres de gymnastique ont été formés, aux frais du gouvernement, dans les grands établissements de Dresde. Il choisit ordinairement ces pensionnaires parmi les jeunes gens les plus intelligents, les mieux faits et annonçant d'heureuses dispositions pour les exercices du corps.

Ils reviennent de Dresde on ne peut plus aptes à imprimer partout une forte direction et à préparer, dans les principaux centres, les grandes fêtes de gymnastes auxquelles s'intéresse la Suisse tout entière. Les résultats obtenus sont quelquefois si frappants que des juges autorisés pensent que l'Allemagne « ferait bien d'envoyer à son tour quelques-uns de ses meilleurs sujets étudier la gymnastique dans les écoles cantonales de la Suisse (2). » C'est la conséquence du progrès qui s'impose et dont il y a toujours à profiter.

§ 8. — Les débuts marqués de la Prusse dans l'étude de cet art remontent à 1812. Elle était au lendemain de ses désastres. Pour se relever, elle comprit la nécessité d'améliorer

(1) Dans la plupart des écoles, les exercices ont lieu le lundi, le mercredi et le vendredi, de 11 heures à 11 heures et demie.

(2) Beaudouin, *Rapport sur l'état actuel de l'enseignement spécial et primaire, en Belgique, en Allemagne et en Prusse;* p. 152.

l'éducation physique et intellectuelle du peuple. Sous l'influence d'idées patriotiques et guerrières, des professeurs furent envoyés à Yverdon afin d'étudier la gymnastique.

Ils en rapportèrent bientôt des notions qui se répandirent dans toute l'Allemagne. Des gymnases furent créés, on en rendit la fréquentation obligatoire.

§ 9. — Toutes les écoles normales ont aujourd'hui des cours de gymnastique où l'on ne néglige aucun des exercices propres à donner au corps de la force, de l'adresse et de l'agilité. La Saxe, surtout, y attache une grande importance. Ses gymnasiarques jouissent en Allemagne et en Suisse, d'une réputation méritée. Pour la soutenir, le gouvernement a fondé une école normale qui lui forme des maîtres de gymnastique, comme d'autres écoles préparent des professeurs pour les divers ordres d'enseignement. La première reçoit de l'État une subvention annuelle de 3,000 thalers (11,250 francs) et le roi y entretient un boursier.

Ces exercices sont regardés comme une partie essentielle de l'enseignement pédagogique. Mais on n'en est plus seulement à l'idée patriotique et guerrière qui les avait, à l'origine, introduits en Allemagne. On cherche dans la gymnastique les moyens de fortifier les organes et d'augmenter l'énergie des propriétés vitales, d'établir une heureuse harmonie entre les diverses fonctions de l'organisme et de conserver à l'esprit toute sa liberté d'action. Grâce à elle, le système musculaire et la sensibilité se développent dans de justes proportions, des tempéraments moroses et lymphatiques reprennent peu à peu une physionomie expressive et un coloris animé. Que de natures trop nerveuses auraient besoin de cet équilibre! Que de figures n'offrant, hélas! qu'un reste de vie qui s'en va, et que la gymnastique, avec ses fatigues, pourrait peut-être raviver encore! Aussi veut-on des gymnases dans toutes les écoles primaires de garçons et de filles.

§ 10. — Ils sont ordinairement établis dans un préau sablé

et spacieux, attenant aux classes. On y rassemble des pièces de gymnastique, en général, peu compliquées : des perches, des cannes, des boules, des casse-tête, des échelles, des barres parallèles, des cordes, etc.

Des gymnases sont même installés dans les *Kinder garten*, jardins d'enfants, de Gotha, pour les enfants de 5, de 4 et de 3 ans. Les exercices qui ont lieu deux ou trois fois par jour s'ouvrent constamment et se terminent par des chants religieux.

§ 11. — En Suède, en Norwège, en Russie, aux États-Unis, même place faite dans les programmes à l'enseignement de la gymnastique (1).

Voilà ce qu'il faut faire pénétrer dans nos écoles, même dans nos salles d'asile et nos classes enfantines.

« On a demandé souvent, écrivait aux recteurs, il y a quelques années, un ministre de l'Instruction publique, que la gymnastique prît une plus grande place dans notre système général d'éducation. Vous savez ce qu'elle était pour les anciens; vous voyez ce qu'elle est en Allemagne. Je vous supplie de m'aider à l'introduire d'une façon profitable et sérieuse dans nos habitudes. La santé publique n'y est pas seule intéressée : un enfant qui se porte bien est mieux préparé, pour l'étude, il est mieux préparé surtout pour les combats de la vie. La morale même profite de cette éducation du corps. Il ne faut pas beaucoup d'argent, et l'on peut, à la rigueur, faire de la gymnastique sans altères ni trapèzes. Les médecins nous aideront à remplir notre tâche sous ce rapport, et si une fois vos enfants prennent le goût de ces exercices salutaires, nous pourrons compter sur une prompte amélioration de la race. »

§ 13. — Cet appel, nous l'adressons à notre tour à MM. les instituteurs. Placés près de l'enfance, dévoués à son bien-

(1) V. *Enseignement supérieur des jeunes filles*, dans le *Journal officiel*, 4 août 1879.

être physique, intellectuel et moral, ils peuvent beaucoup pour l'élever dans des habitudes salutaires à l'esprit et au corps.

« Il ne faut pas beaucoup d'argent » pour assurer ce résultat, disait le ministre. En voici la preuve. Nous la tenons d'un instituteur zélé qui a doté son école d'un petit gymnase.

§ 14. — « Les appareils dont il se compose, nous écrivait-il un jour, sont :

« 1° Un trapèze; — 2° des anneaux; — 3° une échelle de bois horizontale; — 4° une barre de suspension; — 5° deux cordes lisses; 6° un mât.

Le tout est ainsi installé:

« 4 montants de 0m15 d'équarissage sur 3m50 (de hauteur, enfoncés en terre de 0m50, et disposés de manière à enfermer un espace rectangulaire de 3 mètres sur 2m60 de côté.

« Ces montants sont assemblés par le haut, d'abord au moyen de deux traverses de 0m06 d'équarissage sur 2m60 de longueur, servant à suspendre le trapèze et les anneaux, et aussi au moyen de l'échelle de bois et de la barre de suspension.

« Des jambes de force consolident l'établissement.

« Les ressources dont j'ai disposé proviennent d'une souscription que j'ai faite et d'un secours que j'ai obtenu du département.

« Mon prix de revient pour tous ces appareils réunis monte à 45 francs.

« Je dois dire, toutefois, que j'ai fait moi-même plus de la moitié du travail et que, si l'on devait acheter le tout prêt à être placé, il faudrait, je pense, établir ainsi le devis :

« Bois de chêne, bonne qualité, environ 0m, 180, à 130 francs l'un.	24 fr.
« Barre de suspension, anneaux, crochets et rondelles, environ 10 kilogrammes de fer, à 0 fr. 60 c. l'un. . . .	6
« Cordes, 1re qualité pour le trapèze, les anneaux et les cordes lisses, 12 mètres, à 0 fr. 50 c	6
« Un mât en sapin.	5
« Deux couches de peinture à l'huile	4
A reporter.	45 fr.

Report.	45 fr.
« Main-d'œuvre..	10
« Échelle de bois	10
Total.	65 fr.

Devis d'un gymnase mieux établi et plus solide que celui ci-dessus.

0m15 × 0m15 × 3m5 = 0m,07875

0m07875 × 4 = 0m315 × 130 fr. = 40 fr. 95 c.

Bois	41 fr.	» c.
Fer, 15 kilogrammes.	9	»
Cordes, 12 mètres..	7	80
Mât.	5	»
Peinture	5	»
Main-d'œuvre.	20	»
Total.	87 fr.	80 c.

Et voilà le moyen d'arriver, sans beaucoup de frais, à doter une école d'un gymnase : on provoque une souscription, on sollicite et on obtient un secours du conseil général ; on travaille le bois de ses propres mains, s'il le faut, et l'on se trouve bientôt en possession des appareils nécessaires pour les exercices gymnastiques.

§ 15. — Mais un maître? On se forme soi-même, comme l'a fait l'instituteur qui nous a donné les détails ci-dessus (1). Rien de plus facile que de l'imiter. Il s'est procuré l'ouvrage de Vergnes (2). Il l'a médité et il s'en est inspiré. Il est devenu un professeur fort entendu ; c'est plaisir de le voir présider aux exercices de ses enfants. Et quelle agilité, quelle adresse dans ses élèves ! . . . .

Que tous les instituteurs marchent sur ses traces ; bientôt leurs écoles auront un gymnase, et les enfants, des habitudes qui fortifieront leur esprit et leur corps : *Mens sana in corpore sano.*

(1) Bertaux, instituteur à la Graverie.

(2) Chez Hachette, Paris.

CHAPITRE XXIV

De l'Enseignement agricole dans les écoles primaires

Le 16 juin 1879, le Président de la République a promulgué la loi relative à l'enseignement de l'agriculture, adoptée par le Sénat et par la Chambre des députés.

Elle porte que des professeurs spéciaux, choisis au concours, seront chargés de leçons à l'école normale primaire,... et de conférences dans les différentes communes du département, aux instituteurs et aux agriculteurs de la région. (Art. 6.)

Elle ajoute que « trois ans après l'organisation complète de l'enseignement de l'agriculture dans les écoles normales primaires, les notions élémentaires d'agriculture seront comprises dans les matières obligatoires de l'enseignement primaire. » (Art. 10.)

Qui ne désire, depuis longtemps, voir nos classes s'ouvrir à cet ordre d'idées? Est-ce qu'il ne touche pas à l'avenir du pays? Notre devoir n'est pas seulement d'initier la jeunesse de nos campagnes aux éléments de la lecture, de l'écriture, du calcul, de l'histoire et de la géographie. Il faut, pour l'attacher au milieu dans lequel elle vit, le lui montrer tel qu'il est, avec les richesses qu'il renferme dans son sein, lui signaler les moyens à prendre pour les multiplier et les extraire, et les lois providentielles qui régissent la nature jusque dans ses moindres détails. Dans nos villes, on comprend la nécessité de préparer les enfants au métier qu'ils doivent exercer et auquel ils se donneront pour leur vie tout entière; de là, un apprentissage, quelquefois de plusieurs années, et souvent fort onéreux pour les familles.

Pourquoi ne pas élever dans des conditions aussi favorables l'enfant de nos campagnes? On s'inquiète, quand il quitte le sol qui l'a vu naître; on parle d'un déplacement dangereux des existences. Mais comment s'étonner qu'elles aillent où elles croient trouver une vie plus riche? Vous les voulez dans les campagnes; commencez par les enlever à cette ignorance traditionnelle qui, nous le savons tous, n'engendre pas le bien-être. Vous cherchez à les retenir sur le sol natal; faites-leur comprendre qu'il ne contient pas moins de richesses que le pavé des villes. Ils auront demain à labourer vos terres; qu'ils sachent donc ce qu'il y a sous leurs pieds, quelle est la composition du sol qu'ils cultiveront, quelles améliorations, quels engrais, quelles cultures il réclame, et, quand vous remettrez une charrue entre leurs mains, qu'ils n'aient pas à faire manœuvrer un instrument dont ils ne connaissent ni l'emploi ni la puissance. Votre bétail leur sera confié, et ils tomberont un beau jour en sa présence sans avoir la moindre idée des soins qu'exigent sa conservation et son engraissement. Ils auront une basse-cour à diriger, un ménage à tenir; apprenez-leur comment ils doivent assurer la propreté de l'un et la prospérité de l'autre...

Comme toute autre, la vie des champs a ses lois; pourquoi ne pas les révéler de bonne heure à nos enfants, ne pas leur exposer les conditions de son développement et l'action incessante qu'ils doivent exercer sur le sol pour en faire sortir des trésors, — autour d'eux, pour y répandre le bien-être? Il y a là une sorte d'initiation professionnelle; c'est l'avenir qu'elle prépare. Aussi les hommes habitués à réfléchir ont-ils toujours demandé que l'on donne, dans les classes primaires, une attention spéciale à l'instruction agricole.

Quelques départements n'ont pas attendu la loi du

16 juin 1879 pour la propager. Des *sociétés d'agriculture*, et nous pourrions citer au premier rang celles du Calvados, n'ont rien négligé, de concert avec les inspecteurs d'académie et les inspecteurs primaires, afin de l'encourager. « Depuis plus de douze ans, disait en 1875 un des secrétaires de ces sociétés, tous nos efforts se sont concentrés pour assurer le développement de l'enseignement agricole dans les écoles communales (1). » Pendant tout ce laps de temps, M. Isidore Pierre, doyen de la Faculté des Sciences de Caen, membre correspondant de l'Institut, avait donné, chaque année, dans les concours, avec la grande autorité que nul ne lui conteste, des conseils devenus pour tous une règle. Et dans ces instructions reçues par les instituteurs et par les institutrices, toujours une direction pratique, accessible à toutes les intelligences, et qui peut, en attendant de nouveaux programmes, rester une règle. Qu'on en juge par l'extrait suivant des questions traitées dans les concours :

« Pour les garçons, la composition du sol, le drainage et les rrigations; les opérations ayant pour but d'ameublir et d'aérer le sol : labourage, hersage, roulage, etc ; les céréales et les fourrages, le colza et les betteraves; les animaux nuisibles ou utiles à l'agriculture; le fumier et les diverses espèces d'engrais; le cidre, le beurre, les fromages, la comptabilité agricole, etc. Pour les filles, l'organisation et la tenue du ménage; les divers travaux manuels; les soins à donner au linge, aux animaux de basse-cour, à la laiterie, au potager, à la comptabilité agricole, etc. (2) ».

Nous venons de parler des *concours agricoles*. Mais voyez quelle extension ils ont prise ! En 1871, quatre cantons de

(1) De Prailauné, *Discours prononcé* à Trouville, le 13 septembre 1875, à *l'occasion de la distribution des prix décernés aux lauréats du Concours agricole*.

(2) *Rapport lu à la Société d'Agriculture et de Commerce de Caen*, année 1875. — *Rapport* de M. Durand, Inspecteur primaire.

l'arrondissement de Caen présentaient 16 écoles et 76 élèves pour ces concours. En 1876, dans les six arrondissements du Calvados, 362 écoles y envoyaient 1012 élèves ; 590 garçons, 422 filles. Le progrès ne s'est pas arrêté.

C'est que les instituteurs et les institutrices avaient su comprendre l'importance de l'enseignement agricole, s'inspirer des conseils qu'ils recevaient, — et les sociétés d'agriculture se montrer généreuses, quand il s'agissait de récompenser les efforts des maîtres et de leurs élèves. Le même mouvement a dû se produire dans d'autres départements.

En attendant que les programmes officiels nous arrivent, que devons-nous faire, si nous voulons tenir l'enseignement agricole à la hauteur où il est déjà arrivé, sur certains points du moins ? Marcher résolûment dans la voie qui nous a été tracée, rester attachés aux programmes existants et les développer. Ce n'est pas tout. Continuons à donner, par le choix des dictées, des lectures et des problèmes, une direction agricole à notre enseignement ; efforçons-nous de faire naître chez les enfants des mœurs et des habitudes se rattachant à la vie des champs ; encourageons l'annexion d'un jardin à l'école, afin de les exercer à la pratique de l'agriculture et de l'horticulture.

Et qui ne sait, d'un autre côté, combien il importe d'élever ainsi les enfants par la direction qu'on leur donne, au sein de la belle nature ? M. Guizot a dit quelque part : « *Dans la vie agricole, on est sans cesse en présence de Dieu et de son pouvoir.* » Les instituteurs et les institutrices se feront un devoir de placer, dans leurs leçons, les enfants sous le regard de Dieu, qui répand la fécondité sur nos campagnes et dont le soleil nourrit nos moissons. Plus l'âme de leurs élèves s'ouvrira à ce côté de l'éducation qui a un caractère particulièrement religieux, plus, au lieu d'aspirer après la séduction des villes, elle prendra, sans s'en apercevoir, le sentiment et le goût de la vie des champs.

Ainsi naissent, dans l'école, les vocations agricoles. Ce sont les forces vives du monde rural qui se préparent; c'est la perspective et c'est l'attrait d'intérêts positifs, ayant cette fois un rôle moralisateur, qui s'éveillent pour attacher au sol natal la génération appelée à nous remplacer.

Et les *concours agricoles?* Il faut les conserver aussi. Et voulez-vous savoir pourquoi? Écoutez :

« Il y a bien des années, a dit, dans un concours, le président de la société des agriculteurs de France, M. Drouyn de Lhuys, vivait dans une petite commune de la Brie, un habile cultivateur. D'abord modeste ouvrier, il avait su, par son travail, sa probité et son intelligence, conquérir une place parmi les agriculteurs les plus estimés du pays. Il réussissait dans toutes ses entreprises; sa main semblait porter bonheur à tout ce qu'elle touchait, et sous ses pas, la terre devenait féconde. Semblable au vieillard dont parle Virgile, il cueillait la première fleur au printemps, et à l'automne le premier fruit. Lauréat de tous les concours, comme il avait conservé néanmoins sa simplicité primitive, il renfermait dans un sac à avoine. les innombrables médailles qu'il récoltait... Une cruelle maladie vint le saisir au milieu de ses succès. Comme il était courageux et que d'ailleurs il avait bien vécu, il vit d'un œil ferme l'approche de la mort. Son fils lui apporta, pour le distraire, le sac dont je vous parlais tout à l'heure, cet écrin rustique qui contenait ses insignes, ses armoiries, ses titres de noblesse agricole. Le moribond les contemple un instant; il dit au jeune homme qui fondait en larmes : « Mon enfant, je sens ma fin; continue mon ouvrage; achève de remplir le sac... ; » puis il ajouta avec tristesse : « C'est pourtant dommage, je commençais à faire de bons chevaux. » Ce fut son dernier adieu à la terre. A partir de ce moment, c'est vers le ciel qu'il porta ses regards et ses pensées (1). »

Voilà ce que peuvent les concours pour jeter et développer au sein des populations l'amour du travail et de la pro-

(1) *Discours prononcé au Concours agricole et horticole de Bayeux*, le 11 septembre 1871.

bité. N'y a-t-il pas là une école dans laquelle la jeunesse doit aller fortifier son intelligence et son cœur, et se préparer, par une vie sérieuse, à porter avec confiance ses pensées et ses regards vers le ciel?

Pourquoi quelques-uns des élèves couronnés par nous, dans les concours agricoles, ne deviendraient-ils pas d'abord de modestes ouvriers, puis d'habiles cultivateurs, poussés sans cesse par l'appât d'une médaille nouvelle à mettre dans leur vie, avec plus d'ardeur pour le travail, plus de dignité morale? Et qui ne s'estimerait heureux d'avoir, un jour, déposé entre leurs mains la première pièce de l'écrin scolaire, devenu plus tard une armoirie riche et brillante des sueurs du travail et de l'honneur?

CHAPITRE XXV

Les Cours d'adultes. — Direction à suivre.

I

L'hiver nous ramène, chaque année, les cours d'adultes. Une *statistique* de l'enseignement primaire publiée récemment par M. Bardoux, ministre de l'instruction publique, nous donne des détails fort intéressants sur leur fonctionnement pendant l'exercice 1876-1877 (1). C'est le document le plus complet que nous ayons jusqu'à ce jour.

(1) *Tableau L*, p. 192-193; — *Tableau LII*, p. 200-201.

22,123 cours d'adultes furent alors ouverts pour les hommes, dans 20,916 communes réunissant une population de 23,892,926 habitants.

Il y eut aussi 5,284 cours pour les femmes, dans 4,889 communes, d'une population de 10,614,894 habitants.

Ces chiffres suggèrent déjà plusieurs remarques.

Puisqu'après les tristes événements de 1870-1871, il nous est resté environ 36,000 communes, avec une population de 36 millions 1/2 d'individus, nous sommes encore loin de voir partout en vigueur une institution dont l'importance s'affirme là où elle fonctionne. Cette remarque est un appel aux départements qui paraissent rester quelque peu en dehors du mouvement général. Est-ce que dans les centres où les cours d'adultes n'existent pas, l'instruction est suffisamment répandue (1)? Ce serait désirable. Malheureusement, les opérations du tirage accusent encore, chaque année, un trop grand nombre d'illettrés! Eussent-ils disparu complètement, n'importerait-il pas de consacrer, sur tous les points du territoire, les longues soirées d'hiver à fortifier et même à développer les connaissances acquises à l'école primaire? L'existence scolaire de la plupart de nos enfants n'est-elle pas, hélas! trop prématurément brisée pour qu'ils avancent dans la vie avec des connaissances durables et assez étendues, si, au sortir de l'école, ils ne trouvent pas un enseignement ultérieur qui assure aux premières leçons de l'ampleur et de la vie?

Voici une autre remarque :

Les cours d'adultes ont été fréquentés par 500,013 hommes et par 105,710 femmes. Qui ne serait frappé de la dif-

(1) La statistique ministérielle nous donne (Tableau LI) pour quelques départements les renseignements suivants : *Nombre de communes ayant eu des cours d'adultes :* Corse 1; — Meuse 1; — Rhin (Haut-)(Belfort), 3; — Nièvre, 5; — Saône (Haute-), 5; — Vienne (Haute-), 6; — Vosges, 6; — Loire (Haute-), 7; — Doubs, 9; — Sèvres (Deux-), 9; etc. Du reste, cette situation ne peut manquer de s'être améliorée dans le sens du progrès.

férence qui existe entre ces chiffres? Il y a un côté par lequel, il est vrai, on peut se l'expliquer jusqu'à un certain point. Il faut généralement pour les femmes, dans les campagnes surtout où souvent de longs espaces sont à parcourir, des cours qui se fassent pendant le jour. Mais elles sont alors tout entières aux travaux domestiques. Les soins du ménage absorbent même la plus grande partie de leurs soirées. Les hommes, au contraire, s'appartiennent alors généralement, et ils peuvent, malgré les distances qui n'ont aucun inconvénient pour eux, aller chercher des connaissances là où elles leur sont offertes.

Est-ce à dire, toutefois, que dans les villes, dans les bourgs et autres centres agglomérés, il ne se trouve pas, pour les femmes, pendant les soirées d'hiver, des loisirs consacrés au *rien faire*, et que pourrait rendre très profitables la fréquentation des cours d'adultes? Comment le croire?

Il y a, pour la femme, des connaissances indispensables à la bonne tenue et à la prospérité des ménages; les estime-t-on partout autant qu'elles devraient l'être? Qui ne voit autour de soi, dans l'instruction, des lacunes dont la classe ouvrière est la première à souffrir? Élever, par un enseignement bien compris, la portée intellectuelle et morale de la femme, n'est-ce pas lui assurer, au sein de la famille, une influence heureuse, et pour elle-même, et pour les membres qui la composent? Que, tout en évitant de tomber dans des exagérations et de laisser en souffrance quelques-uns des devoirs domestiques qui lui incombent particulièrement, les amis du vrai progrès s'efforcent donc de favoriser pour elle l'extension des cours d'adultes.

Faisons comprendre de plus en plus ces enseignements que nous transmet l'expérience de tous les siècles : « Le plus souvent, c'est l'homme qui, par son travail, fournit de l'argent à la maison; le plus souvent aussi, c'est la femme qui l'emploie aux dépenses nécessaires. Si l'emploi est mal fait, c'est pour la maison, ruine et misère; — s'il est bien dirigé, c'est prospérité et bien-être. Que notre enseignement s'inspire de ces pensées. »

Voyons dans quelles conditions se présentaient et ce qu'ont fait les adultes qui ont suivi les cours ouverts pour eux en 1876-1877.

4,463 femmes paraissent avoir étudié les matières obligatoires des programmes : autant d'intelligences à ouvrir, semble-t-il, aux notions les plus élémentaires de l'instruction primaire. 13,577 adultes-hommes ont cherché le même enseignement. Du reste, il y a eu pour les uns et pour les autres une marche progressive frappante. On peut en juger par les tableaux suivants, qui constatent l'état intellectuel de ces adultes, au début et à la fin des cours.

II

ENTRÉE

Ne savaient ni lire ni écrire : hommes, 8,079 ; femmes, 2,120 ;

Savaient lire seulement : hommes, 10,275 ; femmes, 3,427 ;

Savaient lire et écrire : hommes, 10,813 ; femmes, 3,161 ;

Savaient lire, écrire et compter : hommes, 8,820 ; femmes, 2,070 ;

Possédaient quelques notions d'orthographe : hommes, 2,170 ; femmes, 807 ;

III

SORTIE

Savaient lire seulement : hommes, 12,801 ; femmes, 4,660 ;

Savaient lire et écrire : hommes, 17,518 ; femmes, 5,074 ;

Savaient lire, écrire et compter : hommes, 8,456 ; femmes, 2,653.

IV

AVAIENT PERFECTIONNÉ DES CONNAISSANCES ACQUISES

En calcul : hommes, 79,149 ; femmes, 18,497 ;
En orthographe : hommes, 106,151 ; femmes, 20,937 ;
Diverses : hommes, 235,751 ; femmes, 42,305.

V

AVAIENT SUIVI DES COURS

De dessin : hommes, 21,457 ; femmes, 506 ;

D'arpentage et de géométrie : hommes, 76,627 ; femmes, 574 ;

D'histoire et de géographie : hommes, 91,869 ; femmes, 8,645 ;

De sciences physiques : hommes, 8,428 ; femmes, 368 ;

De tenue des livres appliquée au commerce et à l'industrie : hommes, 36,275 ; femmes, 2,685 ;

D'orphéons : hommes, 10,958 ; femmes, 191.

Ce que ces chiffres révèlent d'aspirations et d'efforts chez les adultes, nul qui ne le comprenne. Des succès ont couronné leurs travaux ; la science surtout, dans ses applications du moins, se popularise au sein des campagnes. Qui n'applaudirait à ce résultat ? Mais faut-il s'arrêter là ? Non vraiment.

VI

Depuis plus de dix ans, nos classes du jour se transforment pendant les longues soirées d'hiver, et elles prennent alors un autre aspect. Le maître y reste, il est vrai, avec un courage plus fort que la fatigue. Mais l'enfance disparaît; l'âge mûr, des chefs de famille viennent la remplacer, s'asseoir sur ses bancs, apporter à ses instituteurs et à ses institutrices des intelligences qui cherchent, dans l'enseignement primaire, les unes, ses notions les plus élémentaires; les autres, des connaissances plus développées, qui deviennent toujours une lumière et une force pour le travail, souvent le soutien d'une famille, la sauvegarde de la dignité morale.

Ce mouvement, il faut l'étendre. Qui ne voit que les conditions actuelles de l'existence entraînent les adultes en dehors des cadres de l'enseignement primaire proprement dit? On ne se contente plus de perfectionner des connaissances acquises en calcul, en orthographe et autres facultés. Voilà 12,410 adultes-femmes et 243,746 adultes-hommes qui, pendant un des derniers hivers, ont suivi des cours de dessin, d'arpentage et de géométrie, d'histoire et de géographie, de sciences physiques et de comptabilité, etc. Derrière eux se meut une légion plus nombreuse encore. Nous lui devons l'art, la science, dans leurs applications aux usages de la vie, l'histoire et ses enseignements les plus sûrs, la connaissance du sol, de ses richesses et des moyens de le fertiliser. Donnons-lui donc la vérité qu'elle réclame; ce sera pour elle une armure contre l'erreur, en faveur du progrès et du bien.

Quels procédés suivre?

VII

D'ici, je vois les instituteurs et les institutrices en présence d'un triple programme qui leur est imposé par leur désir de convertir les cours du soir en des centres d'une instruction véritable.

Voici d'abord, parmi les adultes, la catégorie des illettrés. Les directeurs des écoles les connaissent, puisque, pour la plupart, ils dressent, dans les communes, les listes de la conscription. Qu'ils aillent à eux avec une main amie, pour les attirer dans leurs classes et les initier aux connaissances dont ils prévoient l'absence. Peut-être auront-ils à reprendre avec quelques-uns ces leçons de lecture, d'écriture, d'orthographe et de calcul, qu'ils savent si bien donner à nos enfants. A l'œuvre, et sans hésitation. Là, comme dans la classe du jour, le succès couronnera les efforts; de grands jeunes gens, ils se feront des amis, et l'autorité morale que ces adultes donneront spontanément à leurs maîtres, ceux-ci ne manqueront pas de la compter parmi leurs récompenses les plus douces.

Ils auront, en outre, le mérite de faire disparaître de la commune les illettrés. Partout on lutte pour obtenir ce résultat. Que l'on compare la France de 1832 à celle de 1873, que de progrès réalisés! — Au midi, dans le centre et vers l'ouest, quelques départements seulement, et en trop grand nombre encore, portaient, à cette dernière époque, la tache noire de l'ignorance. Mais en 1832, quelles sombres couleurs sur presque toutes ces contrées du territoire français! Depuis 1873, des progrès notables ont encore été réalisés. Courage sur tous les points. Il faut que les départements, quel que soit leur rang actuel, et surtout les moins avancés, entrent au plus tôt dans la colonne blanche des cartes statistiques où le nombre des illettrés oscille entre 0 et 5 0/0.

Pour les y faire pénétrer, il suffira de compter les adultes qui, dans chaque commune, seront demain les soldats de la France. Ceux dont l'instruction a été négligée seront bientôt connus. Les maîtres s'efforceront de les réunir autour de leur chaire et de leur communiquer la science qui leur manque. Ils ont en eux la puissance intellectuelle et morale qui peut assurer ce succès. Qu'ils en usent afin de l'obtenir. Sous ce rapport, il reste beaucoup à faire; que nous sommes loin d'être à la hauteur de l'étranger! (1).

Il est une autre classe d'adultes, celle des jeunes gens qui ont à subir l'examen pour le volontariat d'un an. Sans doute, beaucoup d'entre eux arrivent à ces épreuves avec des connaissances sérieuses. Il en est cependant dont l'instruction doit être développée. Aux dernières sessions, beaucoup ont échoué. Il y a donc des résultats plus satisfaisants à préparer.

S'il existe dans les communes des candidats au volontariat, qu'ils trouvent les instituteurs prêts à les diriger pendant les soirées d'hiver. Ces maîtres auront à leur donner un enseignement plus étendu qu'aux illettrés : langue française, géographie, histoire de France, arithmétique, géométrie, comptabilité et tenue de livres, agriculture ou industrie, etc. Pour quelques parties, il suffira aux instituteurs de reproduire l'enseignement de l'école primaire; d'autres questions les feront entrer dans un ordre d'idées peut-être nouveau pour eux; mais les livres à consulter ne leur feront pas défaut (2).

Restent les adultes qui n'ont pas atteint ou qui ont dépassé l'âge du service militaire; ceux-là forment comme

(1) « Les données statistiques relatives à la classe récemment incorporée dans l'armée prussienne nous font connaître que, sur 86,489 recrues, il n'y en avait que 2,265 ne sachant ni lire ni écrire, soit 2,62 0/0. De toutes les provinces du royaume de Prusse, celle de Posen figure comme fournissant le plus grand nombre d'illettrés : on en a compté 11,18 0/0 parmi les jeunes soldats qui viennent de rejoindre les drapeaux. En France, sur les 131,827 hommes de la classe 1877, on en a relevé 19,083 ne sachant ni lire ni écrire, soit 14,47 0/0. Notre pays contient donc un excédent de 11,85 0/0 d'illettrés par rapport à la Prusse. Quelques subdivisions régionales de l'Est n'en ont pas 1 0/0. Mais, dans le département de la Seine, par exemple, il y en a encore plus de 5 0/0. La subdivision de Guingamp est celle où le nombre des hommes ne sachant ni lire ni écrire est le plus considérable : la classe de 1877 en a donné 1,208 sur 2,459, soit près de 50 0/0 pour cette subdivision. » Du courage donc! Et nous finirons par arriver bientôt au point où nous devrions être. Ce sera un nouveau triomphe, nous ne manquerons pas d'en rapporter toute la gloire aux instituteurs.

(2) V. *Manuel d'examen pour le volontariat d'un an.* — *Instruction professionnelle.* Chez Hachette.

la troisième catégorie des cours. Ils se présentent, pour la plupart, avec des connaissances déjà acquises, demandant aux instituteurs et aux institutrices de les aider à les fortifier et à les développer, souvent à les mettre en rapport avec les professions qu'ils exercent. Ici, il n'y a pas un monde nouveau à instruire ni des idées nouvelles à propager. Dans ces adultes, les maîtres retrouveront, en effet, et presque toujours, d'anciens élèves ou des auditeurs des années précédentes.

Un examen rapide permettra de reconnaître, au début des leçons, la partie du programme qui convient à ces adultes, l'étendue et le dégré de force qu'il faut donner à l'enseignement. Il y aura ainsi des cours gradués et divisés, comme ceux des écoles du jour, en cours élémentaire, moyen et supérieur. Est-il même utile de recommander cette répartition? Qui ne sait qu'elle est une condition de progrès pour les auditeurs?

Mais que les leçons portent sur la langue française ou sur l'arithmétique, sur la géométrie où l'arpentage, ayons toujours en vue le côté pratique; qu'une application utile rende notre enseignement facile à saisir et durable.

Pour le dessin, inspirons-nous des programmes publiés par l'administration supérieure (1); nos adultes sauront bientôt conduire leur crayon, tracer et lire un plan.

Ils étudient la géographie. Ne nous perdons pas dans d'arides nomenclatures de noms de communes ou de chefs-lieux d'arrondissement. C'est, comme nous l'avons déjà dit, notre département d'abord qu'il faut montrer avec ses principales richesses agricoles et industrielles; c'est dans son sein qu'il faut descendre pour en sortir ensuite avec les trésors qu'il renferme; ce sont ses cultures diverses, avec les améliorations qu'elles réclament, qu'il faut faire comprendre. Ainsi, nous attacherons nos auditeurs au

(1) V. ci-dessus, p. 200 et suiv.

sol natal, en leur exposant le bien-être qu'il offre aux travailleurs; nous leur apprendrons comment on le féconde, et avec quelle largesse il répond à chaque goutte de sueur qu'il reçoit. Quand nous sortirons de notre département, nous ne manquerons pas de suivre dans leur cours les grands fleuves de la France et les vallées qu'ils fertilisent, de décrire ses vastes plaines, ses hautes montagnes et leurs produits; nous essaierons surtout de tracer un tableau saisissant de l'activité qui se déploie partout, des merveilles du travail et des voies si rapides qui portent ses produits sur tous les points du globe. Ce sont les études de ce genre qui donnent à l'homme une idée de sa grandeur, de la puissance qu'il peut exercer, pour le transformer, sur le monde matériel, et qui l'excitent à mettre toutes ses énergies au service du travail physique et intellectuel.

Et l'histoire? Mais nous lui demanderons, comme nous l'avons encore dit, ses beaux spectacles : les hommes que le labeur a grandis, que l'économie a fait sortir des conditions les plus modestes pour leur donner la fortune, — que leurs vertus domestiques et civiles, morales et religieuses ont couronnés d'une auréole toujours brillante. Quand nous étudierons ces pages, pourrons-nous les séparer de ces autres pages, non moins riches et non moins émouvantes où le dévouement à la patrie nous apparaît avec toutes ses gloires? Et n'aurons-nous pas alors la plus vive des satisfactions, celle de voir les jeunes âmes regarder avec admiration les grandes figures qui leur seront présentées et éprouver je ne sais quel désir de monter à leur hauteur? Que de fois, dans des leçons de cette nature, la patrie a été mieux connue et mieux aimée, le patriotisme s'est éveillé et le germe d'un héros a été jeté au sein d'une jeune âme (1)?

(1) V. Gœpp et Ducoudray, *Le Patriotisme en France*. Chez Hachette.

Pour entretenir et échauffer ces heureuses émotions, nous aurons la musique et les orphéons. Ils ne sont pas, on doit le reconnaître, assez répandus. Il faut les propager partout. Qu'après une leçon d'histoire, un morceau patriotique et religieux soit exécuté avec ensemble, avec chaleur; il enlèvera les âmes vers les idées les meilleures. Oui, vraiment, les cours d'adultes peuvent devenir une puissance.

Avec les institutrices, ils prendront une autre direction, et le bien produit sera grand également. Parmi les succès des derniers exercices, on signale des connaissances acquises qui ont été étendues ou perfectionnées; des cours d'histoire et de géographie suivis avec fruit; un enseignement fort utile de la tenue des livres et de l'arithmétique appliquées au commerce et à l'industrie. Que les institutrices restent dans cette voie; elles y trouveront toujours des intelligences à éclairer, des cœurs à attacher au bien, à la vertu, à l'accomplissement du devoir, et à cette vie de prévoyance et de dévouement qui fait de la femme, dans la famille, une providence. Pour les seconder dans leur enseignement, elles demanderont à l'histoire de faire paraître devant leurs élèves ces femmes vraiment fortes qui, même dans les conditions les plus humbles, comptent parmi les gloires de la France. Leurs exemples et leurs vertus parleront; les âmes seront touchées; il y aura, dans la classe, comme un courant incessant d'aspirations vers le bien (1). On ne peut trop, ce nous semble, revenir sur ces idées, et voilà pourquoi nous les reproduisons.

Les institutrices reprendront aussi leurs leçons de tenue des livres et d'arithmétique appliquées au commerce et à l'industrie. Plus cet enseignement sera compris, plus elles

(1) Un livre composé à ce point de vue est en préparation. On peut consulter, d'ailleurs, les ouvrages suivants : *Les Femmes illustres de la France*, par Delanoy; — *Galerie des Hommes et des Femmes* qui ont illustré la France par leur courage, leurs vertus, leurs talents, etc., par l'abbé L. — *Les Saints de l'atelier*, etc.

créeront, en quelque sorte, d'existences capables de se suffire à elles-mêmes pour les besoins de la vie, et de se tenir avec dignité au milieu du monde et de ses tentations.

Elles sont engagées également à organiser des cours spéciaux de couture (taille et assemblage). On l'a fait dans le département de la Seine et l'on se trouve bien de cette innovation ; c'est une science, et des plus utiles, que les cours d'adultes font entrer au sein des ménages les moins fortunés.

Des leçons d'une sage hygiène ne peuvent manquer de paraître nécessaires aussi pour les campagnes, où elles porteront l'ordre et la propreté. Que de progrès à réaliser encore, sous ce rapport, dans les habitations, la tenue du corps et des vêtements, etc. !

Tous, instituteurs et institutrices, sauront donner à leur enseignement de l'intérêt et de la vie. Aucun fait malheureux, nous l'espérons, n'attristera leurs cours, et, quand ils se termineront, on aura toujours à constater des résultats heureux. Tout l'honneur leur en reviendra.

Si, pour donner à ces cours et aux travaux de tous une consécration publique, des examens doivent avoir lieu et des certificats d'étude être délivrés, nul doute que les autorités administratives ne se prêtent à ces épreuves avec de vives sympathies.

CHAPITRE XXVI

Bibliothèques et Conférences pédagogiques.

Voilà deux œuvres qu'il ne faut pas séparer. Chacune d'elles a son moyen d'action sur tous les membres du corps enseignant, son principe de vie intellectuelle et morale. Elle conduit diversement à l'enfance pour développer et élever ses facultés; elle assure le progrès de l'instruction primaire.

I

LES BIBLIOTHÈQUES PÉDAGOGIQUES.

La bibliothèque, c'est la source où le maître va puiser la force et la lumière dont il a besoin dans l'accomplissement de ses devoirs. Il y trouve la pensée des pédagogues les plus autorisés, leur pratique, leurs conseils et leurs exemples. Il y vit surtout avec les hommes qui ont laissé leur empreinte, — une empreinte souvent profonde, toujours bienfaisante — sur l'esprit et le cœur des générations qu'ils ont élevées. Il les voit avec le plus pur de leur sollicitude, le meilleur de leur âme, ce respect, cet amour de l'enfance et ce don de soi-même qui sont autant de puissances avec lesquelles on enlève le jeune âge.

Ce spectacle émeut. On trouve là tout un monde d'idées, de procédés, de dévouement que l'on pouvait avoir entrevu, mais de loin; on comprend mieux le devoir et sa sainte loi; on sent peu à peu passer sur son être ce courant d'enthousiasme sans lequel rien de grand ne se produit. De la société de ces maîtres, on sort plus fort, plus généreux. On est à sa tâche avec moins de fatigue, plus de succès et de jouissances.

Mais la bibliothèque, ce n'est pas seulement le contact avec le passé pédagogique le plus riche. C'est la vie présente, avec ces publications si multiples que l'expérience a préparées et mûries, et qui apportent de bonnes inspirations. Ce sont les *Journaux pédagogiques* qui discutent, approuvent ou condamnent les idées qui se produisent en matière d'enseignement primaire, qui tracent pour chacun, et avec autorité, la voie à suivre, étendent et fortifient l'instruction professionnelle de tous.

Ainsi l'on comprend partout l'importance et la composition des *bibliothèques pédagogiques*. Voyez, par exemple, les Etats-Unis.

Il existe à Washington un Bureau central ou national d'éducation. Une bibliothèque, d'une richesse presque unique dans sa spécialité, a été graduellement formée par les membres de ce bureau. Elle comprend, d'une part, des ouvrages choisis concernant l'histoire et l'art de l'éducation aux Etats-Unis et à l'étranger; d'autre part, des documents sur les examens annuels des établissements publics d'instruction, le degré et la valeur des résultats obtenus dans les écoles spéciales et professionnelles.

« Un des éléments les plus importants de la collection se compose des journaux scolaires de l'Union (1). »

La Russie a voulu donner à l'instruction primaire un grand développement. Elle a fait une place, dans son vaste *musée*, à une bibliothèque de 12,000 volumes, avec une centaine et plus de publications périodiques (2).

Un de nos derniers ministres de l'instruction publique, M. Bardoux, s'est proposé de créer un *musée national de l'enseignement primaire*. Une des sections doit comprendre une *bibliothèque pédagogique française et étrangère*. Elle renfermera tous les renseignements qui ont trait à la situation des écoles, à leur développement numérique, à leur valeur, à leurs résultats intellectuels et moraux, à l'histoire complète enfin de notre instruction primaire dans le passé et dans le présent. Entre autres collections, nous y voyons figurer déjà les *Journaux pédagogiques* de la Belgi-

(1) Buisson, *Rapport sur l'Instruction primaire à l'Exposition universelle de Philadelphie*, p. 23-24.

(2) Hippeau, *De l'Instruction publique en Russie*, p. 52-64.

que, de la Suisse, de l'Italie, de la Hollande, de l'Espagne, de l'Autriche, de l'Alsace-Lorraine, de l'Allemagne, de l'Angleterre, des Etats-Unis, du Canada, de la Grèce, du Pérou (1). Donc pas un mouvement pédagogique, dans le monde, qui n'aboutisse là et que ne puissent étudier les travailleurs qui se trouvent sur les lieux.

Voilà, pour les bibliothèques, l'idée dans ses grandes manifestations. En province, il n'appartient qu'aux villes importantes de s'en emparer et de lui donner des développements plus restreints, sans doute, mais dont profiterait encore tout un département. Et beaucoup le peuvent. Elles possèdent déjà une bibliothèque, un musée, une collection d'histoire naturelle renfermant des trésors. Pourquoi des esprits perspicaces, amis du progrès, comme il s'en rencontre encore dans les administrations, ne croiraient-ils pas devoir, quelque jour, user de leur influence afin d'annexer à ces richesses une *bibliothèque toute pédagogique*?

Pour nous, ayons recours à des créations plus modestes: les *bibliothèques cantonales*, et aidons-nous afin de les organiser. « Peu d'instituteurs, a-t-on dit avec trop de raison, ont les ressources nécessaires pour se constituer à leur entrée dans la carrière, la bibliothèque de leurs rêves. Plus tard les charges de famille réclament la part qui, dans le modeste budget, était réservée à la nourriture de l'intelligence, et alors on se passe de cette nourriture... Or, ce qui est impossible à l'instituteur isolé devient facile par l'association. On ne peut pas donner 40 francs par an pour sa bibliothèque personnelle; mais on peut donner 4 ou 5 francs pour la bibliothèque pédagogique du canton (2). » Et alors ces légers sacrifices mettent tout à la disposition de chacun : pensée et expérience du passé, publications

(1) *Journal général de l'Instruction publique*, 25 octobre 1879, p. 293.

(2) M. Jost, *Les Conférences d'instituteurs et les Bibliothèques pédagogiques*, dans les *Conférences de la Sorbonne* (1878), p. 140.

contemporaines, recueils pédagogiques les plus autorisés. Qui ne voudrait acquérir ainsi le droit de puiser à ces sources la vie pour soi et pour sa classe?

Du reste, hâtons-nous de le dire, on semble comprendre partout l'importance des bibliothèques pédagogiques. Avant l'Exposition universelle de 1878, on comptait les centres : cantons, arrondissements, qui en possédaient. Un seul département, le Calvados, si nous ne nous trompons, voyait alors, depuis deux ans, cette œuvre prospère dans tous ses cantons. Nous lisons, du moins, dans un rapport de son secrétaire *sur la situation des bibliothèques pédagogiques* du département (année 1876-1877), qu'elle avait ses *statuts* approuvés; — qu'elle réunissait déjà 744 membres participants : 426 instituteurs et 318 institutrices, laïques et congréganistes ; — que les cotisations s'élevaient à 2,225 fr. 95 c., plus 350 francs versés par des amis de l'œuvre; que les achats effectués par la société et les dons des grandes librairies de Paris portaient à 3,216 les volumes entrés dans les bibliothèques cantonales; — que des comptes-rendus de beaucoup de ces ouvrages et des travaux importants inspirés par eux avaient été lus dans les *Conférences pédagogiques* (1).

Un de ces mémoires déterminait ainsi l'objet et le but de ces *Bibliothèques* :

« 1° Donner aux instituteurs et aux institutrices le moyen d'étendre leurs connaissances professionnelles, et les initier aux meilleurs procédés d'enseignement et de discipline par la lecture des livres de pédagogie;

2° Développer leur instruction personnelle, en mettant à leur disposition des livres de littérature et de sciences;

3° Leur permettre de choisir, après examen, et en parfaite connaissance de cause, les livres de classe (2). »

(1) *Bulletin mensuel de l'Instruction primaire pour le département du Calvados*, novembre 1877, p. 298-305.
(2) Boutrois, *Ibid.*, novembre 1878, p. 314.

Depuis cette époque, il n'y pas eu temps d'arrêt dans le développement de l'œuvre. M. Jost, un des conférenciers de la Sorbonne, nous a dit comment ces *bibliothèques* s'organisaient alors sur d'autres points du territoire (1). L'impulsion était donnée. Elle s'est étendue partout, avec les idées progressives qui entrent dans les esprits. Le *Journal des Instituteurs* pouvait dire récemment, en parlant de la *Bibliothèque pédagogique* du XIe arrondissement de Paris :

« Elles sont nombreuses, les bibliothèques pédagogiques fondées depuis l'exposition universelle de 1878, et il y a lieu d'espérer que bientôt il n'y aura plus un seul arrondissement de France qui n'ait sa bibliothèque d'instituteurs.

« Ce sera un lien de plus entre les ouvriers d'une même œuvre, et rien ne pourra mieux fortifier l'esprit de corps que ces bibliothèques (2). »

Oui, encore un bon exemple à imiter. Que des Bibliothèques s'organisent partout; qui ne donnerait ses sympathies à ce résultat ? Quant aux *statuts* propres à chacune d'elles, il faut, ce nous semble, laisser les membres qui en feront partie les arrêter eux-mêmes. C'est leur pensée, ce sont leurs aspirations qu'ils doivent refléter. D'ailleurs, les divers *statuts* que nous avons vus sont établis sur les mêmes bases : objet et but des bibliothèques; — leurs ressources : cotisations et dons; — personnel administratif; — choix et achat des livres; — assemblée générale; — règlement intérieur. Cette rédaction partout la même, ou peu s'en faut, prouve suffisamment que les *statuts* exis-

(1) M. Jost, *Les Conférences d'instituteurs et les Bibliothèques pédagogiques*, dans les *Conférences de la Sorbonne* (1878), p. 111-142.

(2) Le *Journal des Instituteurs*, 26 octobre 1879, p. 783. — Le *Journal général de l'Instruction publique*, n° du 8 novembre, vient de nous apprendre que les 32 cantons du Jura ont leur bibliothèque pédagogique, p. 328.

tants ont été arrêtés sous des idées communes d'union et de progrès. Que peut-on demander de mieux ?

II

CONFÉRENCES PÉDAGOGIQUES.

Partout aussi l'institution des *bibliothèques* se rattache à celle des *conférences pédagogiques*. Ce sont deux annexes inséparables. Que les conférences soient libres ou obligatoires ; qu'elles se présentent sous la forme de *synodes scolaires*, comme en Suisse, ou d'*assemblée générale* d'instituteurs, comme en Allemagne, une *bibliothèque*, composée d'ouvrages relatifs à l'enseignement primaire, existe toujours dans chacun des cercles qu'elles forment. Et partout on comprend que le maître qui ne puiserait pas dans ces bibliothèques, ne saurait « être au courant des découvertes nouvelles, qu'il est étranger aux publications qui accroissent journellement le bagage intellectuel d'une nation, qu'il reste stationnaire, qu'il recule.

« On peut bien aller à la conférence, on peut profiter des lectures et des travaux des autres ; mais on n'y prend plus soi-même une part active, et la conférence cesse d'être fructueuse (1). »

Or, c'est cette part active qui est indispensable. Point de maître qui se présente dans ces réunions avec des oreilles seulement et un rôle passif. Tous doivent, au contraire, s'y rendre avec des idées suggérées par une étude sérieuse des livres que renferme la bibliothèque, et que l'expérience peut, d'ailleurs, avoir étendues ou modifiées. Elles seront mises en commun, examinées et jugées. De cette discussion, toujours fortifiante et pour l'usage de la parole et pour le raisonnement, elles sortiront plus nettes, plus pré-

(1) M. Jost, *Ibid.*, p. 141.

cises et plus pratiques. Combien de questions importantes, vitales, viennent ainsi à l'ordre du jour, et reçoivent une solution, quand les conférences sont fortement organisées, nos recueils scolaires nous l'apprennent chaque jour (1). Il y a profit à suivre ce qui se passe, sous ce rapport, en Belgique, en Allemagne, en Suisse, etc.

Dans cet ordre d'idées, nous pouvons, sans nul doute, nous inspirer de l'étranger. Mais sachons aussi être nous-mêmes porter dans ces réunions notre tempérament et les idées qui lui conviennent. Laissons à l'initiative individuelle son essor; rien ne sera contraint, trop étouffé par une réglementation uniforme, et l'on ne manquera cependant pas de rester dans les bornes d'une sagesse intelligente.

Toutefois, une direction sera nécessaire; l'inspecteur d'académie, s'il le peut, et, en son absence, l'inspecteur primaire sera là. On se sentira en famille; la confiance rapprochera tous les membres.

Chacun traitera, suivant la tournure de son esprit, les programmes arrêtés d'avance, et, afin que les divers travaux profitent à tous, un secrétaire recueillera les idées qui auront obtenu l'approbation générale. Des archives de la conférence, elles ne tarderont pas à entrer dans les classes, où elles porteront autant d'éléments de progrès.

Enfin, j'aimerais voir les instituteurs et les institutrices de chaque canton former, à côté de la grande, une petite *société pédagogique*, se réunir fréquemment, s'entretenir de leurs devoirs et de leurs élèves, des difficultés qu'ils peuvent rencontrer ou qu'ils prévoient, se donner les encouragements et les conseils que les circonstances commanderaient et se soutenir toujours. Par là, l'esprit de corps s'étendrait et se fortifierait entre eux; ce serait un autre

(1) V. Le *Journal des Instituteurs*, 26 novembre; — le *Manuel général*, 1879, p. 77.

enseignement ajouté à celui de l'école. Il finirait par rapprocher les enfants des diverses localités. Avec eux la concorde croîtrait au sein des populations. Est-il résultat plus désirable?

CHAPITRE XXVII

Les Musées scolaires

Le mot *Musée* entraîne généralement l'idée d'une collection d'objets d'art : tableaux, tapisseries, antiquités ou produits curieux venus de l'étranger, etc. L'installation en est souvent luxueuse, en rapport avec la valeur des objets réunis. On peut les voir, les examiner; les toucher, jamais.

Nos *musées scolaires* ne sont ni ne doivent être établis dans ces conditions. Nous avons bien là des collections, mais généralement simples, et dont les éléments sont recueillis presque toujours sur les lieux mêmes, par les enfants des écoles. Elles ont été faites, non pour exciter l'admiration, mais pour servir à l'enseignement, pour exercer les sens des petits collectionneurs, et rien de plus. Elles n'appellent pas l'étude des savants, mais celle des élèves les plus jeunes, les moins instruits, qui, pour les comprendre, devront et les examiner et les toucher sous toutes leurs formes.

Sans être luxueuses, comme les premières dont nous avons parlé, ces collections sont pour les classes un ornement précieux. Jadis — et en certains lieux encore — on n'avait à présenter aux regards des enfants que des murs dénudés; rien ne leur parlait, tout autour d'eux était froid et silencieux. Aujourd'hui, ces collections répandent sur les parois de ces classes une sorte de vie; elles ont leur voix qui se joint à celle des maîtres pour exciter et soutenir l'attention.

Il n'y a plus à prouver l'importance des *musées scolaires*. Partout on voit en eux un des moyens les plus puissants que nous ayons pour éveiller l'esprit d'observation chez les enfants, animer et rendre plus saisissant l'enseignement des maîtres. Aussi les écoles les mieux dirigées, et qui marchent d'un pas ferme et intelligent vers le progrès, sont-elles ouvertes à cette création de date récente parmi nous.

A l'Exposition universelle, les spécimens de *musées scolaires* abondaient. Qui n'a remarqué les envois fort intéressants de la Belgique, de la Russie, de la Suisse, etc.? Quelques-unes de nos écoles normales, beaucoup d'instituteurs et un certain nombre d'institutrices avaient aussi présenté des essais dignes de fixer l'attention. Nos principaux recueils consacrés à l'instruction primaire, la *Revue pédagogique*, le *Journal des Instituteurs*, le *Manuel général*, l'*Education*, etc., ont mis à les décrire une complaisance particulière. Nous n'avons pas à reprendre leurs éloges; profitons plutôt de leurs conseils. Ce sont les hommes les plus autorisés qui nous les donnent.

S'agit-il d'établir un musée scolaire? Il y a d'abord à se préoccuper de l'installation. Evitons les meubles encombrants; nos classes sont généralement étroites, et ils auraient bientôt enlevé à nos élèves la liberté de leurs mouvements autour des collections. Que ces meubles ne soient pas non plus trop beaux; nous aurions peur d'y toucher et de toucher à ce qu'ils renfermeraient. Et puis, point de flacons trop hermétiquement fermés; point de verres qui ne puissent s'enlever; point de clous, point d'attaches qui rendent éternellement immobiles les objets recueillis. Tout, dans le *musée scolaire*, doit être vu, examiné de près, mis constamment à la portée de la main des enfants. Les objets sont là pour exercer leurs sens; qu'ils puissent à leur aise les observer et les toucher, en reconnaître le goût, les couleurs, la forme, la sonorité, la mollesse ou la résistance, etc.

Il va sans dire qu'ils auront à se garder de les détériorer. Le maître saura le leur faire comprendre dans une leçon des plus opportunes sur l'ordre et sur le respect de ce qui est à tous. En veillant à la stricte observation de ces conseils, il assurera la conservation du *musée scolaire*. Ainsi, dans l'enseignement, tout s'enchaîne, l'ordre matériel et l'ordre moral.

Mais que mettrons-nous dans notre musée? Le nécessaire, ce qui se rattache à notre enseignement de chaque jour. C'est assez dire qu'il faut en écarter l'inutile, le superflu. Nous ne pouvons avoir la prétention de faire à nos élèves des cours de minéralogie, de botanique, de zoologie, etc. Quand donc nous aurons à recueillir des minéraux, des plantes, des animaux, etc., notre premier devoir sera de savoir nous borner dans nos recherches. Aux savants, ou à ceux qui veulent le devenir, de s'entourer, s'ils le peuvent, de collections complètes, de réunir, dans leur cabinet, la faune, la flore, tous les fossiles, etc. du pays, même de la France. Contentons-nous, sans aller faire des emprunts aux régions voisines, de regarder à nos côtés, d'y chercher les objets typiques, de présenter à nos enfants et de leur expliquer ce qu'ils voient dans la commune, chez leurs parents, tout près d'eux. Dans ces spécimens qui nous livrent la réalité sous sa forme la plus nette et la plus précise, nous trouverons les éléments nécessaires pour leur communiquer les connaissances que tout le monde doit posséder. Ils seront frappés ; nous les intéresserons ; l'esprit d'observation s'éveillera en eux, et nous leur serons utiles.

Pour former le musée scolaire, on ne se perdra pas non plus dans l'étude des antiquités. Si d'aventure, une vieille pièce de monnaie, un tesson de poterie, un ustensile des premiers âges, etc., nous tombent sous la main, ces trouvailles iront on ne peut mieux aux numismates et aux antiquaires du pays. Leur présence dans le musée scolaire serait une rareté parfois difficile à expliquer aux enfants. On est tenté de les ranger dans la catégorie du superflu. Il n'y a donc pas à courir après elles, sinon pour les employer à se créer des amis, en les remettant aux savants de profession.

Mais l'*utile* dans un musée scolaire, qu'est-ce donc? Nous l'avons déjà dit, c'est tout ce qui sert à l'enseignement primaire, tout ce qui l'éclaire et le vivifie. Regardez les objets et les êtres qui vous entourent. Pas un qui ne puisse éveiller, chez les enfants, une légitime curiosité, susciter de leur part des questions, demander une description, vous suggérer une leçon intéressante et utile.

L'utile, c'est le sol que cultivent les pères de nos élèves ou que couvrent des forêts, qui porte nos vignes, nos pommiers ou qui offre au bétail de gras pâturages. Rien d'important comme de reconnaître les éléments principaux, calcaire, sable, argile, qui s'y trouvent en des proportions très variées. Où l'un d'eux existe, telle culture, telles plantes réussissent; elles dépérissent là où il fait défaut. Eh bien! ayez dans votre musée des échantillons de cette terre dont la moindre parcelle se paie si cher, vous pourrez facilement, « sans prétendre aucunement faire une analyse chimique, donner aux enfants une indication nette sur ces trois éléments fondamentaux du sol. Versez du vinaigre sur le sable ou sur l'argile : vous ne verrez rien se produire; sur le calcaire, au contraire, apparaît un bouillonnement d'acide carbonique. Par un petit lavage, vous arriverez à séparer en partie l'argile du sable. La première fait pâte avec l'eau, le second reste en grains isolés (1). »

Voilà un élément de notre musée scolaire, et, avec le sol arable, une expérience non moins intéressante qu'utile pour les enfants.

Ce même sol fécondé par la rosée du ciel, nous donne du blé, des raisins et des pommes, du chanvre et du lin ; — viennent les vaches et leur lait ; les moutons et leur laine ; — ces animaux et le cheval nous livrent leur peau, etc. Une place dans le musée scolaire, pour les tranformations que subissent ces produits en devenant le pain, le vin, le cidre, le beurre et le fromage, ces grandes bases de notre alimentation ; — la chemise et le paletot qui enveloppent notre corps ; — le cuir qui passe dans nos chaussures ; — le papier dont nous faisons un emploi si fréquent, etc. C'est le travail agricole ; ce sont les merveilles de l'industrie : quel vaste champ ! quelles richesses précieuses pour nos musées scolaires !

Mais attendez. Les produits du sol ont leurs ennemis. C'est le ver blanc qui se cache sous terre et dévore la racine de nos plantes ; — c'est le papillon qui voltige dans les airs et sur nos fleurs ; — c'est cette nuée d'insectes qui s'abat sur nos céréales ; c'est le charançon qui se glisse dans les silos de nos greniers, etc. Que faire ? Des collections encore pour notre musée. Ici prendront place les hannetons et leurs femelles qui déposent dans le sol, à une profondeur de 15 à 30 centimètres, 20 à 30 œufs, d'où sortent des *larves*, qui deviennent plus tard des *vers blancs* ; — là, des chenilles « que les enfants verront devenir chrysalides (2) » ; puis papillons ; quelques-uns des plus destructeurs par leurs larves, celui du chou, par exemple. Et nous prenons cet exemple, parce qu'il se rapproche surtout des conditions d'existence de l'enfance. Mais tout près de ces

(1) Maurice Girard, *L'enseignement des sciences physiques dans les Écoles primaires*, Conférences de la Sorbonne, p. 180.

(2) Maurice Girard, *Ibid.*, p. 184.

insectes nuisibles, exposez « les petites mouches qui pondent leurs œufs soit à l'intérieur du corps des chenilles et des larves nuisibles, soit à sa surface. » Dans « ces chétives créatures », vous montrerez, pour l'homme et ses travaux, des « auxiliaires, je dirai même des protecteurs (1), » dont la larve ronge et dévore celle de l'insecte ennemi.

Etendez même ce cadre. A côté des insectes si nombreux qui s'engraissent des sueurs de nos cultivateurs et rendent souvent stérile une partie de leurs travaux, préparez un autre spectacle : celui des petits insectes qui travaillent avec l'homme, qui suivent la charrue pour débarrasser la terre de l'ennemi qui s'y cache, qui veillent sur la semence jetée dans nos sillons et qui protègent nos épis, nos prairies et les fruits suspendus à nos arbres (2). Ici, nous aurons la vie qui coudoie la mort et en arrête les développements. Et alors l'école, devenant pour tous, pour l'enfant et pour ses pères, un centre d'instruction, excitera un intérêt plus général et prendra plus d'animation intellectuelle et morale.

Surtout, dans les musées scolaires, point d'isolements inintelligents ; ce serait créer, au sein de la nature, des abstractions. Les rapports et les différences scientifiques ont, sans doute, leur importance ; les cabinets d'histoire naturelle les mettent en évidence dans les classifications des savants. Mais les musées scolaires doivent montrer ce que les élèves verront en réalité, ce qui frappera leurs regards, lorsqu'ils observeront. Ainsi, dit fort justement M. Defodon, « à côté de l'insecte nuisible, mettez la feuille, le fruit, la

(1) Maurice Girard, *Ibid.*, p. 185. Cfr. *Catalogue raisonné des animaux utiles et nuisibles de la France.* — Fascicule 1er : *animaux utiles* ; — fascicule 2 : *animaux nuisibles*, par Maurice Girard. Chez Hachette. Les *Ennemis et les protecteurs du blé*, chez Belin.

(2) V. *L'Insectologie et les instituteurs.* Rapport lu à la Société linnéenne de Normandie et inséré dans ses Mémoires, année 1875.

racine, la tige gâtée, détériorée, plus ou moins détruite par lui (1). » Nous ajouterons : Au-dessus de cet insecte, mettez l'insecte utile, l'oiseau qui arrêtent le premier dans son œuvre de destruction. Il y aura là une leçon qui portera les enfants à conserver les « auxiliaires et les protecteurs de tout genre » que la providence met à notre disposition. N'est-ce pas à l'école primaire à donner cet enseignement, et aux musées scolaires à le rendre frappant?

Au risque de nous répéter, nous dirons encore avec M. Defodon : « A côté de l'animal, de la plante, dont l'industrie sait tirer profit, mettez, soit à leurs différents dégrés de fabrication, soit sous leur forme définitive, les différents produits qu'elle lui emprunte ; ajoutez-y même, si cela ne vous paraît pas présenter trop de complication, les procédés employés pour la fabrication de ces produits. Et qu'à défaut de l'objet lui-même, à défaut du modèle, simplifié, s'il y a lieu, l'image, le dessin, votre dessin, à vous, quand cela se peut, dans des proportions grossies ou réduites, selon le cas, vienne combler telles ou telles lacunes qui ne vous permettraient pas d'exposer la leçon de choses que vous devez avoir en vue quand vous formez votre collection (2). »

Ici, M. Defodon suppose que les instituteurs et les institutrices sont maîtres de leur crayon et qu'ils le conduisent, comme ils l'entendent, sur le tableau noir. Rien de mieux ; c'est un procédé pédagogique que l'on ne tardera pas à exiger de tous les maîtres de l'enfance. A ceux qui ne le posséderaient pas encore, on conseille l'emploi du pantographe qui permet de reproduire, avec une grande facilité, les images des objets, grossies ou réduites.

Voilà les idées générales qui doivent présider à l'installa-

(1) Defodon, *Manuel général de l'Instruction primaire*, nº 37, p. 359-360, année 1879.

(2) *Ibid.*

tion des *musées scolaires.* Mais comment en recueillir les éléments? Que les enfants soient les premiers collectionneurs. Il y a plusieurs manières de les intéresser à cette œuvre.

Je me rappelle ce que m'écrivait un jour un instituteur, ou plutôt un travail qu'il lisait dans une *conférence pédagogique.* « Quand je dois faire une leçon de *choses,* le sujet est indiqué plusieurs jours à l'avance. Le plus souvent l'objet sur lequel elle portera se trouve dans la famille, dans les champs ou sur le bord de la mer; il se rattache aux travaux de chaque jour ou à l'alimentation; c'est un ustensile du ménage ou de la ferme : un œuf, un coquillage, un morceau d'étoffe, du moellon, la pierre à chaux, du varech ou des joncs, une tige de blé ou une plante de colza, une feuille de chêne, un sarment de vigne ou une branche de pêcher, etc. Les enfants s'intéressent à ces leçons. Une fois rentrés dans la famille, ils demandent à leur parents des explications sur le sujet proposé. Ils se mettent à réfléchir eux-mêmes, puis ils reviennent en classe avec un commencement d'idées qu'il faut souvent rectifier, toujours étendre, et avec l'objet qui, après avoir été étudié, prend sa place dans le musée(1). » N'est-ce pas là un bon procédé? Pourquoi ne pas le suivre? (2)

Pour enrichir nos collections, nous avons aussi les *promenades scolaires* dirigées par le maître lui-même. Inutile

(1) Olivier.

(2) M. Buisson l'a recommandé dans sa belle conférence sur l'*Enseignement intuitif.* « On demande aux enfants, par exemple, d'apporter demain des feuilles de deux arbres qu'ils n'ont jamais peut-être pensé à distinguer, le poirier et le pommier, le pin ou le sapin, ou telles espèces de peuplier; ou bien c'est telle pierre, tel minéral, tel échantillon de bois, tel produit manufacturé qui se trouve dans la contrée, mais qui manque à notre petit musée scolaire : il doit toujours manquer quelque chose à un musée scolaire, et je ne serais pas fâché si l'on me disait que chaque génération scolaire est obligée de le reconstituer, pour ainsi dire à neuf, par ses propres recherches : le grand profit à tirer de ces petits musées, ce n'est pas de les avoir, c'est de les faire. » Buisson, *dans les Conférences de la Sorbonne,* p. 316.

de dire l'attrait qu'elles présentent aux élèves. Et de plus quelles occasions propices pour les habituer à observer et pour faire d'amples provisions au profit du musée! Le sol qui nous porte est si riche à tous les points de vue! Ici, les côtes pittoresques battues par les flots de la Manche, de l'Atlantique ou de la Méditerranée; là, les gras pâturages de nos prairies et de nos vallées; ailleurs, les vastes plaines que couvrent nos moissons et nos vignobles; puis, des collines, des montagnes et les bois qui les couronnent; des landes, des bruyères et des marais; les cours d'eau qui répandent partout la fertilité, et les voies ferrées qui emportent nos céréales, nos vins et notre cidre, notre pierre à bâtir, nos granits et nos schistes, notre houille et notre minerai de fer, notre bétail et tous les produits de notre industrie. Que d'objets avec lesquels nous pouvons, dans ces excursions, mettre les enfants en contact!

Ne cherchons même pas toujours ces grands spectacles. Sans quitter la commune, contentons-nous d'une course dans les bois ou d'une promenade sur les bords de la mer, de la rivière voisine, — d'une chasse aux insectes ou aux plantes, etc. Après ces sorties récréatives, les élèves rentreront en classe, riches d'échantillons de tout genre : herbiers, collections de minéraux, de pierres, de coquilles, d'insectes, etc. Et chaque objet sera là, sous leurs yeux, animant notre enseignement, lui prêtant une puissance sans égale, car comme le dit l'Ecriture, les *pierres elles-mêmes parleront.*

Rien, en effet, de ce qui entre dans le *musée scolaire* qui ne doive être un instrument de leçon. — Et cette leçon, a très bien dit M. Buisson, peut se présenter à chaque instant, sous toutes les formes. Un mot de la lecture ou de la dictée, le problème d'arithmétique à résoudre, la question d'histoire ou de géographie qu'il faut étudier, la font naître. Que le maître ait près de lui, sous la main, l'objet, l'être dont il s'agit, et qu'il le montre, qu'il le fasse toucher, observer en l'expliquant, sa leçon durera quelques minutes « au lieu de vingt, elle n'en vaudra que mieux ; elle ne consistera pas, en une série de questions numérotées, mais en une question vive, précise, nette, qui provoquera une réponse semblable (1). » On dira aux enfants : *Voyez*. Leurs regards seront frappés ; la lumière entrera dans leur esprit et la connaissance acquise y sera ineffaçable. Et voilà un des côtés de l'utilité du *musée scolaire*.

Etes-vous conduit à expliquer quelques industries ? la poterie, par exemple. C'est une des plus vulgaires. Ses produits sont partout, spécialement sur la table des ménages les plus modestes. Un spécimen ne ferait pas mal dans votre *musée*. Il y a donc là, je suppose, un petit *pot*. Pas une longue leçon pour en faire comprendre le mode de fabrication. — A côté du vase, vous avez la matière brute, l'argile. Vous la montrez arrosée dans le terrier, battue sur la table, et convertie en une pâte molle, bien gâchée. L'ouvrier vient alors la prendre pour l'*ébauche*. Et, quand elle a été séchée au soleil, il la taille et la polit avec son couteau, il lui fait des anses et des oreilles, il la vernit et l'envoie à la cuisson. Que sort-il du *four?* Les pots à feu, les soupières, les plats, les *moques* ou tasses, les bouillottes, etc., qui se trouvent dans le musée. L'élève a considéré attentivement tout ce que vous faites passer sous ses regards. Pas un détail ne sera oublié. En quelques minutes, vous l'avez initié à toutes les opérations d'une industrie fort répandue.

Il vous faut des produits plus délicats, plus riches. Vous exposerez nos soieries, avec toutes les transformations ou métamorphoses du ver qui nous donne la soie, avec les bruyères sur lesquelles il file ses cocons, — les opérations diverses, filature, moulinage, teinture qu'elle subit avant

(1) Buisson, *Conférence sur l'Enseignement intuitif*, dans les *Conférences de la Sorbonne*, p. 347.

d'entrer, sous les doigts si légers de nos ouvrières, dans les fines dentelles que nous admirons. Encore un cadre dans nos musées pour cette industrie, et une leçon qui intéressera vivement nos jeunes filles.

Les enfants auront-ils quelque jour la fantaisie, et nous le désirons fort, de savoir quel profit l'industrie tire des parties des animaux domestiques, bœuf, cheval, porc, mouton, etc., qui n'entrent pas dans l'alimentation? Quelques tableaux placés ici ou là, dans le musée, comme nous en avons vu dans une exposition scolaire, apprendront promptement à ces petits curieux comment on emploie le sang de bœuf pour clarifier le sucre, — son fiel pour enlever aux tissus les taches de graisse ou donner du ton, du brillant, de la vivacité aux couleurs des enlumineurs, — ses intestins dégraissés pour faire des cordes à boyau, — la croupe du cheval ou de l'âne pour fabriquer le chagrin, — la peau de mouton ou de chèvre pour préparer au commerce du maroquin, de la basane, etc.. Le musée ne sera-t-il pas un livre instructif?

D'autres fois la nature elle-même fera tous les frais de nos leçons. Ainsi, quand le printemps nous favorisera de quelques-uns de ses beaux soleils, nous conduirons les enfants sur les bords de la mare voisine (1). Là, « nous leur ferons suivre et noter jour par jour la merveilleuse série de transformations des batraciens les plus communs, grenouille ou salamandre. Il y a en Suisse de petites sociétés de jeunes gens, de garçons de douze à seize ans, qui s'exercent ainsi avec beaucoup de délicatesse et de patience à faire des observations faciles d'histoire naturelle élémentaire (2). »

(1) Ici, je me rappelle encore un travail que j'ai entendu lire par un instituteur, dans une *Conférence* pédagogique : «... Notre promenade avait pour but l'étude des insectes. En approchant d'une mare aux eaux sales et infectes, j'ai fait remuer la vase à mes élèves. Ils en ont vu sortir aussitôt une foule d'insectes aquatiques, dont j'ai essayé de leur expliquer les instincts et les mœurs... » Berlaux, Ernest.

(2) Buisson, *Ibid.*, p. 317.

Organisons ces sociétés dans nos classes. Les jeunes esprits se plieront aux habitudes fortifiantes de l'observation; nos musées scolaires s'enrichiront, et de nouveaux progrès seront assurés à l'instruction primaire.

ÉPILOGUE

A MM. LES INSTITUTEURS ET A Mmes LES INSTITUTRICES.

Le temps que j'ai consacré à ces pages me rappelle celui que j'ai passé avec nos enfants, au milieu d'un grand nombre d'entre vous. C'est un des souvenirs les plus doux qui m'accompagnent dans la retraite. La plupart des questions traitées ici, nous les avons examinées ensemble, dans nos *Conférences* pédagogiques. Puissiez-vous reconnaître, sous la forme où je vous les présente, des idées que j'aimais à vous entendre développer, qui animaient nos réunions, et qui portaient toujours dans nos classes une vie nouvelle! Puissent-elles être longtemps utiles à l'enfance et favoriser sa marche, sous votre direction, vers le bien et le vrai!

En travaillant de concert, nous pensions à elle, et nous ne la séparions jamais, dans notre affection, de Dieu et de la patrie. Que ce triple objectif reste constamment le nôtre. Il sera pour nous une lumière, une consolation, une force. Ainsi, nous préparerons pour la société une génération religieuse, comprenant ses devoirs, assez forte pour les aimer et les remplir. Les hommes pourront nous délaisser, mais Dieu sera notre rémunération; que nous faut-il de plus?

Un jour j'ai terminé par ces quelques lignes une étude sur saint Jérôme. « En le lisant, on voudrait pouvoir, si l'on est jamais chargé d'années, consacrer, comme lui, au premier âge le reste de ses jours (1). » Que cette faveur nous soit accordée, nous trouverons en elle une récompense et une espérance pour la vie qui ne doit pas finir.

Livry, 23 novembre 1879.

(1) *Les Maîtres de l'enfance* : II. Saint Jérôme.

TABLE DES MATIÈRES

Clichy. — Impr. Paul Dupont. — 117-12-79.

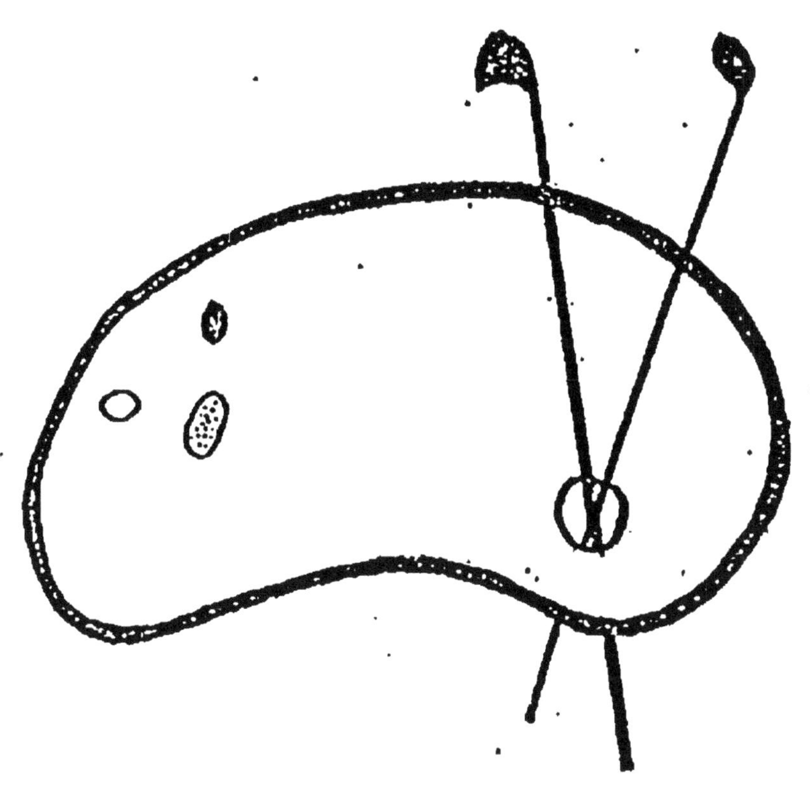

www.ingramcontent.com/pod-product-compliance
Ingram Content Group UK Ltd.
Pitfield, Milton Keynes, MK11 3LW, UK
UKHW020556230726
13926UKWH00005B/2050